"十三五"职业教育国家规划教材

江苏省高校A类品牌专业建设工程资助项目

高等职业教育财务会计类富媒体智能型·精品系列教材

U0674849

中小企业内部控制与风险管理

ZHONGXIAO QIYE NEIBU KONGZHI
YU FENGXIAN GUANLI

（第三版）

张远录 主 编

李迎男 李 英 张 昕 副主编

东北财经大学出版社
Dongbei University of Finance & Economics Press

大连

图书在版编目（CIP）数据

中小企业内部控制与风险管理 / 张远录主编. —3版. —大连：东北财经
大学出版社，2023.8（2024.12重印）
（高等职业教育财务会计类富媒体智能型·精品系列教材）
ISBN 978-7-5654-4892-8

Ⅰ. 中… Ⅱ. 张… Ⅲ.①中小企业-企业内部管理-中国-高等职业教育-
教材 ②中小企业-企业经营管理-风险管理-中国-高等职业教育-教材
Ⅳ.F279.243

中国国家版本馆CIP数据核字（2023）第134257号

东北财经大学出版社出版
（大连市黑石礁尖山街217号　邮政编码　116025）
网　　址:http://www.dufep.cn
读者信箱:dufep@dufe.edu.cn
大连华伟印刷有限公司印刷　东北财经大学出版社发行
幅面尺寸：185mm×260mm　　字数：329千字　　印张：15
2023年8月第3版　　　　　2024年12月第4次印刷
责任编辑：王天华　　　　　责任校对：惠恩乐
封面设计：原　皓　　　　　版式设计：原　皓
定价：38.00元

第三版前言

习近平总书记在党的二十大报告中把加强教材建设和管理作为深化教育领域综合改革的一项重要内容，为我们编好教材、出精品教材指明了方向。本次修订，是在保持第二版特色的基础上，按照"加快建设国家战略人才力量，努力培养造就更多大师、战略科学家、一流科技领军人才和创新团队、青年科技人才、卓越工程师、大国工匠、高技能人才"的总体要求，结合高等职业教育的特点，遵循科学性、实践性的编写原则，以立德树人为根本任务，以职业能力为本位，以实际应用为目的，着力培养学生的职业能力和工匠精神。教材的主要特点有：

一是坚持立德树人，德技并修。一方面，本次修订增加了"素养目标"和"明德善思"栏目，有机融入党的二十大精神及课程思政内容。另一方面，通过"案例导入"中的企业经营活动中典型案例和经济犯罪案件，以讨论互动方式让学生了解认识经营失败或经济犯罪过程及其危害，既有助于对企业内部控制与风险管理知识的理解把握，又是对学生很好的"明大德、守公德、严私德"教育。

二是体现了最专业"新标"有关内部控制课程的要求。本教材以《企业内部控制基本规范》、企业内部控制配套指引为依据，并参照了《小企业内部控制规范（试行）》，结合中小企业内部控制现状，把企业内部控制的基本知识、基本方法、风险管理基本原理、企业主要经济业务控制内容与要求、业务流程与风险分析有机地融合在一起，能够满足课程对内部控制与风险管理知识和技能的教学要求。

三是融教、学、做于一体。按照技术技能型人才培养特点，教材在内容和结构上做了精心安排，把知识准备、知识转化、知识运用三环紧扣，顺应了教、学、做理实一体的要求，并为毕业实习与毕业论文教学环节在内容改革和学用结合上做好了衔接。

四是教材内容呈现形式多样，方便学生自主学习。本教材配套有完备的数字化资源，纸质教材与数字化资源紧密结合，支持线上线下的混合式教学模式的开展，方便学生自主学习。教材中插入了过往相关知识点作为联想思考，温故知新，便于教学互动。

本次修订由南通理工学院教授、高级会计师张远录担任主编；江苏财经职业技术学院李迎男、江苏电子信息职业技术学院李英、南通理工学院张昕担任副主编；南通理工学院袁嘉沁、李方舟和张亚芳参与编写。在本次修订过程中得到了南通粮食集团有限公司审计监察部部长、高级审计师蒋勇先生和九州国泰控股有限公司常务副总经理袁学礼先生的帮助和指导，特此致谢。同时，此次教材修订中参考了近几年企业内部控制培训方面的书籍，在此对各位作者一并表示感谢！

由于编者水平有限，本教材的不当之处，敬请读者批评指正。

编　者

2023 年 7 月

第一版前言

2010 年 4 月 15 日，财政部、证监会、审计署、银监会、保监会五部委联合发布了《企业内部控制配套指引》，标志着企业内部控制规范体系的形成。从高职高专财会类专业学生就业方向和中小企业内部控制与风险管理的现实出发，我们有必要将企业内部控制与风险管理的基本知识、基本方法、风险管理制度建设的基本原理，以及中小企业经济业务控制的内容与要求、控制流程与风险分析、配套管理制度建设等知识与技能纳入财会专业的教学中，以培养学生进行企业内部制度与管理制度建设的能力，为其职业发展奠定基础。本教材以培养学生的职业能力为主线，将知识学习与知识运用紧密结合起来，融教、学、做于一体，充分体现了以学生为本、工学结合、能力与素质培养相统一的现代高职教育理念。教材的主要特点有：

（1）新。本教材是《企业内部控制基本规范》和《企业内部控制应用指引》发布实施后开发的第一本有关中小企业内部控制与风险管理的高职高专教材。

（2）适。高职高专财会专业学生就业方向和中小企业内部控制与风险管理的现实，以及企业会计工作由以会计核算为主向以会计管理为主的转变，都要求学生具备有关内部控制与风险管理的基本知识和能力，以适应职业发展的需要。

（3）顺。知识准备、知识转化、知识运用三环紧扣，顺应了教、学、做一体化的要求，并为学生的毕业实习与毕业论文（设计）环节在内容改革和学用结合上做好了衔接。

本教材由江苏财经职业技术学院教授、高级会计师张远录担任主编，四川财经职业学院马红教授和淮安信息职业技术学院李英副教授担任副主编。具体编写分工如下：项目一、项目二、项目六、项目七和项目九由张远录编写，项目三和项目四由马红编写，项目五由李英编写，项目八由王晓洋编写。李迎男、葛春燕老师参与资料收集、课件制作、案例库和题库建设，张亚芳老师参与全书校对。张远录教授负责对全书进行总纂、定稿，并拟定课程标准。

本教材在编写过程中得到了南通市崇川区审计局审计专员蒋勇先生、淮安万达广场投资有限公司商管部何剑财务经理的帮助，特此致谢。同时，本教材还参考了 2015 年版企业内部控制培训方面的书籍，在此对各位作者一并表示感谢！

由于编者水平有限，本教材若存在不当之处，敬请读者批评指正。

编　者

2017 年 5 月

目 录

项目一
内部控制与风险管理基础

【学习目标】
1. 理解内部控制的概念、目标、原则和基本要素；
2. 熟悉中小企业内部控制的基本内容，掌握内部控制的方法；
3. 理解风险管理的基本概念，熟悉风险管理的基本要素及流程；
4. 理解内部控制与风险管理的关系；
5. 能将内部控制与风险管理联系起来，对中小企业所面临的风险进行初步评估；
6. 能分析比较不同企业的内控环境，提出改进意见；
7. 能联系社会实际，认识做好企业内部控制与风险管理工作的现实意义。

【素养目标】
1. 掌握内部控制方法，提高企业经营管理水平，提高企业经营效益，增加社会财富；
2. 树立风险管理意识，防微杜渐，促进企业可持续高质量发展，助力社会稳定发展。

【知识点】
1. 内部控制的概念、目标、原则、基本要素和方法；
2. 风险管理的概念、基本要素和流程。

【技能点】
1. 能将内部控制与风险管理联系起来；
2. 能比较区分不同企业的内部环境；
3. 能对中小企业所面临的风险进行初步评估。

案例导入

一年亏掉市值的三倍？

2020年6月23日，众泰汽车股份有限公司（股票代码：000980）（以下简称众泰汽车）2019年年报姗姗来迟。年报显示，全年巨亏近112亿元，相当于每天亏掉3000多万元，一年亏掉公司市值的三倍。

相关财务数据显示，公司2019年实现营业收入29.86亿元，同比下降79.78%；净利润亏损111.9亿元，去年同期盈利约8亿元，同比下降幅度高达1498.98%。此次正式发布的年报数据大幅低于此前披露的2019年主要经营业绩。而截至昨天收盘，公司总市值不过36.09亿元，这意味着一年亏掉市值的三倍有余。

众泰汽车曾经被称作"中华神车"，10万元买众泰，就能开上"保时捷"款的车，简称"保时泰"，巅峰时期公司市值达到近370亿元。如今，公司股价已从最高点18元缩水至不到2元，市值仅为当时的十分之一。

众泰汽车在借壳上市不到3年的时间里，为什么会出现今天的局面？公司年报列出了巨额亏损的两个直接因素：

一是由于国家大幅度调整新能源汽车补贴政策，众泰新能源汽车的市场地位不断下降。年报数据显示，2019年众泰汽车合计生产汽车16 215辆、销售汽车21 224辆；2018年众泰汽车合计生产汽车142 952辆、销售154 844辆。即2019年众泰汽车生产汽车和销售汽车同比下滑了8～9成。销售锐减、补贴减少必然带来经营亏损。

二是巨额商誉减值。年报数据显示，公司2019年需计提各类资产减值准备总额为84.31亿元，其中计提了商誉减值准备61.2亿元。也就是说，市值只有40亿元的众泰汽车，计提了61.2亿元的商誉。巨额商誉减值，主要是当年在进行借壳上市时对原众泰制造和众泰新能源两块重要资产估值过高造成的。

除以上直接原因外，公司年报坦承："内控环境存在重大缺陷、内部监督缺失。众泰汽车经营困难，资金缺乏，生产经营停滞；与部分供应商存在大额资金往来，全年支付货款金额超全年订单总量；重大资产购买缺少调查和可行性研究。公司对外担保未履行审议与披露程序；职工的薪酬和社保费用未按时发放和缴纳，员工大量离职或不在岗，关键内控职能缺位，组织机构不能正常运行。"

另外，公司年报还提到"公司内部控制在运行过程中未能发现重大错误，也未能及时发现相关错报，致使财务数据信息披露的准确性存在重大疑虑，与之相关的财务报告内部控制执行失效"。

一个受公众监督的上市公司内部控制都存在如此缺陷，对于诸多未上市的中小企业来说，其内部控制的状况就更加令人担忧。老板一言堂、家族式管理、野蛮式扩张等现象普遍存在，企业经营既要面对外部风险，又要面对决策、执行、控制等内部风险。中国有句成语，叫作"祸起萧墙"，意思是最可怕的祸害发生在内部。而内部控制针对的主要是风险，建立健全内部控制体系有助于企业规避经营风险和财务风险，促进企业健康发展。

资料来源：中国基金报. 惊天爆雷！36亿市值竟巨亏112亿："中华神车"彻底凉凉！[EB/OL].[2020-06-23]. https://finance.ifeng.com/c/7xX1PEyRMyu.

思考：

（1）企业持续经营、健康发展需要具备哪些条件？

（2）你对企业内部控制有哪些认识？

任务一　认知内部控制

一、认识内部控制

（一）内部控制的概念

内部控制，是指企业为了实现其经营目标，保护资产的安全完整，保证会计信息资料的准确可靠，确保经营方针的贯彻执行，保证经营活动的经济性、效率性和效果性，而在企业内部采取的自我调整、约束、规划、评价和控制的程序、政策和措施的总称。企业内部控制通常分为经济业务控制和非经济业务控制两类。

微课

内部控制的含义

（二）经济业务控制的概念

经济业务控制是指企业为了保证会计信息的质量，保护资产的安全、完整，确保有关法律法规和规章制度的贯彻执行等，而制定和实施的一系列控制方法、措施和程序。建立健全经济业务控制制度，是贯彻执行国家的会计法律、法规、规章、制度，保证企业会计工作有序进行的重要措施，也是加强会计基础工作的必然要求。

（三）非经济业务控制的概念

非经济业务控制是指那些对会计业务、会计记录和会计报表的可靠性没有直接影响的内部控制，是企业为了保证生产经营有序、有效进行所采取的方法、程序和措施，如内部人事管理、技术管理等。非经济业务控制的目的是提高经营效率，促使有关人员遵守既定的管理方针。

本教材主要讲述中小企业经营活动中经济业务的控制与风险管理。

（四）内部控制的实施主体

《企业内部控制基本规范》第三条明确规定，内部控制"是由企业董事会、监事会、经理层和全体员工实施的，旨在实现控制目标的过程"。因此，参与这一过程的企业董事会、监事会、经理层和全体员工就是内部控制的实施主体。

二、明确内部控制的目标和原则

微课

（一）内部控制的基本目标

企业内部控制应当达到以下基本目标：

（1）建立和完善符合现代管理要求的内部组织结构，形成科学的决策机制、执行机制和监督机制，确保企业经营管理目标的实现。

内部控制的基本目标和原则

（2）建立行之有效的风险控制系统，强化风险管理，确保单位各项业务活动的健康运行。

（3）堵塞漏洞、消除隐患，防止并及时发现和纠正各种欺诈、舞弊行为，保护单位财产的安全完整。

（4）规范企业会计行为，保证会计资料真实、完整，提高会计信息质量。

（5）确保国家有关法律法规和单位内部规章制度的贯彻执行，筑牢遏制经济犯罪和防腐第一道墙。

【明德善思】党的二十大报告明确指出："深化国资国企改革，加快国有经济布局优化和结构调整，推动国有资本和国有企业做强做优做大，提升企业核心竞争力。"企业建立内部控制制度有助于保护企业资产的安全、完整，保证会计信息的正确、合法，保证经营活动的高效、经济，保证企业内部管理活动顺畅而又相互制约，最终有助于提高企业的经济效益和企业目标的实现，增强企业在市场经济下的竞争能力。

（二）内部控制的基本原则

1.全面性与重要性相结合原则

（1）内部控制应当贯穿决策、执行和监督的全过程，覆盖企业及其所属单位的各种业务和事项。

全面性原则要求内部控制是全方位的控制，具体包括三个方面：一是全过程的控制，即从资源利用角度，应建立人力资源控制系统、物力资源控制系统、财力资源控制系统、信息资源控制系统；从经营环节角度，应有供应环节控制、生产环节控制和销售环节控制等。二是全员的控制，即针对内部各机构之间、各经办人员之间的控制职能和管理权限，在每一个需要控制的地方都建立控制环节，进行科学的分工与互相牵制，推行职务不兼容制度，杜绝高层管理人员的交叉任职。三是全要素的控制，如产品成本的控制应当包括直接材料费、直接人工费、制造费等所有成本项目的控制。

（2）在全面控制的基础上，对于重要的财务收支项目，应实施重点控制，这是重要性原则的要求。因此，在设计内部控制制度时，必须处理好"点"与"面"的关系，通过控制点起到控制面的作用。

企业内部控制的重点或"关键点"一般体现在三个方面：一是资金控制，对企业资金的筹集、调度、使用、分配等实行严格的分级权限控制，防止资金的越权循环和体外循环；二是成本费用控制，对企业的各项成本费用支出按照会计制度实施严格的监管，防止出现虚假列支、随意列支、无序分摊等舞弊行为；三是权力监控，对企业各经营环节经济活动操作者的权力实施有效控制，防止权力滥用，给企业造成经济损失。

2.制衡性原则

内部控制的基本要求是不相容职务必须分离。企业应当在治理结构、机构设置及权责分配、业务流程等方面形成相互制约、相互监督的机制，兼顾运营效率。例如，记账人员与经济业务事项或会计事项的审批人员、经办人员、财产保管人员的职责权限应当明确，并相互分离、相互制约等。因此，企业在建立内部控制制度时，必须明确指出哪些职务属于不相容职务。

3.合法性与实用性相结合原则

企业内部控制应当符合国家法律法规的要求和企业的实际情况。一方面，内部控制应当符合《中华人民共和国会计法》（以下简称《会计法》）、企业会计准则、《企业内部控制基本规范》和国家有关法律法规的要求；另一方面，内部控制制度的设计必须与企业的经营规模、业务范围、竞争状况和风险水平等相适应，以使制度具有可操作性，并随着情况的变化及时加以调整。

4.成本效益原则

企业内部控制应当遵循成本效益原则，通过合理控制成本，达到最佳的控制效益。企业建立内部控制的目的在于有效防范错弊，提高经济效益。实行内部控制制度本身就是通过完善的内部控制，降低成本和人为因素的影响，最大限度提高企业的经济效益。

三、把握内部控制的基本要素

内部控制的基本要素包括内部环境、风险评估、控制活动、信息与沟通和监督检查五个方面。

（一）内部环境

内部环境是影响、制约企业内部控制制度建立与执行的各种内部因素的总称，是实施内部控制的基础。内部环境主要包括治理结构、机构设置与权责分配、企业文化、人力资源政策、内部审计机制、反舞弊机制等内容。

微课

内部控制的基础——内部环境

企业的内部环境不仅影响企业战略和目标的制定、业务活动的组织，以及对风险的识别、评估和反应，而且影响企业控制活动、信息和沟通系统以及监控活动的设计和执行。

（二）风险评估

风险评估是企业及时识别、系统分析影响企业战略和经营管理目标实现的各种不确定因素并采取应对策略的过程，是实施内部控制的重要环节和内容。风险评估主要包括目标设定、风险识别、风险分析和风险应对。

微课

内部控制的导向——风险评估

风险评估应从企业战略和目标的角度出发，从风险发生的可能性和影响两个方面进行。风险发生的可能性是指某一特定事项发生的可能性，影响是指事项的发生将会带来的影响。风险评估可以使管理者了解潜在事项如何影响企业目标的实现。

（三）控制活动

控制活动是企业根据风险评估的结果、结合风险应对策略所采取的确保企业内部控制目标得以实现的方法和手段，是实施内部控制的具体方式和载体。控制活动应结合企业具体业务和事项的特点与要求制定，主要包括职责分工控制、授权控制、审核批准控制、预算控制、财产保护控制、会计系统控制、经济活动分析控制和绩效考评控制等。

微课

内部控制的核心——控制活动

（四）信息与沟通

信息与沟通是企业及时、准确、完整地收集与企业经营管理相关的各种信息，并使这些信息以适当的方式在企业有关层级之间进行及时传递、有效沟通和正确应用的过程，是实施内部控制的重要条件。信息与沟通主要包括信息的收集机制、企业内部沟通机制、与企业外部有关方面的沟通机制等。

（五）监督检查

监督检查是企业对其内部控制制度的健全性、合理性和有效性进行监督检查与评估，形成书面报告并作出相应处理的过程，是实施内部控制的重要保证。监督检查主要包括对建立并执行内部控制制度的整体情况进行持续性的监督检查，对内部控制的某一方面或者某些方面进行专项监督检查，以及提交相应的检查报告、提出有针对性的改进措施等。企业内部控制自我评估是内部控制监督检查工作中的一项重要内容。

四、熟知中小企业内部控制的内容

就中小企业经济活动的范围而言，其内部控制主要涉及货币资金、实物资产、采购、销售、筹资、对外投资、成本费用和担保八项基本业务的控制。不同业务的流程与风险点不同，其内部控制的环节和内容也不同。

（一）货币资金业务内部控制

货币资金是企业流动性最强、控制难度最高的资产，是企业进行生产经营活动不可缺少的条件。货币资金的特殊性决定了对其进行内部控制的必要性，企业应通过业务分工、业务授权、凭证的稽核与审核、限额管理等方式对货币资金的流入和流出进行控制。

货币资金业务内部控制通常包括收支分离控制、收支程序控制、人员分工控制、账务处理控制、盘点控制和清查控制等内容。

（二）实物资产业务内部控制

与货币资金相比，实物资产的流动性较差，但实物资产在企业资产总额中所占比重较大，关系到整个企业的物流、人流、资金流等资源的有效配置，对企业经营效率和效益的影响很大。同时，由于实物资产的种类和数量繁多，存放也比较分散，较容易产生混乱、丢失，因此，企业需要对实物资产的取得、使用、保管等建立审批与记录制度，并建立资产管理岗位责任制度，以保证企业实物资产的安全、完整和有效运用。

实物资产业务内部控制通常包括实物资产的取得控制、使用控制、处置控制和期末计价控制等内容。

（三）采购业务内部控制

采购是企业支付货币并取得物品或劳务的过程，是企业生产经营管理过程中的一个主要环节，是实现企业经营目标的基础。企业应通过规范采购与付款行为，健全业务记录控制系统，实施采购决策环节的相互制约与监督机制，加强对业务流程关键点的控制，在满足企业生产和经营的前提下，最大限度降低采购成本。

采购业务内部控制通常包括人员分工控制、采购预算控制、请购与审批控制、验收与入库控制、款项支付控制和账务处理控制等内容。

（四）销售业务内部控制

销售是保证企业生产的商品、劳务实现其价值的重要活动，它关系到企业资金的回收和再生产的继续进行。一方面，企业要保证生产的成果顺利销售，以取得收入；另一方面，企业要降低销售款项的回收风险，最大限度实现收入的价值。因此，企业进行销售业务内部控制，一是要建立以成本会计为基础的定价、收款决策系统，按照收支两条线的原则，合理确定商品或劳务的价格，以保证销售的实现；二是要制定科学合理的信用政策、信用条件，以减少坏账发生的可能性，及时收回款项。

销售业务内部控制通常包括销售预算控制、接收订单控制、开单发货控制和收款控制等内容。

（五）筹资业务内部控制

筹资是企业为了满足生存和发展的需要，通过改变企业资本及债务规模的构成而筹集资金的活动。筹资关系到企业使用资金的成本和效益，也关系到企业的财务风险程度。因此，企业应通过合理确定筹资规模和筹资结构、选择恰当的筹资方式、建立筹资与投资协调控制系统等措施，降低资金成本，防范和控制财务风险，确保所筹资金的合理、有效使用。

筹资业务内部控制通常包括筹资计划审批控制、筹资合同或筹资协议控制、债券或股票发行控制、债券或股票保管控制、利息或股利支付控制、资金使用控制和会计核算控制等内容。

（六）对外投资业务内部控制

投资是企业通过分配来增加财富，或为谋求其他利益，将资产让渡给其他企业而获得另一项资产的活动。企业应通过设计短期投资业务和长期投资业务的控制程序，对投资项目的选择、可行性分析、资金使用等进行控制，以保证企业投出资产的安全性与完整性，提高投资收益，降低投资风险。

对外投资业务内部控制通常包括投资预算控制、投资计划控制、投资可行性分析控制、投资取得控制、投资收益与分配控制、投资处置控制等内容。

（七）成本费用业务内部控制

成本费用业务内部控制是一门艺术，如何将每一分钱花得恰到好处，将企业的每一种资源用在最需要它的地方，是所有企业在市场经济条件下共同面临的难题。在复杂多变的经营环境下，越来越多的企业开始通过加强成本费用控制来提高抗风险能力，但是传统与狭义上的"开源节流"思想早已无法满足现代企业发展的需求。因此，成本费用业务内部控制问题既是企业管理中的一个古老话题，也是一个不断发展的永恒课题。

成本费用业务内部控制通常包括成本预测与预算控制、责任划分控制、成本费用发生与核算控制、成本费用分析与考核控制等内容。

（八）担保业务内部控制

案例

"鹿"死谁手？

担保是企业作为担保人按照公平、自愿、互利的原则与债权人进行约定，当债务人不能履行债务时，依照法律规定和合同协议承担相应责任的行为。企业进行担保内部控制，就是要明确担保的对象、范围、方式、条件、程序、担保限额和禁止担保等事项，规范调查评估、审核批准、担保执行等环节的工作流程，按照政策、制度、流程办理担保业务，定期检查担保政策的执行情况及效果，防范担保业务风险。

担保业务内部控制通常包括担保业务受理控制、调查评估控制、审核控制、担保合同的签署与履行控制、垫付款的催收控制等内容。

同步训练

一、不定项选择题（每题至少有一个正确答案，请将正确答案填在括号内）

1.企业内部控制的实施主体包括（　　　）。

　A.全体员工　　　　B.监事会　　　　　　C.经理层　　　　　　D.董事会

2.下列关于企业内部控制的表述中，正确的是（　　　）。

　A.内部控制是一个过程

　B.内部控制是由企业的董事会和管理层实施的

　C.有效的内部控制可以绝对保证控制目标的实现

　D.内部控制不仅是制度和手册，而且是渗透到企业活动之中的一系列行为

3.建立健全和有效实施内部控制，是（　　　）的责任。

　A.高级管理层　　　B.董事会　　　　　C.注册会计师　　　D.内审部门

4.内部控制应遵循的原则是（　　　）。

　A.全方位控制和重点控制相结合原则　　B.制衡性原则

　C.成本效益原则　　　　　　　　　　　D.合法性与实用性相结合原则

5.企业内部控制的重点包括（　　　）。

　A.货币资金控制　　　　　　　　　　B.实物资产控制

　C.成本费用控制　　　　　　　　　　D.权力控制

6.内部控制的要素包括（　　　）。

　A.内部环境　　　　　　　　　　　　B.控制活动

　C.风险评估　　　　　　　　　　　　D.信息与沟通

7.下列各项属于内部环境评价范畴的是（　　　）。

　A.企业文化　　　　　　　　　　　　B.社会责任

　C.内部审计机制　　　　　　　　　　D.治理结构

8.下列各项中，表明内部控制环境存在缺陷的是（　　　）。

　A.甲企业为上市公司，其关键管理人员在母公司兼职，在该人员的指令下，上市

　　公司承担了母公司发生的捐款

　　B.乙企业为降低生产成本、减少环保投入，致使大量污水排入周边水域，造成环境污染

　　C.丙企业设立审计委员会，负责监督企业内部控制的有效实施和内部控制自我评价情况

　　D.丁企业的企业文化是"不惜一切代价做大市场"

9.下列关于企业筹资内部控制的表述中，正确的是（　　　）。

　　A.企业应当对筹资方案进行严格审批，对于重大筹资方案，应当由企业一把手审批

　　B.企业财务部门可以根据市场变化等情况，自行决定是否改变资金用途

　　C.企业应当按照筹资方案或合同约定的本金、利率、期限、汇率及币种，准确计算应付利息，与债权人核对无误后按期支付

　　D.企业的股利分配方案应当经过公司董事会批准，并按规定履行披露义务

二、判断题（正确的在括号内打"√"，错误的打"×"）

1.内部控制就是对权力进行监控。　　　　　　　　　　　　　　　　　（　　　）

2.对经济业务进行控制主要是为了保证会计信息质量。　　　　　　　　（　　　）

3.再完美的内部控制也难以解决员工的串通舞弊问题。　　　　　　　　（　　　）

4.内部控制制度越严格、越细致越好，这样才能充分发挥内部控制的作用。　　　　　　　　　　　　　　　　　　　　　　　　　　　　　（　　　）

5.企业实施内部控制的目的是查错防弊。　　　　　　　　　　　　　　（　　　）

6.开展内部控制活动，首先要考虑控制环境。　　　　　　　　　　　　（　　　）

参考答案

任务二　掌握内部控制的方法和手段

> 风险投资投资的不是风险，而是投资风险最小的项目。真的要找风险投资的时候，必须跟风险投资共担风险，你拿到的可能性才会更大。
>
> ——马云

　　《企业内部控制基本规范》第二十八条规定："企业应当结合风险评估结果，通过手工控制与自动控制、预防性控制与发现性控制相结合的方法，运用相应的控制措施，将风险控制在可承受度之内。控制措施一般包括：不相容职务分离控制、授权审批控制、会计系统控制、财产保护控制、预算控制、营运分析控制和绩效考评控制等。"

一、不相容职务分离控制

（一）不相容职务的定义

　　不相容职务是指在经济业务处理过程中，集中一人办理容易产生漏洞和弊端的两项

或两项以上的职务。例如，掌管金库钥匙的人不能知道金库密码。

（二）不相容职务分离的基本要求

微课

内部控制的措施——不相容职务分离控制

不相容职务分离的核心是"内部牵制"，它要求每项经济业务都要经过两个或两个以上的部门或人员的处理，这使得单个人或部门的工作必须与其他人或部门的工作相一致或相联系，并受其他人或部门的监督和制约。

不相容职务分离的基本要求包括：

（1）每一项业务都不能完全由一人经办；

（2）钱、账、物分管，如仓库保管员负责原材料的收、发、存和管理工作，并负责登记原材料的数量，而相关的账务处理则由会计人员负责；

（3）有健全、严格的凭证制度。

（三）不相容职务分离控制的基本内容

《企业内部控制基本规范》第二十九条规定："不相容职务分离控制要求企业全面系统地分析、梳理业务流程中所涉及的不相容职务，实施相应的分离措施，形成各司其职、各负其责、相互制约的工作机制。"

案例

从中海集团"资金门"事件看不相容职务分离控制

不相容职务分离控制的基本内容主要包括：

（1）授权与执行某项经济业务的职务分离；

（2）执行与审核某项经济业务的职务分离；

（3）执行与记录某项经济业务的职务分离；

（4）保管与记录某项财产的职务分离；

（5）记录明细账和记录总账的职务分离；

（6）登记日记账和登记总账的职务分离。

【思考】在填制记账凭证的实训中，为什么指导老师要求大家不能由一个人签章？

二、授权审批控制

（一）授权审批控制的定义

授权审批控制是指在职务分工控制的基础上，由企业权力机构或上级管理者明确规定有关业务经办人员的职责范围和业务处理权限，使所有业务经办人员在办理每项经济业务时都能事先得到适当的授权，并在授权范围内办理有关经济业务，承担相应的经济责任和法律责任。

（二）授权审批控制的基本要求

授权审批控制规定了各级管理人员的职责范围和业务处理权限，其基本要求包括：

（1）以分工控制为基础；

（2）在职责范围和业务处理权限内，能够独立行使处理权；

（3）对业务处理行为的责任明确。

（三）授权审批控制的基本内容

《企业内部控制基本规范》第三十条规定："授权审批控制要求企业根据常规授权和特别授权的规定，明确各岗位办理业务和事项的权限范围、审批程序和相应责任。"

按照这一规定，授权审批控制的基本内容主要包括：

（1）授权批准的范围、权限、程序、责任；

（2）企业内部各级管理人员必须在授权范围内行使职权和承担责任；

（3）经办人员必须在授权范围内办理业务，并承担相应责任。

授权有常规授权和特别授权两种形式。常规授权是指企业在日常经营管理活动中按照既定的职责和程序进行的授权。特别授权是指企业在特殊情况、特定条件下进行的授权。

微课

授权审批控制

三、会计系统控制

（一）会计系统控制的定义

会计系统控制是指企业依据《会计法》、国家统一的会计制度，通过制定适合本企业的会计制度，确保会计信息质量的行为。

（二）会计系统控制的基本要求

会计系统控制的基本要求包括：

（1）以《会计法》、国家统一的会计制度为依据；

（2）结合企业实际；

（3）确保企业财务报告真实、可靠和会计资料完整。

（三）会计系统控制的基本内容

《企业内部控制基本规范》第三十一条规定："会计系统控制要求企业严格执行国家统一的会计准则制度，加强会计基础工作，明确会计凭证、会计账簿和财务会计报告的处理程序，保证会计资料真实完整。"

微课

会计系统控制的基本内容主要包括：

（1）建立财务报告管理体系，包括会计报表构成、编制、报送和财务报告编报奖惩办法等；

会计系统控制

（2）结合企业实际情况，选择适合企业的会计政策，并颁布实施；

（3）结合企业生产经营管理的需要，选设一级会计科目，统一明细科目，规定核算内容；

（4）依法设置会计机构，配备会计从业人员，建立会计人员岗位责任制；

（5）建立会计档案保管和会计工作交接管理办法。

四、财产保护控制

（一）财产保护控制的定义

广义的财产保护控制包括对实物的采购、保管、发货及销售等各个环节进行控制。狭义的财产保护控制主要包括接近控制、定期盘点控制等。

微课

财产保护控制

（二）财产保护控制的基本要求

《企业内部控制基本规范》第三十二条规定："财产保护控制要求企业建立财产日常管理制度和定期清查制度，采取财产记录、实物保管、定期盘点、账实核对等措施，确保财产安全。企业应当严格限制未经授权的人员接触和处置财产。"

（三）财产保护控制的基本内容

财产保护控制的基本内容主要包括：

（1）货币资产与有价证券的保全控制；

（2）存货的保全控制；

（3）固定资产的保全控制；

（4）往来款项的保全控制；

（5）其他资产的保全控制。

五、预算控制

（一）预算控制的定义

预算控制也称全面预算控制，是内部控制的一种重要方法，其内容可以涵盖单位经营活动的全过程，包括筹资、融资、采购、生产、销售、投资、管理等诸多方面。

（二）预算控制的基本要求

《企业内部控制基本规范》第三十三条规定："预算控制要求企业实施全面预算管理制度，明确各责任单位在预算管理中的职责权限，规范预算的编制、审定、下达和执行程序，强化预算约束。"

预算控制的基本要求包括：

（1）所编制的预算必须体现单位的经营管理目标，并明确责任；

（2）预算在执行过程中，应当允许经过授权批准对预算进行调整，以便预算更加切合实际；

（3）应当及时或定期反馈预算的执行情况。

（三）预算控制的基本内容

预算控制的基本内容主要包括：

1.经营的预算控制

经营预算是指企业日常发生的各项生产经营活动的预算。其具体包括销售预算、生产预算、直接材料采购预算、直接人工预算、制造费用预算、单位生产成本预算、推销及管理费用预算等内容。

2.投资的预算控制

投资预算是指针对企业固定资产的购置扩建、改造、更新等，在可行性分析的基础上编制的预算。其具体包括何时进行投资、投资多少、资金从何处取得、何时可获得收益、每年的现金流量为多少、需要多少时间收回全部投资等内容。

3.财务收支的预算控制

财务收支预算是指企业在计划期内反映有关预计现金收支、经营成果和财务状况的预算。其具体包括现金预算、预计利润表和预计资产负债表等内容。

经营预算和投资预算中的资料都可以折算成金额反映在财务收支预算内，因此财务收支的预算控制是整个预算控制的"总闸"。

六、运营分析控制

（一）运营分析控制的定义

运营分析控制是指通过对会计核算、统计报表、计划指标和经营管理目标等资料的分析研究，了解企业的经营情况，发现企业经营过程中存在的问题，提出解决问题的措施，使企业的经营活动按照市场规律和期望目标有效运行的过程。

（二）运营分析控制的基本要求

《企业内部控制基本规范》第三十四条规定："运营分析控制要求企业建立运营情况分析制度，经理层应当综合运用生产、购销、投资、筹资、财务等方面的信息，通过因素分析、对比分析、趋势分析等方法，定期开展运营情况分析，发现存在的问题，及时查明原因并加以改进。"

（三）运营分析控制的基本内容

企业运营分析的内容涉及供、产、销、人、财、物等各个环节，以及各个部门和每位员工，需要各相关部门和人员广泛参与，这样才能达到运营分析控制的目的。

运营分析控制的基本内容包括：

（1）生产活动的分析控制；

（2）购销活动的分析控制；

（3）筹资活动的分析控制；

（4）投资活动的分析控制；

（5）经营成果的分析控制。

微课

运营分析控制

七、绩效考评控制

（一）绩效考评控制的定义

绩效考评控制是指通过对企业各项经营活动和各职能部门实现的业绩与计划目标等进行对比，提出绩效考核和评价意见的过程。

（二）绩效考评控制的基本要求

绩效考评控制的基本要求包括：

（1）建立和实施绩效考评制度；

（2）科学设置考核指标体系，对企业内部各责任单位和全体员工的业绩进行定期考核和客观评价；

（3）将考评结果作为确定员工薪酬以及职务晋升、评优、降级、调岗、辞退等的依据。

（三）绩效考评控制的基本内容

绩效考评控制的基本内容包括：

（1）绩效考评指标的建立；

（2）绩效考评时间的确定；

（3）绩效考评结果的处理。

微课

绩效考评控制

同步训练

一、不定项选择题（每题至少有一个正确答案，请将正确答案填在括号内）

1.不相容职务分离的核心是（　　），它要求每项经济业务都要经过两个或两个以上的部门或人员的处理，这使得单个人或部门的工作必须与其他人或部门的工作相一致或相联系，并受其他人或部门的监督和制约。

    A.职责分工　　　　　B.内部牵制　　　　　C.作业程序　　　　　D.授权批准

2.授权审批控制是以（　　）为基础，企业权力机构或上级管理者明确规定有关业务经办人员的职责范围和业务处理权限，使所有业务经办人员在办理每项经济业务时都能事先得到适当的授权，并在授权范围内办理有关经济业务，承担相应的经济责任和法律责任。

    A.职务分工控制　　　　　　　　B.会计控制

    C.控制程序　　　　　　　　　　D.控制活动

3.（　　）是内部控制的一种重要方法，其内容可以涵盖单位经营活动的全过程，包括筹资、融资、采购、生产、销售、投资、管理等诸多方面。

    A.授权审批控制　　　　　　　　B.会计系统控制

    C.预算控制　　　　　　　　　　D.内部报告控制

4.内部控制的方法包括（　　）。

    A.授权审批控制　　B.内部报告控制　　C.会计系统控制　　D.预算控制

5.下列各项中，违背了不相容职务分离控制原则的是（　　）。

    A.材料保管员兼材料核算会计员

    B.保管员同时负责采购业务

    C.出纳员登记库存现金日记账、银行存款日记账的同时登记相关总账

    D.出纳员负责货币资金收付的同时登记库存现金日记账、银行存款日记账

二、案例分析题

1.在历史上，因欺诈行为造成最大损失的事件发生在英国巴林银行新加坡办事处。该办事处的交易员建立了一个完全自控的账户，隐藏了14亿美元的亏损。当巴林银行的内部审计师意识到交易员一方面控制着交易行为，另一方面控制着交易记录后，管理层仍然没有采取任何行动。结果，一个交易员在一个遥远的办公室内把一家国际性著名银行搞垮了。

分析要求：巴林银行的内部控制存在哪些缺陷，使得交易员的欺诈行为得逞？

2.多肯尼公司是一家服装公司，其前总裁、财务总监和主计长被起诉利用财务报表进行欺诈。这些管理者通过编制错误的分录来记录虚假的销售，并隐瞒仓库中的存货量，以造成存货已经销售的假象；同时，将实际销售订单的时间前移，提前确认销售收入。这些行为使得多肯尼公司一个季度4 000万美元的销售收入中，有2 500万美元是虚

假的。

分析要求：

（1）多肯尼公司的内部控制存在什么缺陷？

（2）如何防止类似欺诈行为的发生？针对此事件，请你对该公司的内部控制重新进行设计。

参考答案

任务三　熟悉企业风险管理原理

> 风险来自你不知道自己在做什么，海水退潮后你才觉得自己是光着身子的。
>
> ——巴菲特

企业的内部控制体系应建立在对企业进行风险管理的基础上。企业的发展过程是一个风险释放的过程。风险会给企业带来损失，这种损失是潜在的，但在未来的时间内可能会变成现实；同时，风险也可能给企业带来收益。面对风险，企业永远处于收益与潜在损失的博弈状态。在博弈的过程中，企业管理者只有运用智慧对各种资源进行有效配置和管理，才能实现企业的发展。

一、认识企业风险管理

（一）风险管理的含义

风险管理又称危机管理，是指在一个肯定有风险的环境里把风险降至最低的管理过程。风险管理是社会组织或者个人通过风险识别、风险预测、风险评价三个基本环节，运用各种风险管理技术，对风险实施有效控制或者妥善处理风险所致后果，从而以最小的成本收获最大的安全保障。

微课

风险管理的含义

风险管理具有以下特征：

（1）风险管理的对象是风险；

（2）风险管理的主体可以是任何组织和个人；

（3）风险管理的过程包括风险识别、风险预测、风险评价、选择风险管理技术和评估风险管理效果等；

（4）风险管理的基本目标是以最小的成本收获最大的安全保障；

（5）风险管理是一个独立的管理系统。

（二）风险管理的要素

风险管理包括内部环境、目标制定、风险识别、风险评估、风险反应、控制活动、信息与沟通、监控八个相互关联的要素，各要素贯穿于企业管理的全过程。风险管理的要素与内部控制的要素具有一致性，但由于风险管理是一个过程，因此风险管理各个要素之间必然存在联系。风险管理的要素及其相互联系如图1-1所示。

微课

风险管理的要素与流程

内部环境
治理结构—机构设置与权责分配—管理理念与企业文化—内部审计机制—反舞弊机制等

↓

目标制定
战略目标—其他相关目标—选择目标—风险偏好—风险容忍度

↓

风险识别
事项—影响战略及目标实现的因素—方法和技术—事项的相互依存性—事项类别—风险和机遇

↓

风险评估
固有风险和残存风险—可能性和影响—方法和技术—相关性

↓

风险反应
确认风险反应方案—对可能的风险反应方案进行评估—选择风险反应方案—风险组合观

↓

控制活动
与风险反应相结合—控制活动的类型——般控制—应用控制—特定主体

↓

信息与沟通
信息—战略和整合系统—沟通

↓

监控
个别评估—持续评估

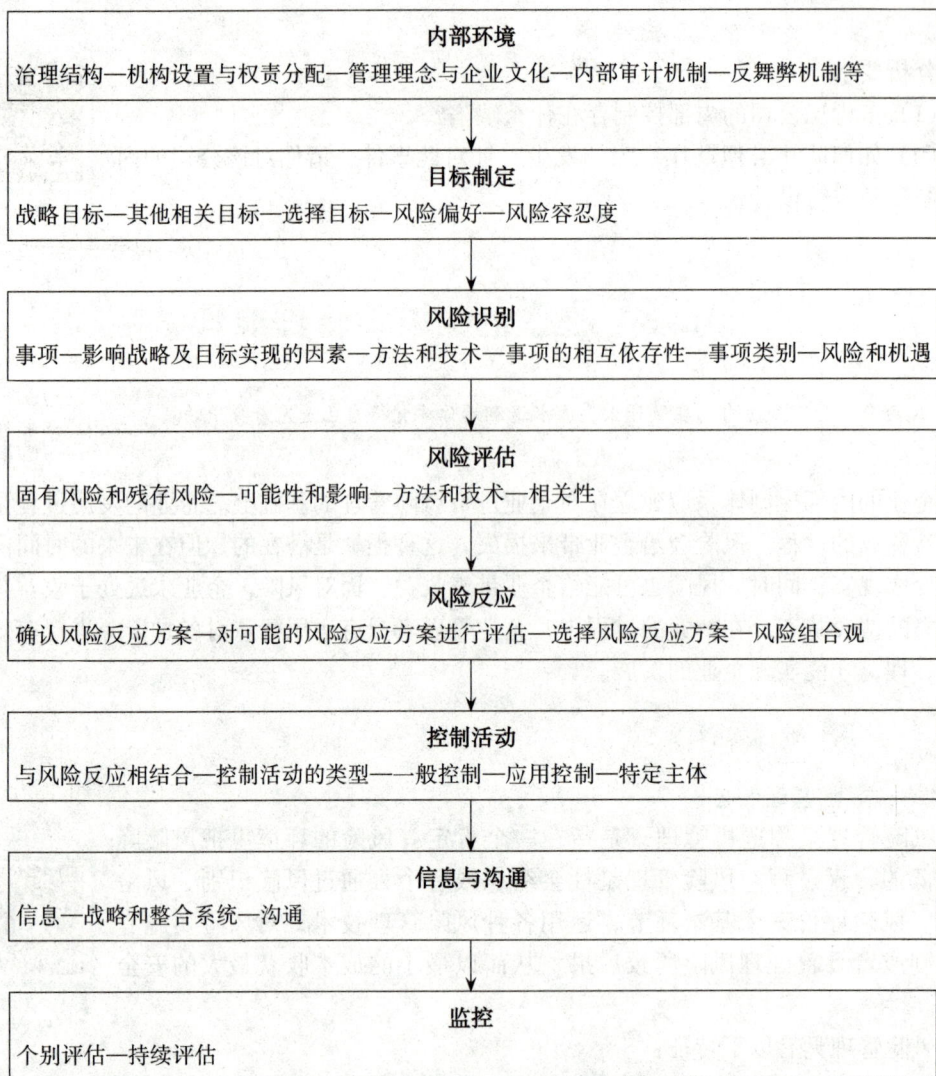

图1-1　风险管理的要素及其相互联系

二、熟悉企业全面风险管理的流程

(一) 风险识别

企业管理层应有计划地采用深思熟虑的方法，以识别所有可能对企业取得成功产生影响的风险。风险的分类与识别见表1-1。

(二) 风险分析

识别出对企业的各个层级有影响的重大风险后，还需要对风险的严重程度和发生的可能性进行分析。风险分析过程包括估计风险的严重程度、评估风险发生的可能性和如何采取行动三个基本环节，如图1-2所示。

风险的严重程度和发生的可能性还可以通过坐标图来表示，从而确定风险的优先次序，如图1-3所示。

表1-1 风险的分类与识别

风险分类	风险识别
战略风险	国内外宏观经济政策以及经济运行情况、本行业状况、国家产业政策；科技进步、技术创新的有关内容；市场对企业产品或服务的需求；与企业战略合作伙伴的关系、未来寻求战略合作伙伴的可能性；企业主要客户、供应商及竞争对手的有关情况；与主要竞争对手相比，企业的优势与差距；企业发展战略和规划、投融资计划、年度经营目标、经营战略，以及编制这些战略、规划、计划、目标的有关依据；企业对外投融资过程中曾发生或易发生错误的业务流程或环节
财务风险	负债、或有负债、负债率、偿债能力；现金流、应收账款及其占销售收入的比重、资金周转率；产品存货及其占销售成本的比重、应付账款及其占购货额的比重；制造成本和管理费用、财务费用、销售费用；盈利能力；成本核算、资金结算和现金管理业务中曾发生或易发生错误的业务流程或环节；与企业相关的行业会计政策、会计估算、与国际会计制度的差异及调节（如退休金、递延税项等）
市场风险	产品或服务的价格及供需变化；能源、原材料、配件等物资供应的充足性、稳定性和价格变化；主要客户、主要供应商的信用情况；税收政策和利率、汇率、股票价格指数的变化；潜在竞争者、竞争者及其主要产品、替代品的情况
运营风险	产品结构、新产品研发；新市场开发、市场营销策略；企业组织效能、管理现状、企业文化；高、中层管理人员和重要业务流程中专业人员的知识结构、专业经验；期货等衍生产品业务中曾发生或易发生失误的流程和环节；质量、安全、环保、信息安全等管理中曾发生或易发生失误的业务流程或环节；因企业内、外部人员的道德风险导致企业遭受损失或业务控制系统失灵；给企业造成损失的自然灾害以及除上述有关情形之外的其他纯粹风险；对现有业务流程和信息系统运行情况的监管、运行评价及持续改进能力；企业风险管理的现状和能力
法律风险	国内外与企业相关的政治、法律环境；影响企业的新法律法规和政策；员工道德操守的遵从性；企业签订的重大协议和有关贸易合同；企业发生重大法律纠纷案件的情况；企业和竞争对手的知识产权情况

图1-2 风险分析过程

估计风险的严重程度 → 评估风险发生的可能性 → 如何采取行动

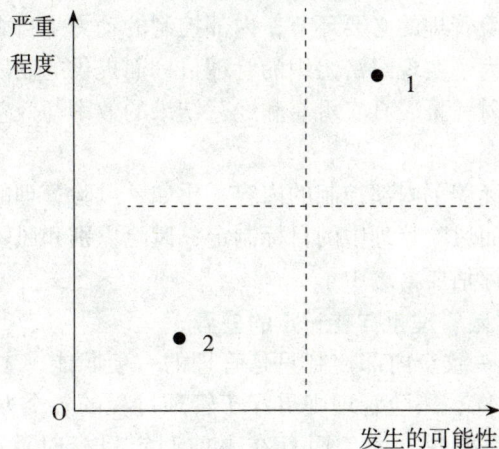

图1-3 风险坐标图

（三）风险应对

根据风险分析结果，管理层可针对关键性风险制定应对策略。应对风险的策略包括风险降低、风险消除、风险转移和风险保留，企业可以选择一个或多个策略组合使用。

1.风险降低

风险降低亦称风险缓解，是指通过采取不同的方式、方法或手段来降低风险。常用的风险降低策略是风险分散，即通过分散的方式来降低风险，如投资多种股票而非单一股票。不愿"把所有的鸡蛋放在一个篮子里"的企业通常采用风险分散策略。

2.风险消除

风险消除策略包括风险避免、风险化解、风险排斥和风险终止。采用风险消除策略的目的是，一旦出现不利后果，则将风险全部化解。

3.风险转移

采用风险转移策略的目的是，将风险转移给另一家企业或机构。合同及财务协议是风险转移的主要方式。风险转移并不会降低风险的严重程度，只是将风险从一方转移给另一方。

4.风险保留

风险保留策略包括风险接受、风险吸收和风险容忍。采用风险保留策略可能是因为这是比较经济的策略，或者是因为没有其他备选策略（如风险降低、风险消除或风险转移）。采用风险保留策略时，管理层需要考虑所有的方案，并定期对风险进行复核，以确保不会与备选策略失之交臂。

三、明确内部控制与风险管理之间的关系

在企业的实际经营过程中，内部控制与风险管理是两个关系密切且容易混淆的概念，但它们之间也有区别，也就是说，既不能将它们简单等同起来，也不能将它们完全隔离开来。

（一）内部控制与风险管理是紧密联系的

（1）内部控制是风险管理的必要环节，内部控制的动力来自企业对风险的认识和管控的需要。内部控制是为了实现经济组织的管理目标而提供的制度保障，良好的内部控制可以保证合规经营、财务报表真实可靠和经营结果的效率与效益，而这正是企业风险管理应该达到的基本状态。

（2）风险管理基本涵盖了内部控制的内容。比如，风险管理的八个要素包括了内部控制的全部五个要素，而风险管理中的目标制定、风险识别和风险反应三个要素其实已包含在内部控制的风险评估要素之中了。

（二）内部控制与风险管理也存在一定的差异

（1）两者的范畴不一致。内部控制只是管理的一项职能，主要通过事后控制和过程控制来实现自身的目标；风险管理则贯穿于管理过程的各个方面，管理的手段不仅体现在事中控制和事后控制方面，而且在事前制定目标时就必须充分考虑风险的存在。

（2）两者的活动不一致。风险管理的一系列具体活动并不都是内部控制要做的。风险管理包含了风险管理目标和战略的设定、风险评估方法的选择、管理人员的聘用、有关的预算和行政管理以及报告程序等活动，而内部控制只是针对风险管理过程中间及其以后的重要事项所实施的控制活动。也就是说，内部控制不负责企业经营目标的具体制定，只是对目标的制定过程进行评价，重点是对目标和战略制定中的风险进行评估。

同步训练

一、不定项选择题（每题至少有一个正确答案，请将正确答案填在括号内）

1.风险管理的对象是（　　　）。

A.组织和个人　　　　　　　　B.风险

C.内部环境　　　　　　　　　D.重大事项

2.企业风险管理过程中，目标制定需要考虑的因素包括（　　　）。

A.企业的规模　　　　　　　　B.经营者的风险偏好

C.实现目标的方法　　　　　　D.资金规模

3.企业风险管理过程中，风险识别主要是为了（　　　）。

A.识别影响主体目标实现的内部和外部事件，区分风险和机会

B.找出影响主体目标实现的因素

C.评估主体目标实现的环境

D.找出主体目标实现的方法

4.风险管理的三个基本环节包括（　　　）。

A.风险识别　　　　　　　　　B.风险应对

C.风险预测　　　　　　　　　D.风险评价

5.下列各项属于风险管理要素的是（　　　）。

A.风险识别　　　　　　　　　B.风险评估

C.风险反应　　　　　　　　　D.信息与沟通

6.企业面临的风险类型包括（　　　）。

A.战略风险　　　　　　　　　B.财务风险

C.市场风险　　　　　　　　　D.运营风险

7.风险分析过程的三个基本环节包括（　　　）。

A.估计风险的严重程度　　　　B.风险预测

C.评估风险发生的可能性　　　D.如何采取行动

8.风险应对的策略是（　　　）。

A.风险降低　　　　　　　　　B.风险转移

C.风险保留　　　　　　　　　D.风险消除

二、判断题（正确的在括号内打"√"，错误的打"×"）

1.风险管理的对象是风险。　　　　　　　　　　　　　　　　　　（　　）
2.风险管理的主体可以是任何组织和个人。　　　　　　　　　　　（　　）
3.风险管理的基本目标是以最小的成本收获最大的利益。　　　　　（　　）
4.风险管理不是一个独立的管理系统，它与其他管理系统相互交叉。
　　　　　　　　　　　　　　　　　　　　　　　　　　　　　　（　　）
5.进行风险管理必须考虑内部环境。　　　　　　　　　　　　　　（　　）

参考答案

任务四　项目实训——企业内部控制环境比较

一、实训目标

培养学生识别企业内部控制环境的能力。

二、能力要求

（1）掌握企业内部控制环境的内容及其与控制制度建设的关系。
（2）能够对不同公司的内部控制环境作出评价。

三、实训方式

以小组为单位完成实训任务，形成实训报告，参加讨论与点评。

四、实训考核

根据各实训小组实训成果（实训报告）的质量和参与讨论的情况进行评分。项目实训成绩按百分制评定，具体公式如下：

小组项目实训成绩 = 实训成果（满分80）+ 参与讨论（满分20）

$$\frac{\text{个人项目}}{\text{实训成绩}} = \frac{\text{小组项目}}{\text{实训成绩}} \times \frac{\text{个人贡献系数}}{\text{根据个人在实训中的贡献大小决定}}\text{(个人贡献系数由组长}$$

五、实训步骤

（1）由任课教师引导学生解读实训资料，提示学生应注意哪些问题，并布置具体实训任务，规定实训时间。
（2）各实训小组根据组内分工，查找、搜集相关资料，进行初步分析比较。
（3）小组内对初步分析比较的结果进行讨论、修改，最后按照要求形成实训报告（实训报告采用 Word 文档格式，纸张大小设置为 A4，页边距设置为上 2.8 厘米、下 2.5 厘米、左 2.5 厘米、右 2.5 厘米，行距设置为 1.5 倍；页码格式设置为阿拉伯数字、居中；总标题设置为小三号、黑体、居中、空一行，一级标题设置为小四号、宋体、加粗，二级标题和正文设置为小四号、宋体；图表内文字设置为五号、宋体）。

（4）各实训小组的组长将查找、搜集的资料和形成的实训成果（电子文档）打包上传。

（5）指导老师根据学生实训成果的质量和参与讨论的情况确定实训成绩。

六、实训资料

（一）西山机械制造有限责任公司

西山机械制造有限责任公司（以下简称西山公司）是一家由地方国有企业改制而成的公司。公司注册资本为5 000万元。其中，市政府出资3 000万元，占60%的股份；李明山出资1 000万元，占20%的股份；赵东林出资500万元，占10%的股份；刘山东出资300万元，占6%的股份；其余10人分别出资20万元，分别占0.4%的股份。公司法人为张国强（市国有资产监督管理委员会派出），任公司董事长；李明山任公司总经理；赵东林任监事会主席。

1. 西山公司基本情况（见表1-2）

表1-2　　　　　　　　　　　　　西山公司基本情况

企业名称	西山机械制造有限责任公司				
注册地址	盐城市永安路18号				
所属行业	制造业	所属地区	江苏省	成立日期	2008年3月18日
法定代表人	张国强	董事长	张国强	总经理	李明山
注册日期	2008年3月18日	监事会主席	赵东林	注册资本	5 000万元
公司基本账户开户行		中国工商银行盐城市分行			
开户（股票）证券公司		东方证券公司盐城营业部			
经营范围	农用机械、交通工具				
主要产品	水稻收割机、小麦收割机、电动自行车				
职工人数及其构成	公司现有职工921人。其中：技术工人700人，占76%；工程技术人员86人，占9.3%；管理及党工人员116人，占12.6%；勤杂人员19人，占2.1%				

2. 西山公司治理及行政组织结构（如图1-4所示）

3. 西山公司人员配备一览表（见表1-3）

4. 西山公司生产技术及管理特点

西山公司厂房及办公设施的建筑面积达12 000多平方米，占地面积达25 000平方米，现有固定资产2 900多万元。公司有3个分厂，分别负责水稻收割机、小麦收割机、电动自行车的生产。各分厂均下设3个车间，其中零配件加工车间2个、装配车间1个。公司现有各种设备60台。公司生产设备比较先进，技术力量雄厚，员工素质高。零配件加工采用分步式连续进行；装配车间采用自动流水作业，产品一次成形。在管理

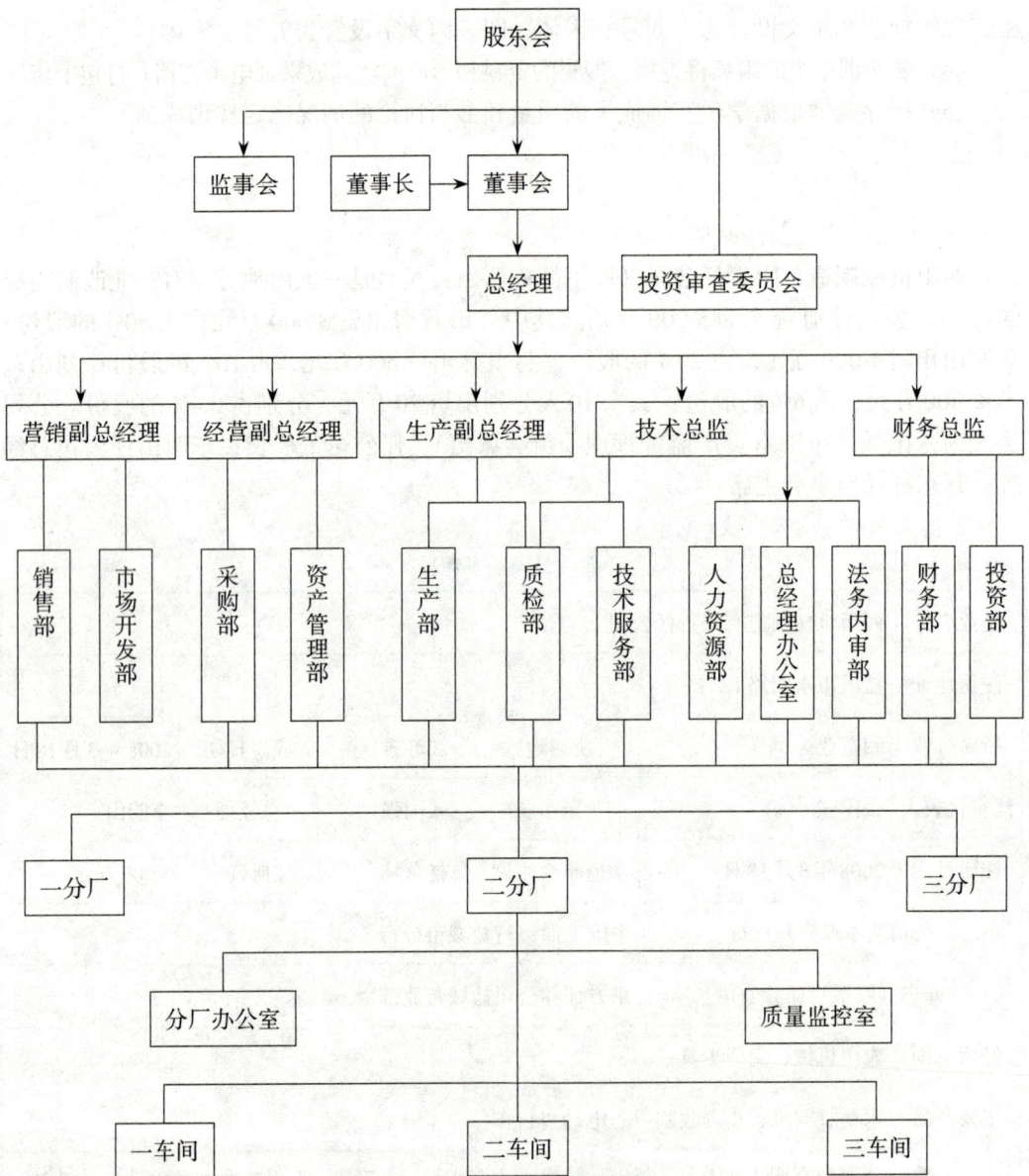

图1-4 西山公司治理及行政组织结构图

表1-3 西山公司人员配备一览表

部门	人员配备
董事会	成员5人，除董事长和秘书专职外，其余兼职
监事会	成员3人，除监事会主席专职外，其余兼职
投资审查委员会	成员7人，全部兼职
公司高管层	成员6人，其中：总经理1人，副总经理3人，技术总监和财务总监各1人

续表

部门	人员配备
投资部	人员3人，其中：部长1人，业务人员2人
财务部	人员7人，其中：正、副部长各1人（部长兼投资主管、副部长兼筹资主管），会计人员5人（含筹资、投资、预算专员）
法务内审部	人员3人，其中：部长1人，法律事务1人，内部审计1人
总经办	人员5人，其中：主任、副主任各1人，办事员3人
人力资源部	人员5人，其中：正、副部长各1人，办事员3人
技术服务部	人员5人，其中：正、副部长各1人，技术人员3人（其中工程专员1人）
质检部	人员3人，其中：部长1人，技术人员2人
生产部	人员5人，其中：正、副部长各1人，技术人员3人
资产管理部	人员6人，其中：部长1人，副部长2人，技术人员3人
采购部	人员3人，其中：部长1人，采购人员2人
市场开发部	人员5人，其中：正、副部长各1人，市场开发3人
销售部	人员5人，其中：正、副部长各1人，销售人员3人
一分厂	员工281人，其中：厂长1人，副厂长2人，车间主任3人，副主任6人，技术人员24人，技术工人240人，办事员5人
二分厂	员工317人，其中：厂长1人，副厂长2人，车间主任3人，副主任6人，技术人员30人，技术工人270人，办事员5人
三分厂	员工228人，其中：厂长1人，副厂长2人，车间主任3人，副主任6人，技术人员21人，技术工人190人，办事员5人
党工部	人员9人，其中：部长1人，部长2人，政工人员6人
工会	人员3人，其中：主席1人，工作人员2人
门卫、食堂	勤杂人员19人

上，公司运用现代化管理方法组织生产，管理队伍精干、工作效率高，内部控制体系完善、制度健全。

5.西山公司市场地位及发展设想

西山公司是苏北地区最大的小麦收割机和电动自行车生产企业。公司自成立以来，本着立足苏北、面向江苏、走向全国的市场战略目标，积极开拓市场。目前，公司的客户除苏北地区外，已遍布江苏全省，并开始向全国扩展。下一步，公司将着重在提高产品质量和产品档次上下功夫，加强产品成本核算，努力降低产品生产成本，提高产品的市场竞争力，争取在2017年实现利润4 500万元。

（二）东木家具制造有限责任公司

东木家具制造有限责任公司（以下简称东木公司）成立于2008年5月8日，由王东林、李明、张宏伟、赵永刚、林淮阳等8人共同投资组建，公司注册资本为1 000万元。其中，王东林出资550万元，占55%的股份；李明出资200万元，占20%的股份；张宏伟出资150万元，占15%的股份；其余5人分别出资20万元，分别占2%的股份。公司法人为王东林，任公司董事长；李明任公司总经理；张宏伟任监事会主席。

1.东木公司基本情况（见表1-4）

表1-4　　　　　　　　　　　　东木公司基本情况

企业名称	东木家具制造有限责任公司					
注册地址	盐城市建设北路10号					
所属行业	制造业	所属地区	江苏省	成立日期	2010年5月8日	
法定代表人	王东林	董事长	王东林	总经理	李明	
注册日期	2010年5月8日	监事会主席	张宏伟	注册资本	1 000万元	
公司基本账户开户行		中国工商银行盐城市分行				
开户（股票）证券公司		东方证券公司盐城营业部				
经营范围	家具制造					
主要产品	办公、教学桌椅和地板					
职工人数及其构成	公司现有职工95人。其中：技术工人50人，占52.6%；工程技术人员8人，占8.4%；管理人员32人，占33.7%；勤杂人员5人，占5.3%					

2.东木公司治理及行政组织结构（如图1-5所示）

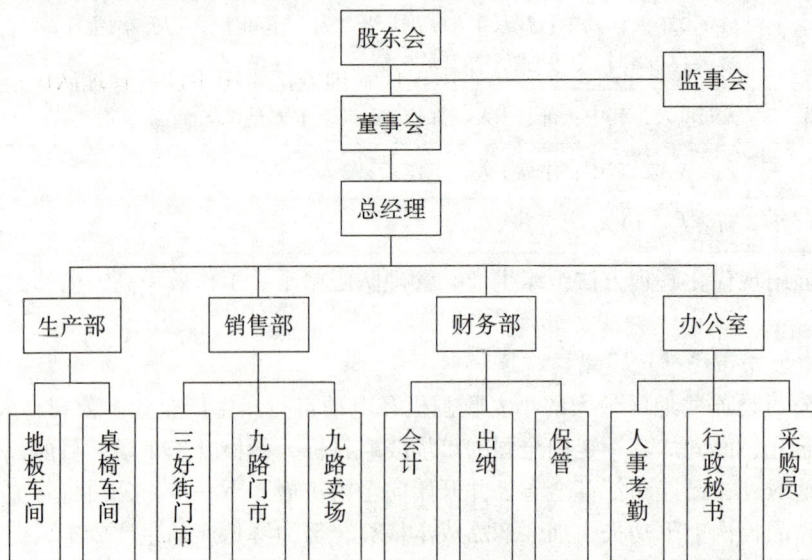

图1-5　东木公司治理及行政组织结构图

3.东木公司人员配备一览表（见表1-5）

表1-5　　　　　　　　　　　　　东木公司人员配备一览表

部门	人员配备
董事会	成员5人，除董事长专职外，其余兼职
监事会	成员3人，全部兼职
公司高管	总经理1人
办公室	人员4人，其中：主任1人，人事、秘书和采购各1人
财务部	人员4人，其中：主任1人，会计人员2人，五金配件保管员1人
销售部	人员9人，其中：部长1人，副部长2人，销售人员6人
生产部	人员6人，其中：部长1人，副部长2人，技术人员3人
桌椅车间	员工36人，其中：车间主任、副主任各1人、技术人员3人、技术工人30人、办事员1人
地板车间	员工25人，其中：车间主任、副主任各1人、技术人员2人、技术工人20人、办事员1人
党工部及工会	人员4人，其中：部长、副部长各1人，干事2人
门卫、食堂	勤杂人员5人

4.东木公司生产技术及管理特点

东木公司厂房及办公楼的建筑面积达4 800平方米，占地面积达11 000平方米，现有固定资产800多万元。公司拥有全自动桌椅生产线和地板生产线各1条，装载车辆3台，轿车2辆。生产设备先进，技术力量雄厚，采用自动流水作业，产品一次成型，供、产、销一条龙。在管理上，公司运用现代管理方法组织生产，管理队伍精干、工作效率高，有一套严密的质量保证体系，但内部控制制度不够健全。

5.东木公司市场地位及发展设想

公司自成立以来，本着立足盐城、站稳江苏、面向全国的市场战略目标，大力开拓市场。目前，公司的客户除盐城外，已遍布江苏，并开始向长江三角洲地区发展。下一步，公司将着重提高现代化管理水平，加强内部控制，建立健全各项管控制度，从而不断提高公司的竞争力。

七、实训任务

（1）西山公司与东木公司在组织结构上为什么不同？

（2）你认为哪家公司更符合内部控制对环境的要求？

（3）你认为这两家公司理想的组织结构应该是什么样的？请画图并说明增删理由。

参考答案

本项目框架图

本项目框架图如图1-6所示。

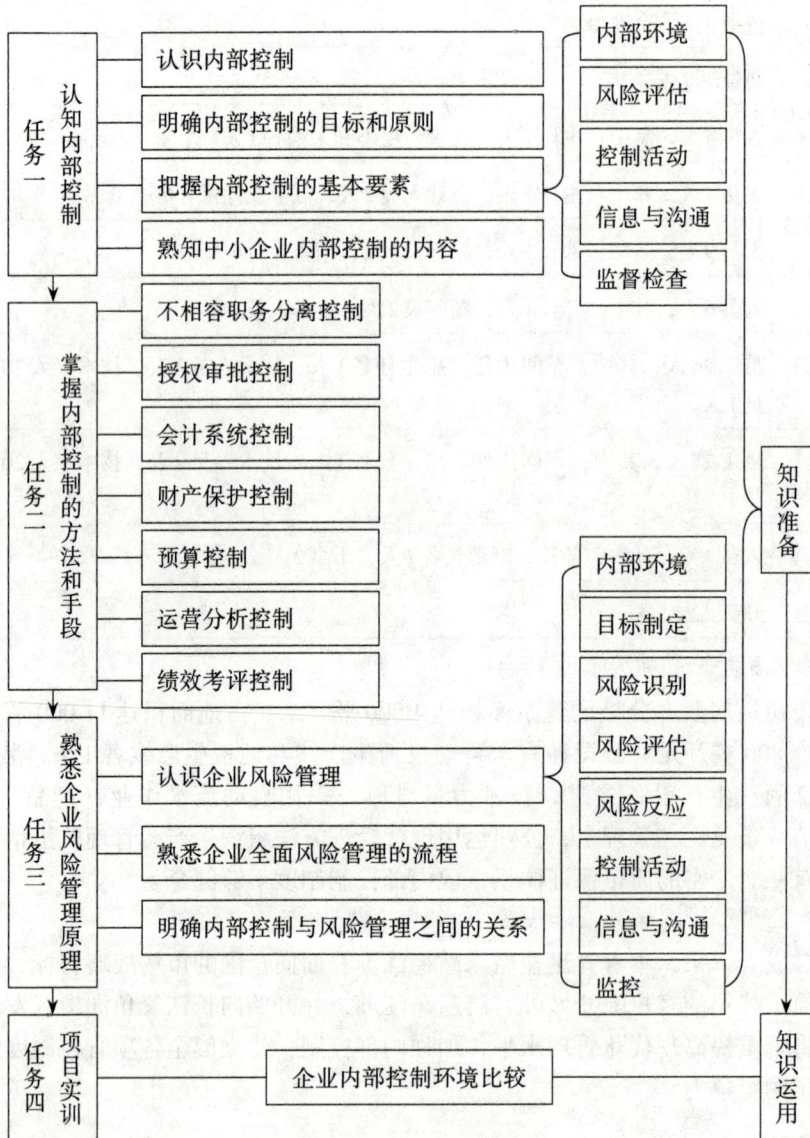

图1-6　本项目框架图

本项目参照规范

- 《企业内部控制基本规范》
- 《企业内部控制配套指引》
- 《小企业内部控制规范（试行）》
- 《企业会计准则——基本准则》

项目二

货币资金业务内部控制与风险管理

【学习目标】 1. 了解货币资金的特点，理解货币资金管控面临的风险；

2. 熟悉货币资金业务内部控制的内容；

3. 熟悉货币资金业务流程和风险控制点；

4. 理解货币资金业务风险管理目标；

5. 熟悉货币资金业务风险管理制度；

6. 能够针对具体的案例，通过分析发现问题并提出防范措施，或对案例中存在的管控风险进行解释说明。

【素养目标】 1. 掌握货币资金控制方法，提高企业资金管理管理水平，增强货币资金使用效益，增加社会财富；

2. 加强货币资金风险管理，扎牢防腐第一道防线。

【知识点】 1. 货币资金业务内部控制的内容与要求；

2. 货币资金业务流程与风险分析。

【技能点】 1. 能找出货币资金业务控制关键点；

2. 能制定货币资金业务风险管控措施。

案例导入

出纳挪用百万公款打赏网络男主播，获刑4年半

广西河池市金城江区人民法院18日介绍，该院近日依法对一起职务侵占案作出一审宣判，被告人银某因迷恋网络男主播，为买礼物打赏主播，挪用上百万元公款。

法院审理查明，银某于2001年入职广西某房地产开发集团有限公司（以下简称房产公司），负责该公司河池分公司账户的开销及公司房地产领域的账户管理。因工作需要，银某实际控制两张银行卡用于公司的部分资金流转。

2020年7月至11月，银某因欣赏、爱慕抖音APP的某一男主播，即利用其担任公司出纳并持有公司经营活动账户的职务便利，多次侵吞公司资金用于充值抖音APP购买虚拟币——抖币，再换成虚拟礼物打赏给主播。

2021年1月21日，银某前往柬埔寨躲避，房产公司向公安机关报案。经公安民警动员，银某于同年4月8日从柬埔寨回国。同年6月17日，公安机关对银某执行逮捕。归案后，银某如实供述其为打赏抖音男主播侵吞公司财产的犯罪事实，自愿认罪认罚。

经司法鉴定，最终认定银某侵占公司的资金共计144.332万元。案后，银某亲属代为退回违法所得7.5万元。

法院认为，被告人银某身为房产公司财务人员，利用职务上的便利，将公司财产占为己有用于个人娱乐挥霍，数额巨大，其行为已构成职务侵占罪。

案发后，银某积极配合公司进行财务对账，并向公司交代自己侵吞公款用于个人娱乐挥霍的事实；其虽在案发后前往境外躲避，但经公安民警及其家人的劝解与动员，能够主动回国投案，如实供述罪行，构成自首，可以从轻或者减轻处罚。

被告人银某在案发前的4个月内多次侵吞公司财产用于个人挥霍以满足其虚荣心，可酌情从重处罚。

法院判决，被告人银某犯职务侵占罪，判处有期徒刑4年6个月，并处罚金人民币1万元。责令被告人银某退赔违法所得余款136.832万元给被害单位。

资料来源：林洁琪. 挪用百万公款打赏网络男主播 一女出纳获刑［EB/OL］.［2022-01-18］. http://news.china.com.cn/2022-01/18/content_77997044.htm.

思考：

（1）如何在源头上杜绝此类案件的发生？

（2）财会人员应如何面对经手的公款？

任务一 把握货币资金业务内部控制的内容和要求

一、认识货币资金及其管控风险

（一）货币资金的特点

货币资金包括库存现金、银行存款和其他货币资金，是企业流动资产的

案例

货币资金内部
控制与风险管理

重要组成部分。货币资金具有如下特点：

1.流动性强，风险性大

货币资金是企业生产经营的基本条件，又是一项流动性最强的资产，最容易发生差错或被非法挪用、侵占。因此，企业管理层、投资者和债权人等都非常关心货币资金管理。

2.与其他经营业务联系广泛，工作量大

企业的一切生产经营活动都与货币资金有着千丝万缕的联系。例如，销货与收款、购货与付款、投资与筹资等业务，都与货币资金联系紧密。

3.国家宏观管理严格

货币资金流动性强，风险性大，国家对货币资金的管理非常重视。为此，国务院颁布了《中华人民共和国现金管理暂行条例》（以下简称《现金管理暂行条例》）和《中华人民共和国外汇管理条例》，中国人民银行颁布了《人民币银行结算账户管理办法》和《支付结算办法》等相关规定，以加强对货币资金的管理。

现金管理暂行条例

【明德善思】货币资金是唯一能代表企业现实购买力水平的资产，货币资金的融通即为金融，是现代经济的血脉。党的十八大以来，习近平总书记不仅在2017年出席全国金融工作会议并发表重要讲话，还先后两次主持以金融为主题的中央政治局集体学习，并在中央经济工作会议、中央财经委员会会议等重要场合多次重点谈及金融工作。习近平总书记在2023年中央金融工作会议中指出："要清醒看到，金融领域各种矛盾和问题相互交织、相互影响，有的还很突出，经济金融风险隐患仍然较多，金融服务实体经济的质效不高，金融乱象和腐败问题屡禁不止，金融监管和治理能力薄弱。"在金融风险的预防和处置中，对货币资金的监管是一项重点工作，同时对货币资金的追踪与监管也是我国反腐败工作的重要组成部分。

微课

（二）货币资金管控中常见的风险

货币资金管控中常见的风险主要有：

企业货币资金内部控制(1)

（1）如果资金管理及银行账户的开立、审批、使用等违反国家法律、法规的规定，则企业可能会遭受外部处罚，造成经济损失和信誉损失。

（2）如果货币资金管理业务流程设计不合理或控制不当，则可能会导致对货币资金监控不力、管理混乱，资金被非法挪用、盗用，产生重大差错、舞弊或欺诈行为，从而使企业遭受损失。

（3）如果资金记录不准确、不完整，则可能会造成账实不符或导致财务报表信息失真。

（4）如果有关票据遗失，或者被变造、伪造、非法使用等，则可能会导致企业资产损失或信用损失，甚至引起法律诉讼。

二、明确货币资金业务内部控制的内容和要求

将内部控制的方法运用于现金、银行存款和其他货币资金业务，就构成了货币资金业务内部控制的内容，将这些内容进一步细化，便形成了货币资金业务内部控制内容体系。

（一）现金的控制

1.收支两条线的控制

将现金的收、支分离是现金内部控制的重要内容，也是现金使用安全的保证。现金收支两条线是指现金的收入和支出由两个相互独立的业务流程组成，并通过银行实现两者的有效联系。

微课

企业货币资金
内部控制(2)

（1）现金收入的控制。企业现金收入的过程主要经过业务执行部门、财务部门和银行等环节。其控制内容包括：发票、收据等原始凭证的填开与传递，现金的收取与转存，相关记账凭证的编制与审核，库存现金日记账、银行存款日记账及相关账簿的登记等。

（2）现金支出的控制。与现金收入相比，企业现金支出的过程比较复杂，涉及的部门和人员比较多，对管理的要求也更严格。其控制内容包括：现金支出的范围、申请与审批，现金支付项目的审核，记账凭证的填制与审核，现金的支付，库存现金日记账及相关账簿的登记等。

【思考】我国《现金管理暂行条例》对开户单位的现金支出范围是如何规定的？

2.岗位与人员分工的控制

现金收支活动具有高风险性，必须建立严格的岗位责任制，明确现金的使用程序和损失责任。另外，不相容职务相分离是内部控制的基本要求，也是实现货币资金控制的基础，特别是出纳、会计、审核、审计这几个主要的关键控制环节，必须做到相互制衡。在现金收付部门人员的选聘方面，应该重点考核其职业道德修养、个人品德和专业素质。因此，岗位与人员分工控制应满足以下要求：

微课

现金内部控制
中的不相容
职务

（1）出纳与会计的职务分离；

（2）内部审计与会计的职务分离；

（3）办理现金业务需要配备合格的人员，并定期进行岗位轮换。

3.会计系统的控制

现金收支业务具有可计量性强和容易反映的特点，通过会计系统记录有关会计信息，能够监督业务活动的过程。另外，会计系统利用会计档案的保管与核对、授权审批程序、现金盘点等方式，可以对现金收付进行全面控制。会计系统的控制应该做到以下几点：

（1）现金收付经过授权和审批；

（2）会计记录依据充分；

（3）会计凭证、账簿经过核对，做到证证相符、账证相符、账账相符；

（4）按照规定保管会计档案；

（5）有明确的盘点与清查制度，保证账实相符。

（二）银行存款的控制

1.收支两条线的控制

银行存款的收支具有特指性，如果将收支活动互相交叉，就会导致账务混乱。因此企业必须与银行配合，保证银行存款收支的分离。

（1）银行存款收入的控制。银行存款收入控制的内容一般包括：账户的开立、账户的设置、收入项目及原始凭证的审核、记账凭证的填制与审核、银行存款日记账及相关账簿的登记等。

【思考】中国人民银行对企业银行存款账户的开设是怎么规定的？

（2）银行存款支出的控制。银行存款支出控制的内容一般包括：使用银行存款的申请与审批、合同及原始凭证的复核与审核、记账凭证的填制与审核、银行存款日记账及相关账簿的登记、银行存款日记账的核对等。

【思考】企业银行存款日记账应如何进行核对？如果不核对，会出现哪些问题？

2.岗位与人员分工的控制

微课

银行存款内部控制中不相容职务

与现金的岗位与人员分工控制类似，银行存款的岗位与人员分工控制应满足以下要求：

（1）出纳人员与对账人员相分离；

（2）出纳与会计的职务分离；

（3）业务经办与授权审批的职务分离；

（4）出纳人员不能负责会计档案的保管和银行存款的清查工作；

（5）办理银行存款业务需要配备合格的人员，并定期进行岗位轮换。

3.会计系统的控制

银行存款的会计系统控制与现金的会计系统控制基本相同，可比照执行。

（三）其他货币资金的控制

其他货币资金主要包括外埠存款、银行本票存款、银行汇票存款、信用证存款、信用卡存款和存出投资款。这些款项的存款地点和用途与现金、银行存款有所不同，因此对它们的控制要求也不同。

1.外埠存款的控制

与企业银行存款不同，外埠存款由于受到空间和时间的限制，因此对它的控制也受到了一定的影响，除了比照企业银行存款进行控制外，还必须做好以下工作：

（1）加强账户管理。企业应对外埠账户的设立进行审批，重点审查账户设立的必要性和可规范性。只有那些业务活动时间较长、发生资金收支较频繁的经营活动，才能够开设账户。另外，企业的会计部门要监控外埠存款账户的使用情况，及时准确地进行账务处理与会计核算。

（2）建立岗位、人员责任制。外埠存款的使用不能完全由单个部门或个人控制，企业必须指定外埠存款的使用者和账户管理者，必要的情况下，会计部门可以和账户管理者签订责任书，明确其职责、使用存款的权限、使用范围等内容。同时，会计部门应该设专门的会计人员核算外埠存款业务，外埠存款使用的授权审批、实际支付、会计记录工作要进行职务分离。

2.银行本票存款和银行汇票存款的控制

企业收到本票、汇票后，首先要看收款人是否为自己，其次要检查本票、汇票的内容是否完备。本票、汇票要由指定人员保管和使用，使用后要及时取得银行的结算单据。

3.信用证存款和信用卡存款的控制

企业向银行申请取得信用证存款和信用卡存款后，应及时取得银行开出的凭证、单据，并进行会计处理。

4.存出投资款的控制

将企业的资金转入存出投资款需要经过授权审批，会计部门主管应该确认该笔资金为闲置资金，并且将金额控制在合理的范围内；同时，投资部门应指派专人管理该款项。

【思考】企业的存出投资款主要用于什么业务？如果管控不力，会出现什么问题？

（四）票据和印章的控制

货币资金的票据和印章与现金、银行存款及其他货币资金的收付密切相关，因此企业应当加强对票据和印章的控制。

1.票据的控制

企业的各种发票、收据等原始凭证应由会计部门统一购买或自制，对凭证取得或印制的时间、数量、编号进行登记，并制定领用、交回、缴销等管理制度。票据控制的具体内容包括：

（1）领用票据要提出申请，并说明用途、数量，会计部门主管批准后才能办理领用手续；各部门应指定专人负责领取，领用凭证时要签字确认。

（2）领用人员要检查票据的内容是否有误，如有问题应及时更换；票据用完后，领用部门应将收入款项和票据存根交回会计部门，会计人员核对票据无误后，才能领取新票据。

（3）会计部门应该按照号码顺序发放票据，同时在备查簿记录发出日期、起讫号码、数量等内容。

（4）票据的填写要规范。首先，要按顺序填写，并且保证填写内容的完整，以反映经济活动的全貌；其次，填写错误不得在原处随意修改，而应该用红笔划去并修改后签字，或者盖"作废"章并保留票据，在下一张票据上重新填写。

票据法

（5）票据保管人员、办理货币资金业务的人员、会计部门的审核人员以及出纳人员要进行职务分离。票据的安全是货币资金安全的基础，要实行分类专门管理，保管人员之间要形成制衡，防止票据丢失和毁坏；建立保管制度，明确程序、责任。

（6）银行票据在结算后要加盖"收讫"或"付讫"印章，防止重复付款和记账；银行票据不得更改，任何有改动痕迹的银行票据都应该作废，并加盖"作废"印章。

（7）票据转让通过票据背书完成，票据背书应该遵循有关规定，背书票据上的内容包括日期、被背书人的具体名称，多次背书应注明顺序。

2.印章的控制

企业的印章是明确责任、说明业务执行情况的印记，任何经济业务的审批、执行、监督都会留下印章的痕迹。

（1）印章的保管要贯彻不相容职务分离的原则。例如，财务专用章和企业高管人员的名章应该分离保管，这样能有效防止印章的乱用。同时，各种印章应该分处设专人保管，委托其他人保管个人印章需要经过审批。印章保管人员要互相牵制，如保管箱设两道锁、钥匙由两个以上人员持有等。

（2）印章的使用。企业应制定内部印章使用规则，对印章的使用内容、范围和程序进行规定。印章离开企业需要经过各部门主管的批准，印章使用者取得印章后要签字证明，印章保管人员要备查登记并及时收回印章。

🍃 同步训练 🍃🍃🍃

一、不定项选择题（每题至少有一个正确答案，请将正确答案填在括号内）

1.库存现金日记账应采用的格式为（　　）。

　　A.订本式　　　　B.活页式　　　　C.卡片式　　　　D.以上均可

2.可以保证现金收支业务按照授权进行，以增强经办人员和负责人员责任感的控制措施为（　　）。

　　A.授权批准　　　B.分工记账　　　C.清点　　　　　D.清查

3.可以及时发现企业或银行记账差错，防止有关银行存款的非法行为发生，保证银行存款真实和货款结算及时的控制措施为（　　）。

　　A.审批　　　　　B.复核　　　　　C.核对　　　　　D.对账

4.按照内部控制要求，应由（　　）核对"银行存款日记账"和"银行对账单"，并编制"银行存款余额调节表"。

　　A.记账人员　　　B.非出纳人员　　C.会计人员　　　D.审核人员

5.在现金收支的原始凭证上，业务经办人员应签字盖章，以明确有关责任，同时该凭证还必须经（　　）审核签章。

　　A.记账人员　　　B.出纳人员　　　C.会计人员　　　D.部门负责人

6.（　　）应根据审核无误的现金收款或付款凭证进行收款或付款，收付完毕后，对现金收款或付款凭证以及所附原始凭证加盖"收讫"或"付讫"戳记，并签字盖章以示收付。

　　A.出纳人员　　　B.记账人员　　　C.会计人员　　　D.稽核人员

7.在（　　）的监督下，各个账簿的记录人员应核对银行存款日记账和有关明细分类账及总分类账。

　　A.出纳人员　　　B.记账人员　　　C.会计人员　　　D.稽核人员

8.在企业的下列款项中，不应在"银行存款"账户中核算的内容是（　　）。

　　A.现金支票　　　　　　　　　　　B.银行汇票

　　C.银行本票　　　　　　　　　　　D.信用卡同时承担

9.按照货币资金不相容岗位相互分离的要求，出纳人员不得同时承担（　　）。

　　A.总账登记和收入、支出、费用、债权债务账目的登记工作

　　B.货币资金的稽核工作

　　C.会计档案保管工作

　　D.现金的清查盘点工作

10.银行存款收支业务记账前，应由稽核人员审核银行存款收付凭证及所附原始凭证、结算凭证基本内容的完整性、处理手续的完备性、所反映经济业务的（　　）。

　　A.合规性　　　　B.合法性　　　　C.真实性　　　　D.有效性

二、判断题（正确的在括号内打"√"，错误的打"×"）

1.出纳人员不能兼任稽核、会计档案保管，以及收入、支出、费用、债权和债务等账目的登记工作。　　　　　　　　　　　　　　　　　　　　（　　）

2.有外币银行存款的企业可不必按外币种类单独设置"银行存款日记账"，与人民币合记在一本账中即可。　　　　　　　　　　　　　　　　　　　（　　）

3.出纳人员应该在每日营业结束后，结出库存现金日记账的收支和余额，清点库存现金实有数，并相互核对。　　　　　　　　　　　　　　　　　（　　）

4.出纳人员不能兼管收入、费用、债权、债务等账簿的登记工作，但可以编制收付记账凭证。　　　　　　　　　　　　　　　　　　　　　　　（　　）

5.可以由非出纳人员逐笔核对银行存款日记账和银行对账单，并编制银行存款余额调节表，调整未达账项。　　　　　　　　　　　　　　　　　（　　）

6.货币资金监督检查的重点内容包括是否存在办理付款业务所需的全部印章都交由一人保管的现象。　　　　　　　　　　　　　　（　　）

7.企业不得跳号开具票据，不得随意开具空白支票。　　（　　）

8.有条件的企业可以实行收支两条线和集中收付制度，以加强对货币资金的集中统一管理。　　　　　　　　　　　　　　（　　）

参考答案

任务二　货币资金业务流程与风险管理实务

一、货币资金业务流程与风险分析

（一）资金授权审批流程与风险分析

1.资金授权审批流程与风险分析图

西山公司资金授权审批流程与风险分析图如图2-1所示。

2.资金授权审批流程描述及说明

（1）财务部要根据企业内部控制的相关规范并结合自身情况，拟定资金授权审批制度。

（2）各部门制订出本部门的阶段性（1年、半年、季度）资金需求计划并上报财务部门审核。

（3）财务部汇总各部门上报的资金需求计划，并上报财务部经理、财务总监审核，由总经理审批。

（4）相关部门申请资金的额度超过财务部经理审批权限的，需要由财务总监审批。

（5）相关部门申请资金的额度超过财务总监审批权限的，需要由总经理审批。

（6）根据"资金需求申请单"批准的额度，出纳支付资金给申请部门。

风险分析	责任部门/责任人的职责分工与审批权限划分				
	总经理	财务总监	财务部经理	财务部	相关部门
如果资金使用违反国家法律、法规的规定，则公司可能会遭受外部处罚，造成经济损失和信誉损失	审批	审核	审核	开始 → (1) 拟定资金授权审批制度；明确资金需求计划要求	
如果资金未经适当审批或超越授权审批，则公司可能会产生重大差错或舞弊、欺诈行为，从而使公司遭受损失	审批；审批	审核；(5) 审批	审核；(4) 审核	(3) 汇总资金需求计划；传达资金需求计划；审核	(2) 制订本部门资金需求计划；填写"资金需求申请单"
如果职责分工不明确，机构设置和人员配备不合理，或者有关单据遗失、变造、伪造、非法使用等，则可能会导致公司资产损失或信用损失，甚至引起法律诉讼				核实"资金需求申请单" → (6) 支付资金 → 资料存档 → 结束	按要求使用资金

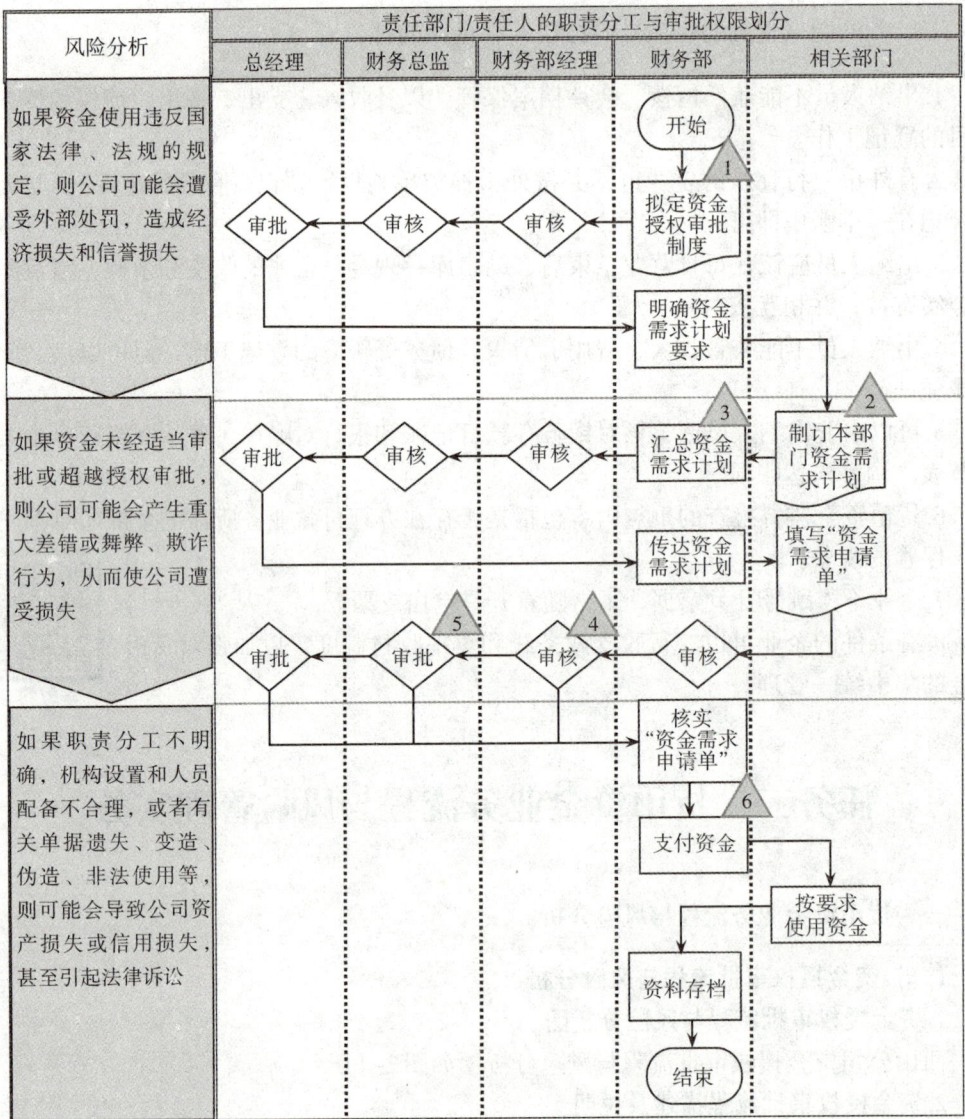

图2-1　西山公司资金授权审批流程与风险分析图

（二）资金支付业务流程与风险分析

1.资金支付业务流程与风险分析图

西山公司资金支付业务流程与风险分析图如图2-2所示。

2.资金支付业务流程描述及说明

（1）财务部要根据国家法律、法规并结合自身情况，拟定资金支付业务管理制度。

（2）财务部根据资金支付业务管理制度的相关规定，进一步提出资金支付的相关要求。

（3）财务部经理根据自身的审批权限审批相应的额度，审批额度超出自身审批权限的，需要由财务总监审批。

（4）财务总监根据自身的审批权限审批相应的额度，审批额度超出自身审批权限的，需要由总经理审批。

风险分析	责任部门/责任人的职责分工与审批权限划分				
	总经理	财务总监	财务部经理	财务部	相关部门
如果资金使用违反国家法律、法规的规定，则公司可能会遭受外部处罚，造成经济损失和信誉损失	审批 ←	审核 ←	审核 ←	开始 ↓① 拟定资金支付业务管理制度 ↓② 提出资金支付要求	
如果资金未经适当审批或超越授权审批，则公司可能会产生重大差错或舞弊、欺诈行为，从而使公司遭受损失	审批 ←	④ 审批 ←	③ 审批 ←	审核 ← ⑤ 核实"资金支付申请单"	填写"资金支付申请单"
如果资金记录不准确、不完整，则可能会造成账实不符或导致财务报表信息失真；如果有关单据遗失，或被变造、伪造、非法使用等，则可能会导致公司资产损失或信用损失，甚至引起法律诉讼				⑥ 支付资金 ↓ 资料存档 ↓ 结束	⑦ 相关部门按要求使用资金

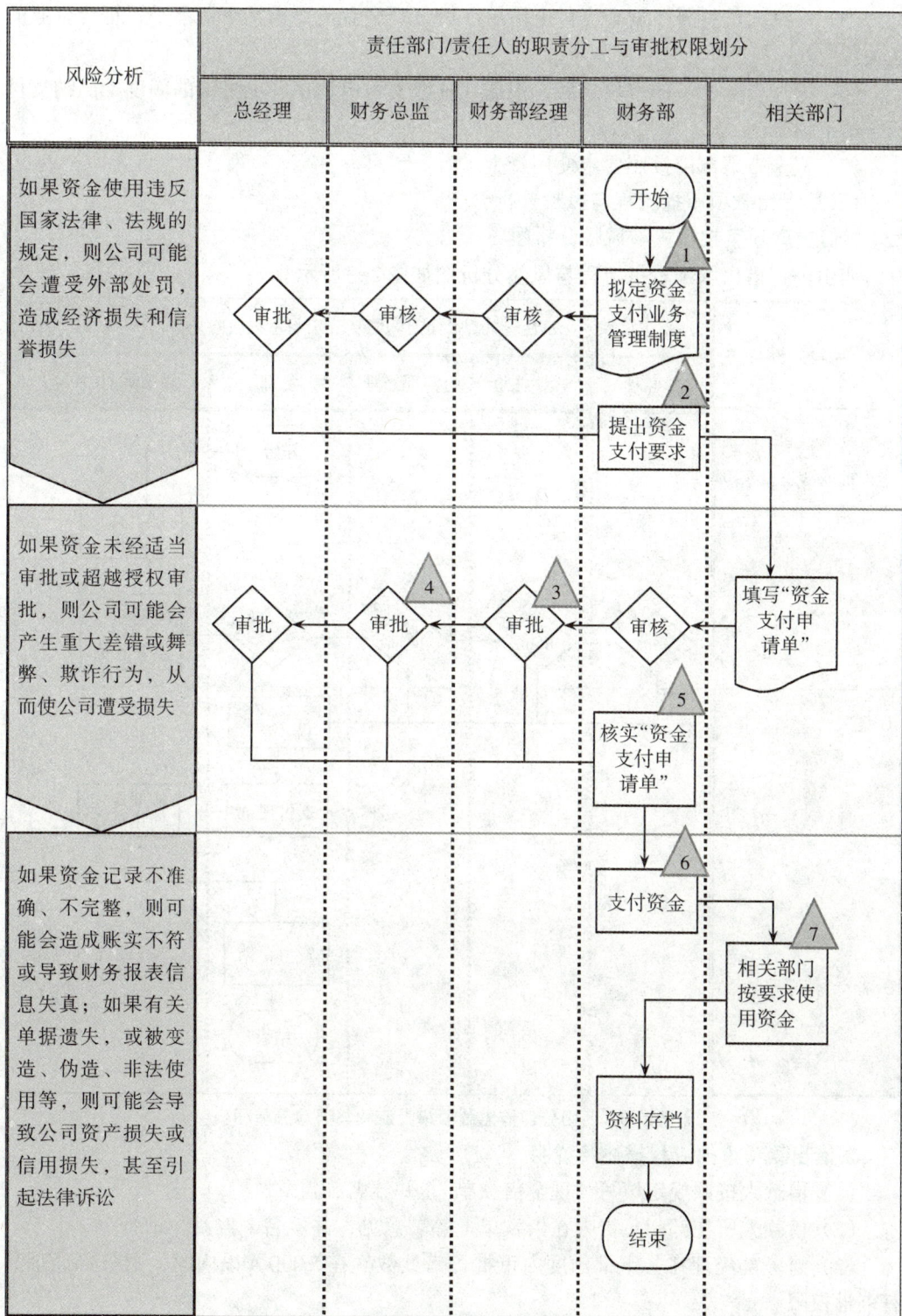

图2-2 西山公司资金支付业务流程与风险分析图

（5）审批人员签署"资金支付申请单"后，资金专员要核实申请单是否符合企业的相关规定。

（6）通过资金专员的审核之后，根据"资金支付申请单"上批准的额度，出纳支付资金给申请部门。

（7）资金申请部门按照要求使用资金。

（三）借出款项审批流程与风险分析

1.借出款项审批流程与风险分析图

西山公司借出款项审批流程与风险分析图如图2-3所示。

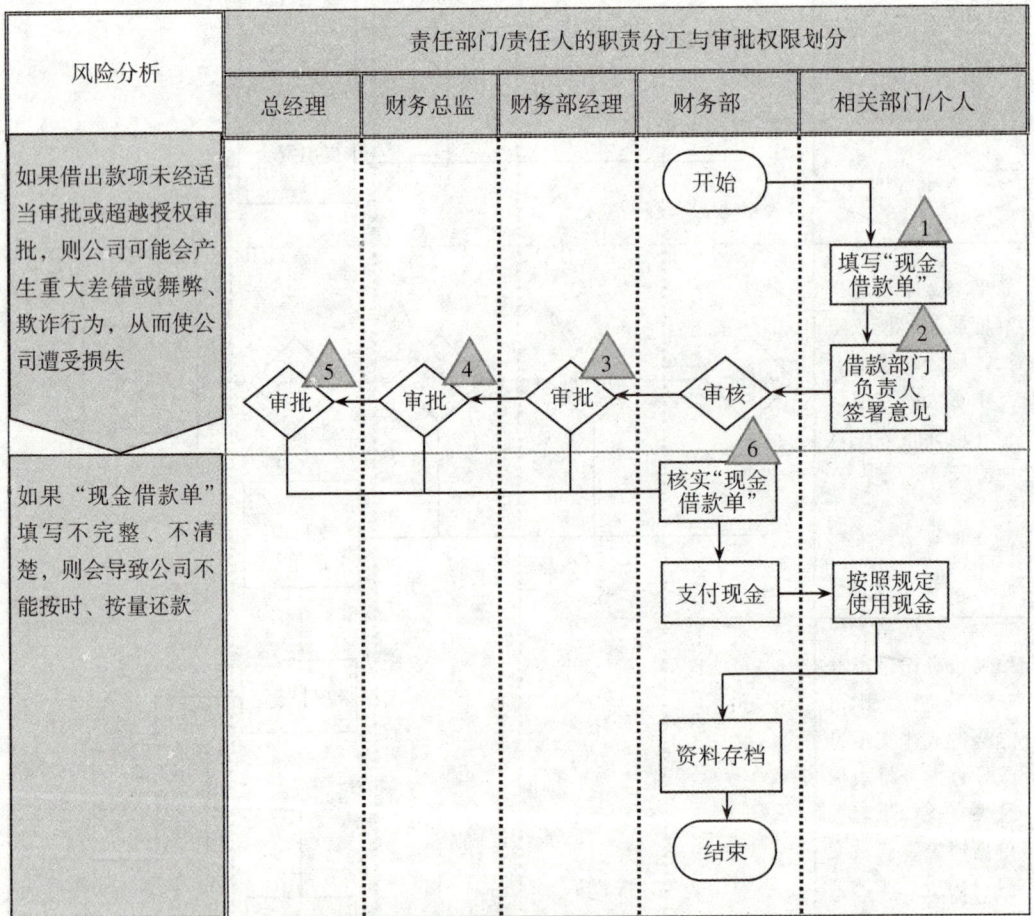

风险分析	责任部门/责任人的职责分工与审批权限划分				
	总经理	财务总监	财务部经理	财务部	相关部门/个人
如果借出款项未经适当审批或超越授权审批，则公司可能会产生重大差错或舞弊、欺诈行为，从而使公司遭受损失					开始
					1 填写"现金借款单"
					2 借款部门负责人签署意见
	5 审批	4 审批	3 审批	审核	
如果"现金借款单"填写不完整、不清楚，则会导致公司不能按时、按量还款				6 核实"现金借款单"	
				支付现金	按照规定使用现金
				资料存档	
				结束	

图2-3　西山公司借出款项审批流程与风险分析图

2.借出款项审批流程描述及说明

（1）借款人按照规定填写"现金借款单"，并签名、盖章。

（2）借款人所在部门负责人在借款单上签署意见，并签名、盖章。

（3）财务部经理在其审批额度内审批，借款数额在5 000元以内时，财务部经理具有审批权限。

（4）财务总监在其审批额度内审批，借款数额在5 000～20 000元时，财务总监具有审批权限。

（5）总经理在其审批额度内审批，借款数额在 20 000 ~ 50 000 元时，总经理具有审批权限。

（6）借款人应根据签字手续齐全的"现金借款单"到财务部办理借款，经审核人员审核后交由出纳支付现金。

（四）银行账户核对流程与风险分析

1.银行账户核对流程与风险分析图

西山公司银行账户核对流程与风险分析图如图2-4所示。

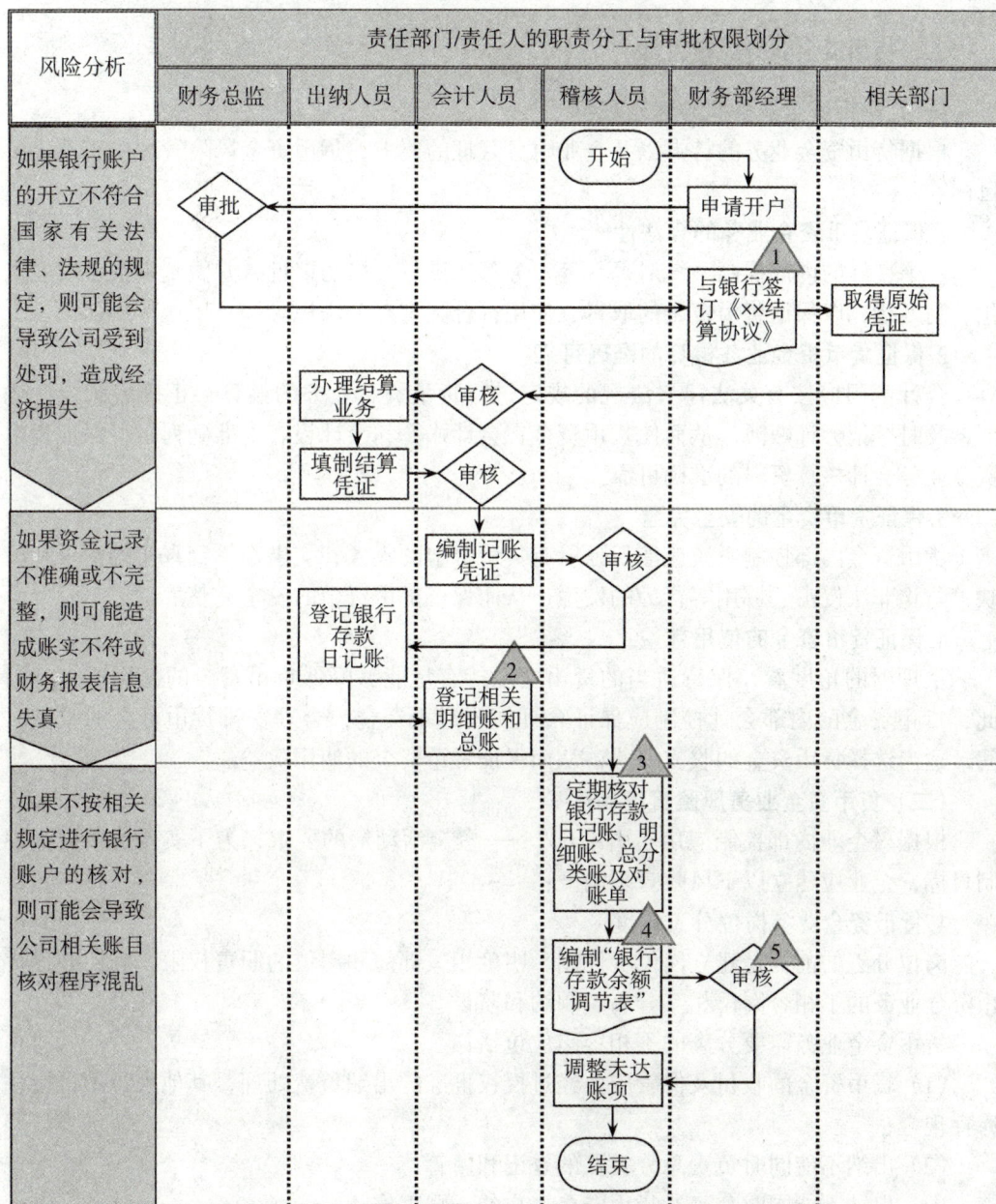

图2-4　西山公司银行账户核对流程与风险分析图

2.银行账户核对流程描述及说明

（1）财务总监授权财务部经理与银行签订《××结算协议》。

（2）会计人员根据收付凭证登记相关明细账和总分类账，并在记账凭证上签章。

（3）稽核人员应定期核对银行账户，每月至少核对一次，并签字盖章。

（4）稽核人员编制"银行存款余额调节表"。

（5）财务部经理指派对账人员以外的其他人员进行审核，确定银行存款账面余额与银行对账单余额是否调节相符。如果调节不符，应当查明原因，及时处理。

二、货币资金业务风险管理

（一）货币资金业务风险管理目标

根据货币资金业务的特点以及企业财务管理的要求，货币资金风险管理应实现以下目标：

1.保证货币资金业务的合法性

一个良好的内部控制系统对每一笔业务都应进行严格的审批，并做到审批手续规范化、制度化，以保证货币资金的取得、使用符合国家有关法规。

2.保证货币资金业务核算的准确可靠

会计部门应按有关法律、法规的规定进行货币资金业务的核算，正确编制会计凭证，及时登记会计账簿，从而使货币资金在会计账簿和会计报表上准确列示，保证货币资金业务会计核算资料的准确可靠。

3.保证货币资金的安全完整

货币资金内部控制系统应能保证所有货币资金的收入和支出都得到真实的记录和反映，防止非法侵占、挪用等行为的发生，从而保证货币资金的安全完整。

4.保证货币资金的使用效益

从理财的角度看，保持适当的货币资金持有量能够降低货币资金的使用成本。因此，货币资金的内部会计控制应保证合理使用货币资金，合理安排货币资金的收支时间，适当选择货币资金的收支方式，从而保证货币资金的使用效益。

（二）货币资金业务风险管理制度

根据《企业内部控制应用指引第6号——资金活动》的要求，为了实现货币资金控制目标，企业应建立以下风险管理制度：

1.货币资金业务岗位分工制度

岗位分工的前提是建立岗位责任制，明确相关部门和岗位的职责权限，确保办理货币资金业务的不相容岗位相互分离、制约和监督。

货币资金业务需要分离的不相容岗位包括：

（1）货币资金的收付及保管应由经过授权批准的出纳负责处理，其他人员不得接触库存现金；

（2）出纳不能同时负责总分类账的登记和保管；

（3）出纳不能同时负责非货币资金账户的记账工作；

（4）出纳应与货币资金审批人员相分离，实施严格的审批制度；

（5）货币资金的收付和控制货币资金收支的专用印章不得由一人兼管；

（6）出纳应与货币资金稽核、会计档案保管人员相分离；

（7）负责货币资金收付的人员应与负责现金清查盘点的人员和负责与银行对账的人员相分离。

2.货币资金业务授权批准制度

货币资金业务授权批准的要求如下：

（1）明确审批人员对货币资金业务的授权批准方式、权限、程序、责任和相关控制措施。审批人员应根据货币资金授权批准制度的规定，在授权范围内审批，不得超越审批权限。

（2）明确经办人员办理货币资金业务的职责范围和工作要求。经办人员应当在职责范围内按照审批人员的批准意见办理货币资金业务。对于审批人员超越授权范围审批的货币资金业务，经办人员有权拒绝办理，并及时向审批人员的上级授权部门报告。

（3）对于重要的货币资金支付业务，应当实行集体审批与决策，并建立责任追究制度，防范贪污、侵占、挪用货币资金行为的发生。

（4）严禁未经授权的部门和人员办理货币资金业务或直接接触货币资金。

3.货币资金预算制度

货币资金预算是企业全面预算体系的重要组成部分，是企业根据自身的战略需要，结合销售、采购、筹资、投资等预算而编制的企业资金流入、流出的计划。货币资金预算控制是使企业的货币资金预算服从企业的战略，并能够及时满足企业生产经营各项业务对于资金的需要而采取的相应控制手段。货币资金预算控制的内容主要包括货币资金预算编制控制和货币资金预算批准控制。

4.货币资金支付制度

企业应按照规定的程序办理货币资金支付业务。办理货币资金支付业务的程序包括：

（1）支付申请。有关部门或个人用款时，应提前向审批人员提交货币资金支付申请，注明款项用途、金额、预算及支付方式等内容，并附有效经济合同或相关证明。

（2）支付审批。审批人员根据职责、权限和相应程序对支付申请进行审批。对不符合规定的货币资金支付申请，审批人员应拒绝批准。

（3）支付复核。复核人员应对批准后的货币资金支付申请进行复核，复核货币资金支付申请的批准范围、权限及程序是否正确，手续及相关单证是否齐备，金额计算是否准确，支付方式、支付单位是否妥当等。复核无误后交由出纳办理支付手续。

（4）办理支付。出纳应根据复核无误的货币资金支付申请，按照规定办理货币资金支付手续，及时登记库存现金日记账和银行存款日记账。

5.现金和银行存款管理制度

企业应加强现金库存限额的管理，对于超过库存限额的现金，应及时存入银行；根据《现金管理暂行条例》的规定，结合企业的实际情况，确定现金的开支范围，对于不属于现金开支范围的业务，应通过银行办理转账结算；现金收入应及时存入银行，不得直接支付企业自身的支出；因特殊情况需要坐支现金时，应事先报经开户银行审查批准；借出款项必须执行严格的授权批准程序，严禁擅自挪用、借出货币资金；取得的货币资金收入必须及时入账，不得私设"小金库"，不得账外设账，严禁收款不入账。

企业应按照《支付结算办法》的规定，加强银行账户管理，严格按照规定开立账户，办理存款、取款和结算；定期检查、清理银行账户的开立与使用情况，发现问题，及时处理；加强对银行结算凭证填制、传递及保管等环节的管理，严格遵守银行结算纪律，不签发没有资金保证的票据或远期支票，不签发、取得和转让没有真实交易和债权债务的票据，不无理拒绝付款，不违反规定开立、使用银行账户；指定专人定期核对银行账户，每月至少核对一次，编制银行存款余额调节表，使银行存款账面余额与银行对账单调节相符，一旦调节不符，应查明原因、及时处理；定期或不定期地进行现金盘点，确保现金账面余额与实际库存相符，一旦发现不符，应及时查明原因、作出处理。

6.票据与印章管理制度

企业应加强对货币资金相关票据的管理，明确各种票据购买、保管、领用、背书转让及注销等环节的职责权限和程序，并专设登记簿进行记录，防止空白票据遗失和被盗用的情况发生。

企业应加强银行预留印鉴管理。财务专用章要由专人保管，个人名章必须由本人或其授权人员保管，严禁一人保管支付款项所需要的全部印章。

印章使用要作出相应记录。印章不使用时要与支票分开存放。动用现金支票提款，应由会计、出纳分别加盖所保管的印章。

7.货币资金监督检查制度

企业应建立对货币资金业务的监督检查制度，明确监督检查机构或人员的职责权限，定期或不定期地进行检查。

货币资金监督检查的内容主要包括：

（1）货币资金业务相关岗位及人员设置情况。重点检查是否存在货币资金业务不相容职务混岗的现象。

（2）货币资金授权批准制度执行情况。重点检查货币资金支出的授权批准手续是否健全、是否存在越权审批行为。

（3）支付款项印章保管情况。重点检查是否存在办理付款业务所需要的全部印章交由一人保管的现象。

（4）票据保管情况。重点检查票据购买、领用及保管手续是否健全，票据保管是否存在漏洞。

对于在监督检查过程中发现的货币资金内部控制中的薄弱环节，企业应及时采取措施，加以纠正。

（三）货币资金业务风险管理制度范例

西山公司现金管理制度见表2-1。

表2-1　　　　　　　　　　　　　**西山公司现金管理制度**

制度名称	现金管理制度	文件编号	内控03-01
执行部门	财务部及其他各部门	监督部门	法务内审部

第1章　总则

第1条　为规范公司的现金管理，防范在现金管理中出现舞弊、腐败等行为，确保公司的现金安全，特制定本制度。

第2条　本制度适用于现金收付办理、库存现金管理等。

第3条　公司所有经济往来，除本制度规定的范围可以使用现金外，其他均应当通过开户银行转账结算。

第4条　公司的现金管理按照账款分开的原则，由专职出纳人员负责。出纳与会计岗位不能由同一人兼任，出纳人员也不得兼管现金凭证的填制及稽核工作。

第2章　现金收取、支付范围规定

第5条　现金的收取范围。

1.个人购买公司的物品或接受劳务。

2.个人还款、赔偿款、罚款及备用金退回款。

3.无法办理转账的销售收入。

4.不足转账起点的小额收入。

5.其他必须收取现金的事项。

第6条　在下列范围内可以使用现金，不属于现金开支范围的业务应当根据规定通过银行办理转账结算。

1.员工薪酬，包括员工工资、津贴、奖金等。

2.根据国家规定颁发给个人的科学技术、文化艺术、体育等各种奖金。

3.各种劳保、福利费用及国家规定的对个人的其他支出。

4.支付给企业外部个人的劳务报酬。

5.出差人员必须随身携带的差旅费及予以报销的出差补助费用。

6.结算起点以下的零星支出。

7.向股东支付红利。

8.根据规定允许使用现金的其他支出。

第7条　除第6条第2点、第3点以外，公司支付给个人的款项，超过使用现金限额的部分，应当以支票或者银行本票支付；确需全额支付现金的，必须经会计及财务主管同意并报开户银行审核通过。

第3章　现金库存限额管理

第8条　公司按规定建立现金库存限额管理制度，超过库存限额的现金应及时存入银行。

第9条　财务部要结合本公司的现金结算量和与开户行的距离，合理核定现金的库存限额。

第10条　现金的库存限额不得超过2~3个工作日的开支额，具体数额由开户银行核定。

第11条　出纳人员必须严格遵守核定后的现金库存限额标准，若发生意外损失，超限额部分的现金损失由出纳人员承担赔偿责任。

第12条　需要增加或减少现金的库存限额时，应说明理由，经会计人员、财务部经理、总经理审批后，向开户银行提出申请，由开户银行重新核定。

第13条　库存现金不得超过规定的限额，超过限额要当日送存银行。如因特殊原因确需滞留超额现金过夜（如待发放的奖金等），必须经有关领导批准，并做好保管工作。

第4章　现金收取与支出

第14条　现金收支工作总体规定。

1.现金收支必须坚持收有凭、付有据，堵塞由于现金收支不清、手续不全而出现的一切漏洞。

2.除财务部或受财务部委托的出纳人员外，任何单位或个人都不得代表公司收取现金或与其他单位办理结算业务。

3.出纳人员不准以白条抵充现金。现金收支要做到日清月结，不得跨期、跨月处理现金账务。

4.出纳人员不得擅自将公司现金借给个人或其他单位，不得谎报用途套取现金，不得利用银行账户代其他单位或个人存入或支付现金，不得将单位收入的现金以个人名义存入银行，不得保留账外公款。

5.出纳人员因特殊原因不能及时履行职责时，必须由财务部经理指定专人代其办理有关现金业务，出纳人员不得私自委托。

第15条　有关现金收取工作的规定。

1.出纳人员在收取现金时，应仔细审核收款单据的各项内容，收款时坚持唱收唱付，当面点清；应认真鉴别钞票的真伪，防止收到假币。若误收假币或短款，出纳人员应承担一切损失。

2.因业务需要而在企业外部收取大量现金时，应及时向公司财务部和公司负责人汇报，并妥善处置现金；任何人不得将现金随意带回自己家中，否则造成的损失由责任人承担。

3.现金收讫无误后，出纳人员要在收款凭证上加盖现金收讫章和出纳人员个人章，并及时编制会计凭证。

4.公司每天的现金收入应及时足额送存银行，不得直接支付本公司自身的支出；应及时入账，不得私设小金库，不得账外设账，严禁收款不入账。

5.非现金出纳代收现金时，要及时登记现金收付款项交接簿，办理交接手续，现金收付款项交接簿要同现金日记账一起保管归档。

第16条　有关现金支付工作的规定。

1.公司支付现金，可以从本公司现金的库存限额中支付或者从开户银行提取，不得从本公司的现金收入中直接支付（即坐支）。因特殊原因需要坐支现金的，必须经会计、财务部经理和财务总监同时批准同意。

2.对于需要支付现金的业务，会计人员必须审查现金支付的合法性与合理性；对于不符合规定或超出现金使用范围的支付业务，会计人员不得办理。

3.办理现金付款手续时，会计人员应认真审查原始凭证的真实性与正确性，审核无误后填制现金付款凭证。

4.出纳人员必须根据审核无误、审批手续齐全的付款凭证支付现金，并要求经办人员在付款凭证上签名。

5.支付现金后，出纳人员要在付款凭证上加盖现金付讫章和出纳人员个人章，并及时办理相关账务手续。

6.任何部门和个人都不得以任何理由私借或挪用公款，个人因公借款，按《员工借款管理制度》的规定办理。公司职员因工作需要借用现金，需填写借款单，注明借用现金的用途，经部门经理批准后，送财务部会计人员审核，经财务部经理审批后方可支取现金。各业务人员应及时清理借款，公司应视业务需要制定还款期限及措施。

7.办理现金报销业务，经办人员要详细记录每笔业务开支的实际情况，填写支出凭单，注明用途及金额。出纳人员要严格审核应报销的原始凭证，审核无误后办理报销手续。

8.对于临时工工资、顾问费等，出纳人员应根据有关规定和企业领导的批示，以及经过审核的支出凭单，并由经办人、收款人签章后，支付现金，同时办理代扣个人收入所得税手续。

9.因采购地点不确定、交通不便、银行结算不便，但生产经营急需，或遇其他特殊情况必须使用大额现金时，由使用部门向财务部提出申请，经财务部经理及总经理同意后，准予支付现金。

第5章　现金保管

第17条　现金保管的责任人是出纳人员。出纳人员应由诚实可靠、工作责任心强、业务熟练的人员担任。出纳人员在本岗位连续工作一般不得超过3年。

第18条　超过库存限额的现金应由出纳人员在下班前送存银行。公司的现金不得以个人名义存入银行。

第19条　为了加强对现金的管理，除工作时间需要的少量备用金可放在出纳人员的抽屉内，其余均应放在出纳人员专用的保险柜内。保险柜应放在防潮、防水、通风较好，并且有铁栏杆、防盗门的房间内。

第20条　库存限额内的现金当日核对清楚后，一律放在保险柜内，不得放在办公桌内过夜。保险柜密码由出纳人员自己保管，并严格保密，不得向他人泄露，以防被他人利用。出纳人员调动岗位，新任出纳人员应使用新的密码。

第21条　保险柜钥匙丢失、密码忘记或发生故障，应立即报请领导处理，不得随意找人修理或修配钥匙。

第22条　纸币和铸币应实行分类保管。出纳人员应按照纸币的票面金额和铸币的币面金额，以及整数（即大数）和零数（即小数）进行分类保管。

第23条　现金应整齐存放、保持清洁，如因潮湿霉烂、虫蛀等问题造成损失，应由出纳人员负责。

第24条　出纳人员向银行提取现金，应当填写现金提取单，并写明用途和金额，经财务部经理批准后方可提取。

第6章　现金盘点与监督管理

第25条　出纳人员要每天清点库存现金，登记库存现金日记账，做到按日清理、按月结账、账账相符、账实相符。

1.按日清理是指出纳人员应对当日的经济业务进行清理，全部登记日记账，结出库存现金的账面余额，并与库存现金的实地盘点数进行核对，以确认账实是否相符。

2.按日清理的主要工作内容如下：

（1）清理各种现金收付款凭证，检查单证是否相符，并检查每张单证是否已经盖齐"收讫""付讫"的戳记。

（2）登记和清理库存现金日记账。

（3）现金盘点。

（4）检查现金是否超过规定的库存限额。

第26条　每月会计结账日前，出纳人员应及时与负责账务处理的其他会计人员就"库存现金日记账"和"库存现金"进行核对，并编制现金核对记录表，由财务部经理、出纳人员、会计人员三方签字，以确保账账相符。

第27条　出纳人员有义务配合财务部经理或其他稽查人员随时进行现金盘点工作，并确保抽查现金没有差异。

第28条　财务部经理应定期进行现金监盘，以确保账账相符、账实相符。若发现长款或短款的情况，应及时查明原因，按规定程序报批处理。因出纳人员自身责任造成的现金短缺，出纳人员负全额赔偿责任；造成重大损失的，应依法追究责任人的法律责任。

第29条　财务部经理应高度重视现金管理，对现金收支进行严格审核，不定期进行实地盘点，对现金管理过程中出现的情况和问题提出改进意见，报主管领导批准后实施。

第7章　附则

第30条　本制度由公司财务部负责制定、解释，经公司董事会讨论后批准生效，修订、废止时亦同。

第31条　本制度自2023年1月1日起施行。

西山公司货币资金内部控制

修订日期	2022-10-10	审核日期	2022-10-20	批准日期	2022-12-30

同步训练

一、不定项选择题（每题至少有一个正确答案，请将正确答案填在括号内）

1.现金内部控制的控制点不包括（   ）。

    A.审批　　　　　　　　B.余额调节表　　　　C.对账　　　　　　　　D.清查

2.下列各项不属于货币资金风险管理目标要求的是（   ）。

    A.保证货币资金业务的合法性　　　　　B.保证财产物资的安全完整

    C.保证货币资金业务核算的准确可靠　　D.保证货币资金的使用效益

3.职务分离在货币资金风险管理制度中体现为（   ）。

    A.会计与财务相分离　　　　　　　　　B.付款与收款相分离

    C.资金使用与资金管理相分离　　　　　D.银行存款与库存现金相分离

4.货币资金风险管理的核心是建立起货币资金的（   ）。

    A.职务分离制度　　　　　　　　　　　B.控制程序

    C.稽核制度　　　　　　　　　　　　　D.岗位责任制度

5.货币资金会计处理的复核与对账制度包括（   ）。

    A.货币资金收支凭证与原始凭证核对

    B.库存现金日记账、银行存款日记账与总账核对

    C.企业银行存款与开户银行定期核对

    D.库存现金日记账的每日余额与实存现金核对

6.零星费用报销业务处理流程的关键控制点是（   ）。

    A.费用报销必须有原始凭证

    B.费用报销前必须由业务部门主管和会计部门主管审核批准

    C.费用报销前必须由出纳人员进行审核

    D.定期进行账账核对

7.支票签发业务处理流程的关键控制点是（   ）。

    A.付款前由业务部门和会计部门主管审核

    B.签发的支票做备查记录

    C.签发支票的印鉴由会计主管保管

    D.与银行进行核对

8.货币资金风险管理的目标包括（   ）。

    A.保证货币资金业务的合法性　　　　　B.保证货币资金的使用效益

    C.保证货币资金业务核算的准确可靠　　D.保证货币资金的安全完整

9.票据管理制度涵盖了（   ）等内容。

    A.各种票据的购买、保管、领用　　　　B.各种票据的备查登记

    C.各种票据的背书转让　　　　　　　　D.各种票据的注销

二、判断题（正确的在括号内打"√"，错误的打"×"）

1.货币资金的收付及保管应由经过授权批准的出纳负责处理，其他人员不得接触库存现金。 （　　）

2.出纳可以同时负责日记账和非货币资金账户的记账工作。 （　　）

3.负责货币资金收付的人员应与负责现金清查盘点的人员相分离，但负责货币资金收付的人员可以负责与银行对账。 （　　）

4.对于审批人员超越授权范围审批的货币资金业务，经办人员有权拒绝办理，并及时向审批人员的上级授权部门报告。 （　　）

5.对于重要的货币资金支付业务，应当由总经理审批与决策。 （　　）

6.出纳应根据审批后的货币资金支付申请办理支付手续。 （　　）

三、案例分析题

下列各项概括了货币资金业务中存在的种种违纪现象：

（1）涂改凭证，贪污现金；

（2）以假代真，贪污现金；

（3）大头小尾，贪污现金；

（4）化整为零，套取现金；

（5）涂改发票，多报冒领；

（6）坐支现金，违规开支；

（7）收入现金不开票，贪污公款；

（8）公款私存，贪污利息；

（9）挪用公款，投资证券；

（10）出借账户，为他人套购物资；

（11）伪造单据套取现金，私设小金库；

（12）有意签发空头支票，骗取他人钱财；

（13）虚报坏账，贪污货款；

（14）虚报工资，转移资金；

（15）多头设立账户，拖欠银行本息；

（16）利用在途资金账户，虚报销售。

分析要求：针对上述现象进行解释，并举例说明。

参考答案

任务三　项目实训——案例分析

一、实训目标

培养学生运用所学货币资金业务内部控制与风险管理知识进行案例分析的能力。

二、能力要求

（1）掌握货币资金业务内部控制与风险管理的要求。

（2）能够针对具体的案例，通过分析发现问题并提出防范措施，或对案例中存在的管控风险进行解释说明。

三、实训方式

以小组为单位完成实训任务，形成实训报告，参加讨论与点评。

四、实训考核

根据各实训小组实训成果（实训报告）的质量和参与讨论的情况进行评分。项目实训成绩按百分制评定，具体公式如下：

小组项目实训成绩＝实训成果（满分80）＋参与讨论（满分20）

$$\frac{个人项目}{实训成绩} = \frac{小组项目}{实训成绩} \times \frac{个人贡献系数（个人贡献系数由组长}{根据个人在实训中的贡献大小决定）}$$

五、实训步骤

（1）由任课教师引导学生解读实训资料，提示学生应注意哪些问题，并布置具体实训任务，规定实训时间。

（2）各实训小组根据组内分工，查找、搜集相关资料，进行初步分析比较。

（3）小组内对初步分析比较的结果进行讨论、修改，最后按照要求形成实训报告（实训报告采用 Word 文档格式，纸张大小设置为 A4，页边距设置为上 2.8 厘米、下 2.5 厘米、左 2.5 厘米、右 2.5 厘米，行距设置为 1.5 倍；页码格式设置为阿拉伯数字、居中；总标题设置为小三号、黑体、居中、空一行，一级标题设置为小四号、宋体、加粗，二级标题和正文设置为小四号、宋体；图表内文字设置为五号、宋体）。

（4）各实训小组的组长将查找、搜集的资料和形成的实训成果（电子文档）打包上传。

（5）指导老师根据学生实训成果的质量和参与讨论的情况确定实训成绩。

六、实训资料

2022 年 12 月，大华会计师事务所对北方公司的财务进行审计，在货币资金业务审计时发现了下列情况：

（1）北方公司现金收、付款原始凭证的复核和收、付款凭证的编制均由出纳员王某负责。

（2）王某由于生病住院，休假 2 个月，在此期间，公司指定由会计员李某兼任出纳员。

（3）北方公司的支票、印章均由王某一人保管，签收手续也由王某一人执行。

（4）北方公司丢失了 3 月份和 5 月份由建设银行大连市分行邮寄的银行对账单，且10 月份和 11 月份的银行存款余额调节表尚未编制。

（5）在对北方公司的库存现金进行实地盘点后发现，实际库存现金额为 3 425.38元，而库存现金日记账的账面余额为 5 825.38 元，库存现金中有 4 张公司职工借款的欠条，合计为 2 400 元。

七、实训任务

参考答案

（1）北方公司的货币资金内部控制中存在哪些问题？

（2）如果你是公司财务主管，你如何对北方公司存在的问题进行处理？

本项目框架图

本项目框架图如图 2-5 所示。

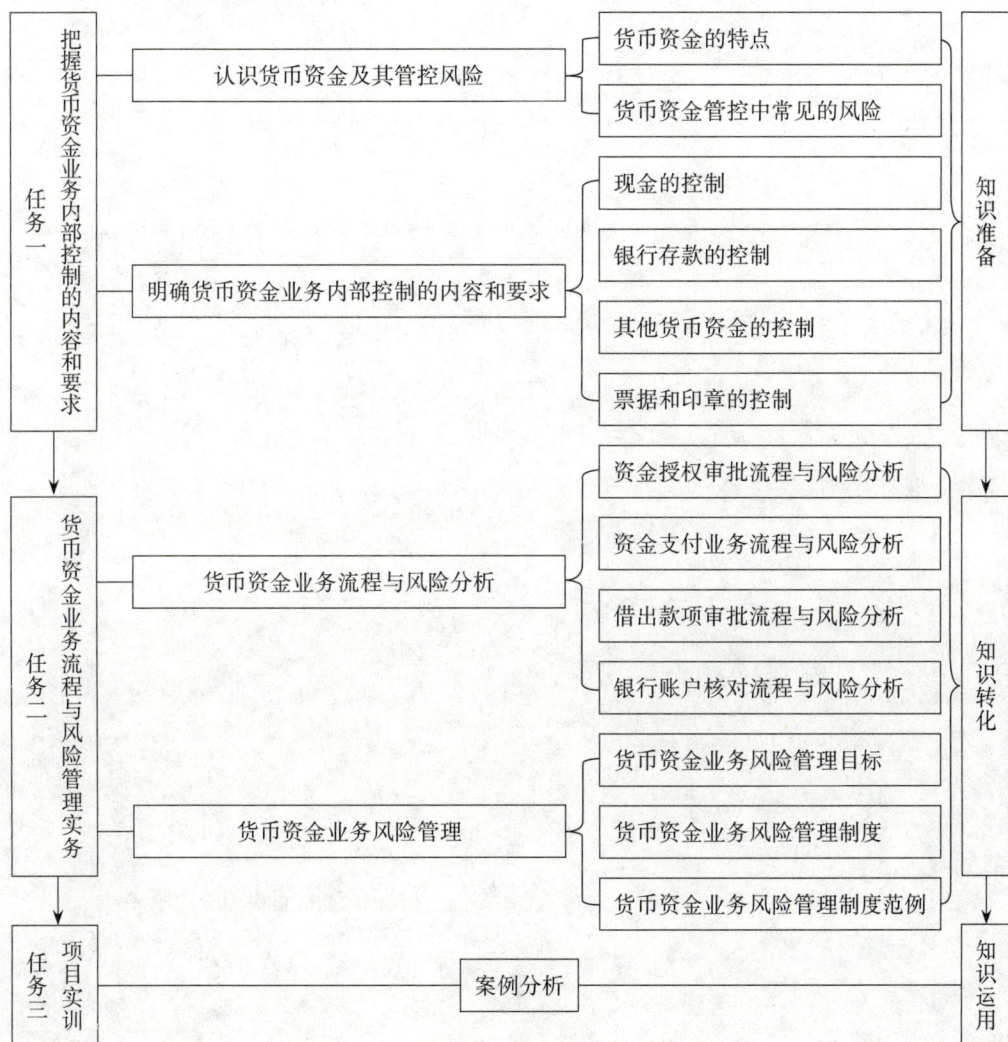

图2-5 本项目框架图

本项目参照规范

- 《企业内部控制配套指引第6号——资金活动》
- 《企业会计准则——基本准则》
- 《会计基础工作规范》（2019年修订）

项目三

实物资产业务内部控制与风险管理

【学习目标】　1. 了解实物资产的特点，理解实物资产管控面临的风险；

2. 熟悉实物资产业务内部控制的内容；

3. 熟悉实物资产业务流程和风险控制点；

4. 理解实物资产业务风险管理目标；

5. 熟悉实物资产业务风险管理制度；

6. 能够针对具体的案例，通过分析发现问题并提出防范措施，或对案例中存在的管控风险进行解释说明。

【素养目标】　1. 掌握实物资产控制方法，提高企业资产使用效益，增加社会财富；

2. 加强实物资产风险管理，杜绝浪费，提高社会资源利用率。

【知 识 点】　1. 实物资产业务内部控制的内容与要求；

2. 实物资产业务流程与风险分析。

【技 能 点】　1. 能找出实物资产业务控制关键点；

2. 能制定实物资产业务风险管控措施。

案例导入

广州浪奇9亿元洗衣粉失踪案

2020年9月27日，广州浪奇公告，公司曾将价值为4.53亿元的货物储存在了江苏鸿燊物流有限公司（以下简称鸿燊公司）位于江苏南通的库区（以下简称瑞丽仓），将价值为1.19亿元的货物储存在了江苏辉丰石化有限公司（以下简称辉丰公司）位于江苏大丰港的库区（以下简称辉丰仓）。

广州浪奇相关人员多次前往瑞丽仓、辉丰仓均无法正常开展货物盘点及抽样检测工作，因此于2020年9月7日分别向鸿燊公司、辉丰公司发函要求配合公司进行货物盘点及抽样检测工作。结果两家公司均否认保管有广州浪奇存储的货物，并且辉丰公司还表示，广州浪奇所出示的2020年6月辉丰盘点表上的印章，与辉丰公司的印章不一致。

这还不是全部。10月30日，广州浪奇就此事回复深交所关注函时披露，有问题的仓库除了瑞丽仓、辉丰仓外，还有四川仓库2、广东仓库2、四川仓库1、广东仓库3，共6处仓库的存货存在账实不符的情形，全额计提减值准备合计8.67亿元。

2021年1月末，广州浪奇获悉，公司前任副董事长兼总经理陈建斌、前董事会秘书王志刚因涉嫌职务违法，目前已被监察机关立案调查。

2021年11月11日晚间，公司公告了广东证监局调查结果。

经查明，2018年1月1日至2019年12月31日，广州浪奇通过虚构大宗商品贸易业务、循环交易乙二醇仓单等方式，虚增营业收入、营业成本和利润，导致广州浪奇2018年年报，虚增营业收入62.34亿元，虚增营业成本60.24亿元，虚增利润2.10亿元，占当期披露利润总额的518.07%。同时，广州浪奇在2019年年报中，虚增营业收入66.51亿元，虚增营业成本64.50亿元，虚增利润2.01亿元，占当期披露利润总额的256.57%。

同期，广州浪奇为了美化报表，将部分虚增的预付账款调整为虚增的存货。对此，广州浪奇2018年虚增存货9.56亿元；2019年虚增存货10.82亿元。

存货是公司重要资产，因流动性强、价值变动频繁等特点，一直是内部控制、会计核算、信息披露的重点和难点，根据公告内容，浪奇存货丢失事件反映出公司第三方仓库管理中存在的问题主要有：（1）供应商管理及合同管理存在重大缺陷。存货丢失事件中，第三方仓储服务提供商——辉丰公司称其从未与广州浪奇签订过编号为ZC19-20、ZC19-21、ZC19-25、ZC19-39的仓储合同，鸿燊公司仓库现场条件简陋、储罐无取样口，导致无法盘点。一方面暴露了广州浪奇在供应商管理、合同管理方面存在重大缺陷；另一方面反映出公司合同签约及合同管理内控失效。（2）第三方仓库存货管理形同虚设。广州浪奇称公司《贸易仓库管理制度》对贸易业务仓库管理及日常仓储作业的各个环节作出了规范，包括进出仓管理、存货管理、仓库盘点、库龄管理、单证数据管理、费用结算、仓库开发程序、现场考察、仓库供应商确认等。但从公告情况看，辉丰公司否认存储过浪奇公司存货，也从未向公司出具过2020年6月辉丰盘点表，表明公司第三方仓库存货管理制度形同虚设，没有认真执行存货盘点、单证数据管理等内控措施。

资料来源：吴艳蕊. 广州浪奇"洗衣粉跑路"真相大白 [EB/OL]. [2021-11-12]. http://www.leidacj.com/news/show-11386.html；薛正国. 第三方仓库管理问题研究及对策建议：以广州浪奇"存货丢失事件"为例 [J]. 企业改革与管理，2021（15）：74-75.

思考：

（1）广州浪奇在存货管理方面为什么会失控？

（2）针对本案例你认为应怎样加强对第三方仓库的管理？

任务一　把握实物资产业务内部控制的内容和要求

实物资产主要是指存货与固定资产。实物资产是企业从事生产经营和管理活动的劳动手段和劳动对象，是企业进行生产经营活动的基础。

一、认识实物资产的特点与管控风险

（一）存货的特点

存货是指企业在日常经营活动中持有以备出售的产成品、处在生产过程中的在产品，以及在生产或提供劳务的过程中耗用的材料等。企业为了保证生产经营活动的连续进行，必须不断购入、耗用、销售存货。因此，存货总是处在不断流转的过程中。具体来说，存货具有以下特点：

1.存货在流动资产中所占比重较大

由于存货在流动资产中所占比重较大，因此存货计价正确与否、存货资金占用量高低、存货采购是否符合企业的实际需要等，对企业的财务状况均有较大影响。

2.存货的种类、数量繁多，存放分散

存货的这一特点，导致企业对存货的盘点比较困难，会计记录工作量大，容易发生记账错误。此外，存货实物很容易发生损坏、变质、短缺、被盗等情况。

3.存货的计价方法较多

企业存货的计价方法包括按实际成本计价和按计划成本计价，企业可根据管理需要，对存货采取不同的计价方法。其中，实际成本计价法又包括先进先出法、加权平均法和个别计价法等。不同的计价方法使得存货的会计处理更为复杂。

4.对净收益的影响较大

按照收入与费用配比的要求，对于已销售存货，在确认收入实现的同时，企业应按照存货实际成本结转确认销售成本。存货实际成本同销售成本的依存关系，决定了存货价值计量的重要性，存货价值计量的准确与否会直接影响企业当期的净收益。

案例

实物资产内部控制与风险管理

5.流动性强

存货从形成（包括购入和自制）到保管、发出、销售，不仅实物在不停移动，其责任人也在不断更换，这些环节都容易出现差错、盗用、侵占、被骗等现象，特别是采购环节相关人员吃回扣现象时有发生，都需要进行严格管控。

（二）固定资产的特点

固定资产是企业创造财富不可缺少的手段，是企业从事生产经营和管理活动的主要劳动资料。具体来说，固定资产具有以下特点：

1.固定资产的使用期限长，维修费用高

固定资产在较长的时间内以其实物形态多次反复参加生产经营活动，因此，企业对于固定资产应有定期的盘查制度，以确定其所处的状态；同时，为了保持固定资产可使用的良好状态，企业必须建立一套维修保养制度，对固定资产进行适时维修或改良。固定资产维修与改良的费用一般较高，开支是否合理将直接影响资产的使用成本。

2.固定资产的价值随其损耗逐渐转移到产品或劳务成本之中

固定资产的价值是逐步转移的，并通过计提折旧实现。计提折旧是否合理、计算是否正确，会在很大程度上影响企业的运营成本，也会影响企业资产的净值。固定资产的使用年限、残值、有形损耗、无形损耗等折旧因素难以精确估计，受人为因素的影响较大，需要有良好的控制制度和精确的基本数据，这样才能防止估计情况与实际使用情况偏离过大，或者人为的错误估计行为的发生。

（三）实物资产管控中常见的风险

企业实物资产管理涉及取得、使用、处置和期末计价等多个环节，与采购部门、物资及设备管理部门、生产部门和财务部门等多个部门的业务活动相关，因此，对实物资产管理的业务流程、职责划分、权限范围和审批程序应进行明确规范，部门设置和人员配备应当科学合理，资产核算应当真实准确。

实物资产管控中常见的风险主要有：

（1）如果采购决策失误，或未经适当授权审批，或越权审批，则可能会产生重大差错或舞弊、欺诈行为，从而造成企业资产损失。

（2）如果采购、验收、使用、保管等业务部门的岗位分工不能满足不相容职务相分离的要求，则可能会导致职责不清、责任不明，从而发生舞弊行为，造成损失。

（3）如果对固定资产的验收与核算不合法、不真实、不完整，则可能会导致企业账实不符，或者造成资产损失。

（4）如果对固定资产的保管不善，盘点不及时、不规范，则可能会导致企业账实不符，或者造成资产损失。

（5）如果对固定资产的处置不规范、不合理，则可能会造成企业资产损失，或者发生舞弊行为。

（6）如果对固定资产的维护不当，则可能会造成企业资产使用效率低下，或者造成资产损失。

微课

企业存货
管理的风险

二、明确实物资产业务内部控制的内容和要求

（一）存货业务控制

存货业务控制的内容与存货业务流程密切相关。存货业务流程见

表3-1。

表3-1   存货业务流程

流程名称	主要业务	参与部门
存货的增加	采购预算、资金规划	财务部、生产部、董事会、采购部
存货的取得	采购入库、产品完工验收	采购部、资产管理部、财务部
存货的发出	生产领用、销售出货	生产部、销售部、仓储部、财务部
存货期末计价	计提存货跌价准备	财务部、仓储部
存货的退出	盘点、清查	财务部、销售部、生产部

存货业务控制是企业内部控制的重点内容和中心环节，与存货业务相关的内部控制涉及供、产、销各个环节，因此，存货业务控制的内容可进一步细分为存货购入前的控制、存货购入和使用的控制、存货退出企业的控制、存货期末计价的控制四个方面。

1.存货购入前的控制

（1）预算控制。预算控制是对购入存货的种类、数量、质量、价格和绩效的计划控制。预算控制能够使企业有限的资源达到最佳的配置状态，是开展存货管控的前提和基础。

预算控制的具体内容包括存货采购种类的控制、存货采购库存的控制和经济采购批量的控制。

（2）生产趋势分析控制。存货的一个重要用途是满足生产的需要，企业在采购存货之前，应该根据存货使用的历史资料和市场因素，分析经营期内产品生产的变动程度，相应调整存货购买的有关决策。

在制定和调整生产预算的过程中，生产、财务、销售和仓储等部门应该协同工作，其关系如图3-1所示。

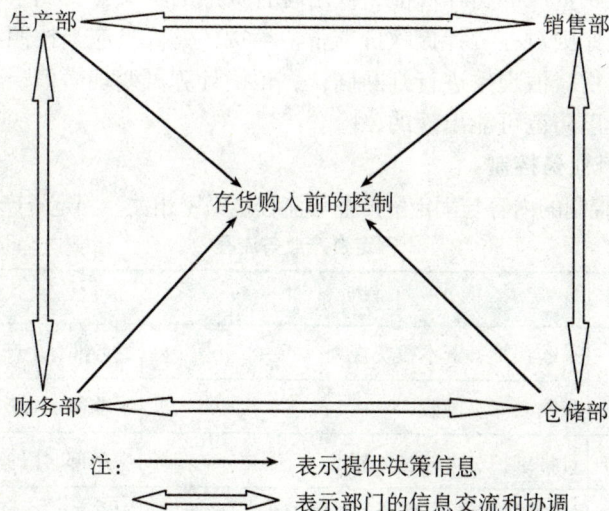

注： ————▷ 表示提供决策信息
      ◁——▷ 表示部门的信息交流和协调

图3-1 生产、财务、销售和仓储等部门关系图

2.存货购入和使用的控制

（1）结算环节控制。无论通过哪种方式取得的存货，都应该对结算环节进行控制。

结算环节控制包括银行存款的控制、现金支付的控制和非货币单据的控制等内容。结算环节的内部控制能够降低企业的支付风险，使企业正确确认和计量存货成本。

（2）验收环节控制。无论通过哪种方式取得的存货，都应该对验收环节进行控制。验收环节控制包括存货验收部门和人员的控制、存货实物数量和质量的控制、验收单据填制和传递的控制等内容。

（3）保管环节控制。保管环节控制主要对存货的安全、储存、使用效率进行控制，具体包括存货授权使用的控制、库存成本的控制、限制接近、安全存放、抽检和仓库管理人员相互牵制等内容。

【思考】在存货购入结算和入库环节，不同计价方式下的会计处理有何不同？

3.存货退出企业的控制

（1）存货损坏控制。存货的损坏会导致企业资产减少，但在很多情况下，损坏的存货仍具有一定的使用价值。存货损坏控制要求仓库记录人员及时填制损坏清单，仓库管理人员应根据清单对存货经过的业务环节进行检查，找到存货损坏的原因和有关责任人，无法明确责任时按照有关规定处理。

（2）存货丢失控制。存货丢失从性质上讲不同于损坏，大量的存货丢失必然隐藏着舞弊的可能。仓库管理人员应该及时登记存货丢失的有关记录，并与涉及的部门和人员进行核对，查明丢失的原因，然后按照规定进行处理。

（3）存货盘点控制。仓储部门和财务部门应该定期或不定期对重要的存货进行清点，清点频率和清点品种的确定要符合成本效益原则，清点之后要填制存货盘点报告以备查，对于出现的盘亏或盘盈应及时处理，做到账实相符。

【思考】在存货退出企业的几种情形中，财务部门应如何进行账务处理？

4.存货期末计价的控制

企业应真实反映资产的实际价值，使之符合资产的定义。在期末，企业应按照成本与可变现净值孰低原则对存货计提跌价准备。存货核算人员应当按照我国企业会计准则的规定，对期末存货减值现象进行判断确认，正确计算可变现净值，将存货跌价准备及时计入当期损益，以防范可能出现的风险。

（二）固定资产业务控制

固定资产业务控制的内容与固定资产业务流程也紧密相关。固定资产业务流程见表3-2。

表3-2　　　　　　　　　　　固定资产业务流程

流程名称	主要业务	参与部门
固定资产的增加	采购预算、资本投资规划	财务部、生产部、董事会、采购部
固定资产的取得	采购入库、验收	采购部、资产管理部、财务部
固定资产的使用和维护	日常维护、大修、处置	生产部、财务部、修理部
固定资产计提折旧	确定折旧年限、残值、折旧方法，计算折旧	财务部、资产管理部
固定资产的退出	盘点、清查、计提减值准备	财务部、销售部、生产部

固定资产业务控制的内容包括固定资产增加的控制、固定资产使用的控制和固定资

产处置的控制三个方面。

1.固定资产增加的控制

（1）预算控制。企业无论是自己生产还是购入固定资产，都需要投入大量的资金，如果固定资产增加后不能给企业带来经济效益，就会形成投资风险。因此，企业必须对固定资产的增加进行控制。预算控制具体包括固定资产需求计划的提出、投资风险与效益分析、预算方案的编制和形成等内容。

（2）固定资产增加方式的控制。固定资产的增加方式有很多，主要包括外部购进、自己生产和融资租赁等，不同的增加方式有不同的控制内容。外部购进固定资产时，主要针对购买资金的使用进行控制；自行生产固定资产时，主要针对研发人员提出的设计方案进行控制，要求以提高产品的生产效率为原则；采取融资租赁方式增加固定资产时，控制的重点是租赁成本。

（3）固定资产进入企业后的控制。验收、财产保险、入库管理等内容是固定资产增加控制的最后环节。对于需要安装的固定资产，其只有在完成安装后才能进入企业。固定资产进入企业后的控制内容如下：

① 固定资产验收控制。这主要是对固定资产的质量、数量、规格、型号、品牌等进行控制。

② 固定资产登记控制。固定资产进入企业经过验收并交付使用后，资产管理人员应该建立档案，并确定该项固定资产的具体管理人员和责任制度，以防固定资产损坏和丢失。

③ 固定资产保险控制。这主要是为了防止固定资产的意外损失。固定资产的价值较大，企业为了转移经营风险，应该对价值较大的固定资产进行保险，以减轻或化解企业可能承担的风险。

【思考】在固定资产增加的过程中，不同增加方式下的会计处理有何不同？

2.固定资产使用的控制

固定资产使用的控制主要是对固定资产在企业生产经营过程中的风险进行控制，包括固定资产移送的控制、固定资产使用记录的控制、固定资产计提折旧的控制、固定资产期末计价的控制、固定资产保管的控制、固定资产修理和维护的控制等内容。

（1）固定资产移送的控制。为了充分发挥固定资产的使用价值，一般企业对固定资产均实行集中管理方式。也就是说，固定资产是各部门公用的，各部门在具体使用时就会出现固定资产移送的情况，企业需要对固定资产的使用申请、调度、移交等方面进行控制。

（2）固定资产使用记录的控制。固定资产的使用记录是反映固定资产使用过程和轨迹的重要文件资料，是进行监督控制的重要工具。企业固定资产的使用记录主要有转移记录、使用情况登记表、固定资产卡片等。

（3）固定资产计提折旧的控制。对固定资产计提折旧是企业进行扩大再生产的前提条件，折旧是对固定资产生产耗费的补偿。计提折旧是固定资产内部控制的重要内容，主要体现在账务处理过程中。固定资产计提折旧的控制包括计提折旧的年限和方法的确定、固定资产使用寿命的调整等内容。

（4）固定资产期末计价的控制。固定资产核算与管理人员应按照我国企业会计准则的规定，在期末或至少每年年度终了时，对固定资产逐项进行检查。如果由于市价持续下跌，或技术落后、损坏、长期闲置等原因导致固定资产可收回金额低于账面价值，企业应当将可收回金额低于其账面价值的差额作为固定资产减值准备，计入当期损益。固定资产期末计价的控制包括固定资产减值准备计提方法的确定、计提标准的确定和计提金额的记录等内容。

（5）固定资产保管的控制。企业资产管理部门应该按照固定资产的类别或者使用部门进行集中保管，建立固定资产的记录索引系统。固定资产保管的控制包括固定资产编号的管理、固定资产保管责任制等内容。

（6）固定资产修理和维护的控制。为了使固定资产的生产能力发挥到最大水平，企业资产管理部门需要定期对固定资产进行修理和维护。固定资产的修理和维护既会发生成本，又会面临着一定的风险，因此财务部门要对有关的经济活动内容进行会计记录控制，生产部门要对修理和维护的结果进行质量控制，这些都是重要的控制内容。

【思考】在固定资产使用过程中，企业需要做哪些会计处理？

3.固定资产处置的控制

固定资产处置的控制是对固定资产退出企业经营活动过程的控制。固定资产的处置方式包括报废、毁损、盘亏、出售转让、投资、捐赠等。固定资产的处置关系到企业正常生产活动的顺利进行，特别是非正常的处置，很可能导致固定资产的投资成本无法弥补，因此企业资产管理部门应该对固定资产的处置过程进行控制。

（1）固定资产出售的控制。企业固定资产的出售涉及销售、资产管理和财务等部门，需要经过固定资产出售申请、出售前的清理准备、出售实施和相应的出售账务处理等环节，出售业务流程决定了出售控制的内容，核心是明确相关部门的责任。

（2）固定资产毁损和盘亏的控制。固定资产在使用或保管的过程中，可能会发生毁损或丢失，一旦出现毁损或丢失，就需要及时处理和补救，这些补救措施就是主要的控制内容。固定资产毁损和盘亏的控制包括固定资产发生毁损或丢失的报告制度、调查核实制度、责任追究制度和账务处理制度等内容。

（3）固定资产正常报废的控制。由于固定资产的价值较大，报废过程较为复杂，涉及固定资产使用、资产管理、财务等诸多部门，因此要保证固定资产处置工作的顺利进行并保持计划性，就需要对报废过程进行控制。固定资产正常报废的控制包括技术鉴定控制、经济评估控制、报废申请控制、报废清理控制、残值残料回收控制、账务处理控制等内容。

【思考】在固定资产处置的过程中，不同处置方式下的会计处理有何不同？

【明德善思】企业资金有限，存货占用资金，不能无限购买。同样，地球资源也是有限的。新中国成立后，我国用短短几十年时间走完了发达国家几百年的工业化进程，成就巨大，也遗留了生态环境问题。党的二十大报告指出："中国式现代化是人与自然和谐共生的现代化。人与自然是生命共同体，无止境地向自然索取甚至破坏自然必然会遭到大自然的报复。我们坚持可持续发展，坚持节约优先、保护优先、自然恢复为主的方针，像保护眼睛一样保护自然和生态环境，坚定不移走生产发展、生活富裕、生态良好的文明发展道路，实现中华民族永续发展。"

同步训练

一、不定项选择题（每题至少有一个正确答案，请将正确答案填在括号内）

1.下列各项不属于存货结算控制目标的是（　　　）。

　A.降低支付风险　　　　　　　　　　B.正确确认存货

　C.安全存放　　　　　　　　　　　　D.正确计量存货成本

2.企业按成本与可变现净值孰低法对存货进行计价的目的是（　　　）。

　A.保证存货账实相符　　　　　　　　B.防范可能出现的风险

　C.保证成本计算更加真实　　　　　　D.提高存货的流动性

3.下列各项不属于存货退出控制的是（　　　）。

　A.存货发出的控制　　　　　　　　　B.存货损坏的控制

　C.存货丢失的控制　　　　　　　　　D.存货盘点的控制

4.下列各项属于存货购入前控制的是（　　　）。

　A.验收环节控制　　　　　　　　　　B.结算环节控制

　C.预算环节控制　　　　　　　　　　D.使用环节控制

5.下列各项不属于固定资产增加控制的是（　　　）。

　A.移送控制　　　　　　　　　　　　B.预算控制

　C.增加方式控制　　　　　　　　　　D.验收控制

6.固定资产使用的控制不包括（　　　）。

　A.期末计价控制　　　　　　　　　　B.记录控制

　C.折旧控制　　　　　　　　　　　　D.正常报废控制

7.固定资产处置的控制不包括（　　　）。

　A.出售控制　　　B.折旧控制　　　　C.报废控制　　　D.毁损和盘亏控制

8.我国现行的财务制度规定，折旧的计算方法可以采用（　　　）。

　A.年数总和法　　　　　　　　　　　B.双倍余额递减法

　C.平均年限法　　　　　　　　　　　D.后进先出法

9.存货的内部控制涉及供、产、销各个环节，一般包括（　　　）。

　A.存货购入前的控制　　　　　　　　B.存货购入和使用的控制

　C.存货退出企业的控制　　　　　　　D.存货期末计价的控制

10.存货购入前的控制一般包括（　　　）。

　A.预算控制　　　　　　　　　　　　B.采购合同控制

　C.生产趋势分析控制　　　　　　　　D.供应商选择控制

11.企业在制定和调整存货预算时涉及的部门包括（　　　）。

　A.财务部门　　　B.销售部门　　　　C.生产部门　　　D.仓储部门

12.存货购入和使用的控制一般包括（　　）。

　　A.结算环节控制　　　B.验收环节控制　　　C.付款控制　　　　　D.保管环节控制

13.存货退出企业的控制一般包括（　　）。

　　A.存货损坏控制　　　B.存货销售控制　　　C.存货盘点控制　　　D.存货丢失控制

14.固定资产控制的内容一般包括（　　）。

　　A.固定资产增加的控制　　　　　　　　　B.固定资产使用的控制

　　C.固定资产处置的控制　　　　　　　　　D.固定资产报废的控制

15.固定资产增加的控制一般包括（　　）。

　　A.预算控制　　　　　　　　　　　　　　B.固定资产增加方式的控制

　　C.固定资产验收控制　　　　　　　　　　D.固定资产登记控制

16.固定资产使用的控制一般包括（　　）。

　　A.固定资产移送的控制　　　　　　　　　B.固定资产使用记录的控制

　　C.固定资产保管的控制　　　　　　　　　D.固定资产计提折旧的控制

17.固定资产处置的控制一般包括（　　）。

　　A.固定资产出售的控制　　　　　　　　　B.固定资产毁损的控制

　　C.固定资产盘亏的控制　　　　　　　　　D.固定资产正常报废的控制

二、判断题（正确的在括号内打"√"，错误的打"×"）

1.存货的申请、审批、发放、保管与记账不能由一人包办。　　　　　　　　（　　）

2.对于委托外单位加工的存货，仓库保管员应根据计划部门填写的"委托加工发料通知单"进行发料，财务部门据以记账。　　　　　　　　　　　　　　　（　　）

3.在永续盘存制下，所有有关收发业务的凭证都应有一联送交财务部门，由财务部门进行记录。　　　　　　　　　　　　　　　　　　　　　　　　　　（　　）

4.当存货可变现净值低于成本时，在实务中一般采用备抵法。　　　　　　（　　）

5.根据管理要求进行固定资产分类和划分固定资产项目，属于规范固定资产管理的基础工作。　　　　　　　　　　　　　　　　　　　　　　　　　　　（　　）

参考答案

6.在建工程项目交付使用以前的固定资产不需要计提折旧。　（　　）

7.盘亏的固定资产经批准处理后，记入"固定资产清理"账户。（　　）

8.固定资产期末计价的会计处理一般可以比照存货期末计价进行处理。　　　　　　　　　　　　　　　　　　　　　　　　　　　　　　（　　）

任务二　实物资产业务流程与风险管理实务

实物资产的业务流程与风险管理体现了资产的运动过程，控制的目的在于保证实物资产的安全完整和有效使用。

一、存货业务流程与风险分析

（一）存货采购预算流程与风险分析

1.存货采购预算流程与风险分析图

西山公司存货采购预算流程与风险分析图如图3-2所示。

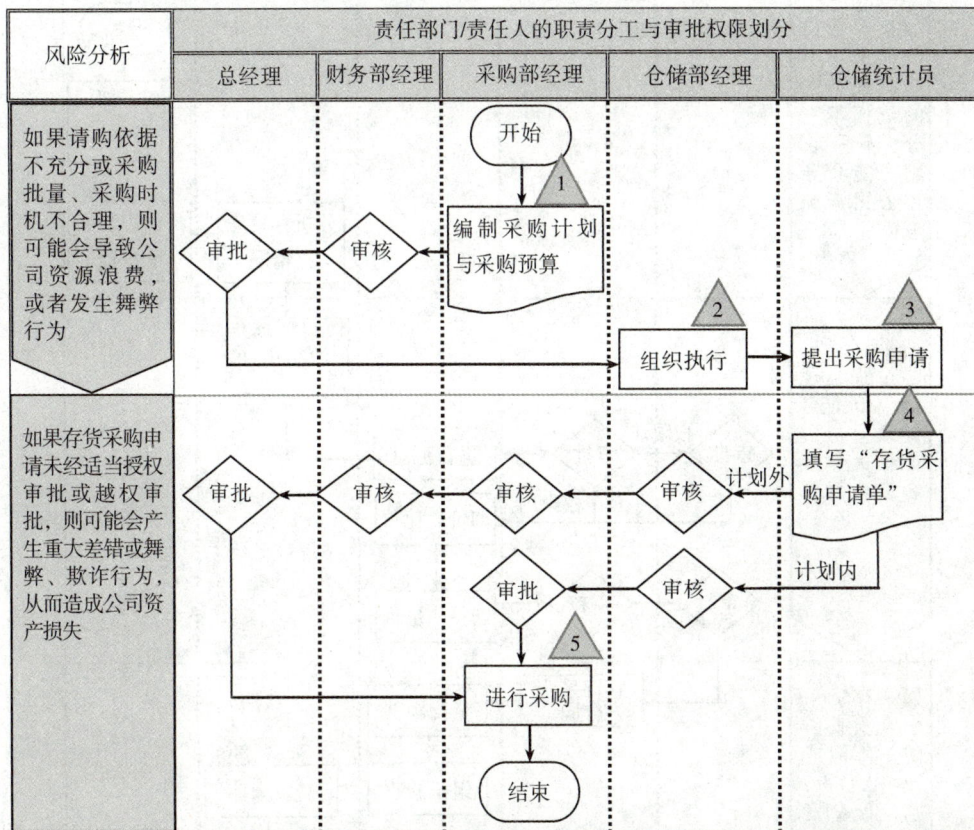

图3-2　西山公司存货采购预算流程与风险分析图

2.存货采购预算流程描述及说明

（1）采购部经理应当根据仓储计划、资金筹措计划、生产计划、销售计划等制订采购计划，对存货的采购实行预算管理，合理确定材料、在产品、产成品等存货的比例。

（2）仓储部经理应按照存货采购预算，组织仓储统计员严格执行。

（3）仓储统计员应逐日根据各种材料的采购间隔期和当日材料的库存量分析确定采购日期和数量，或者通过计算机管理系统重新预测材料需要量、重新计算安全存货水平和经济采购批量，据此提出存货采购申请。

（4）仓储统计员应根据生产实际情况以及仓储情况填写"存货采购申请单"。计划内存货采购申请单需要经仓储部经理审核、采购部经理审批，然后才能实施采购；计划外存货采购申请单需要经仓储部经理审核签字后，交采购部经理和财务部经理审核、总经理审批，然后才能实施采购。

（5）采购部按照公司相关规定及时进行存货采购。

（二）存货采购管理流程与风险分析

1.存货采购管理流程与风险分析图

西山公司存货采购管理流程与风险分析图如图3-3所示。

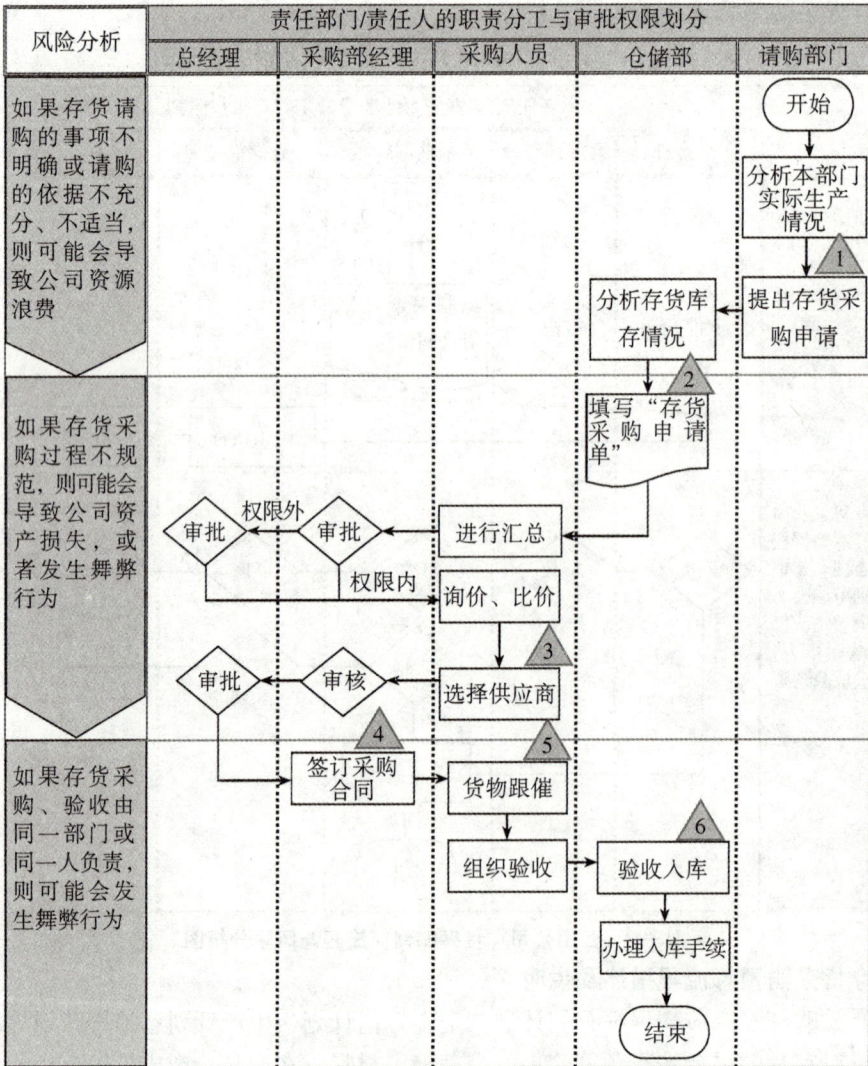

图3-3　西山公司存货采购管理流程与风险分析图

2.存货采购管理流程描述及说明

（1）请购部门根据实际生产情况，及时提出存货采购申请。

（2）仓储部通过计算机管理系统重新预测材料需要量、重新计算安全存货水平和经济采购批量，填写"存货采购申请单"。

（3）采购人员通过询价、比价，选择供应商，提交采购部经理审核后，再由总经理审批。

（4）采购部经理在总经理的授权下，与供应商签订采购合同。

（5）采购人员跟催货物，在收到货物后组织验收。

（6）仓储部协同采购人员将货物验收入库，办理入库手续。

（三）外购存货验收流程与风险分析

1.外购存货验收流程与风险分析图

西山公司外购存货验收流程与风险分析图如图3-4所示。

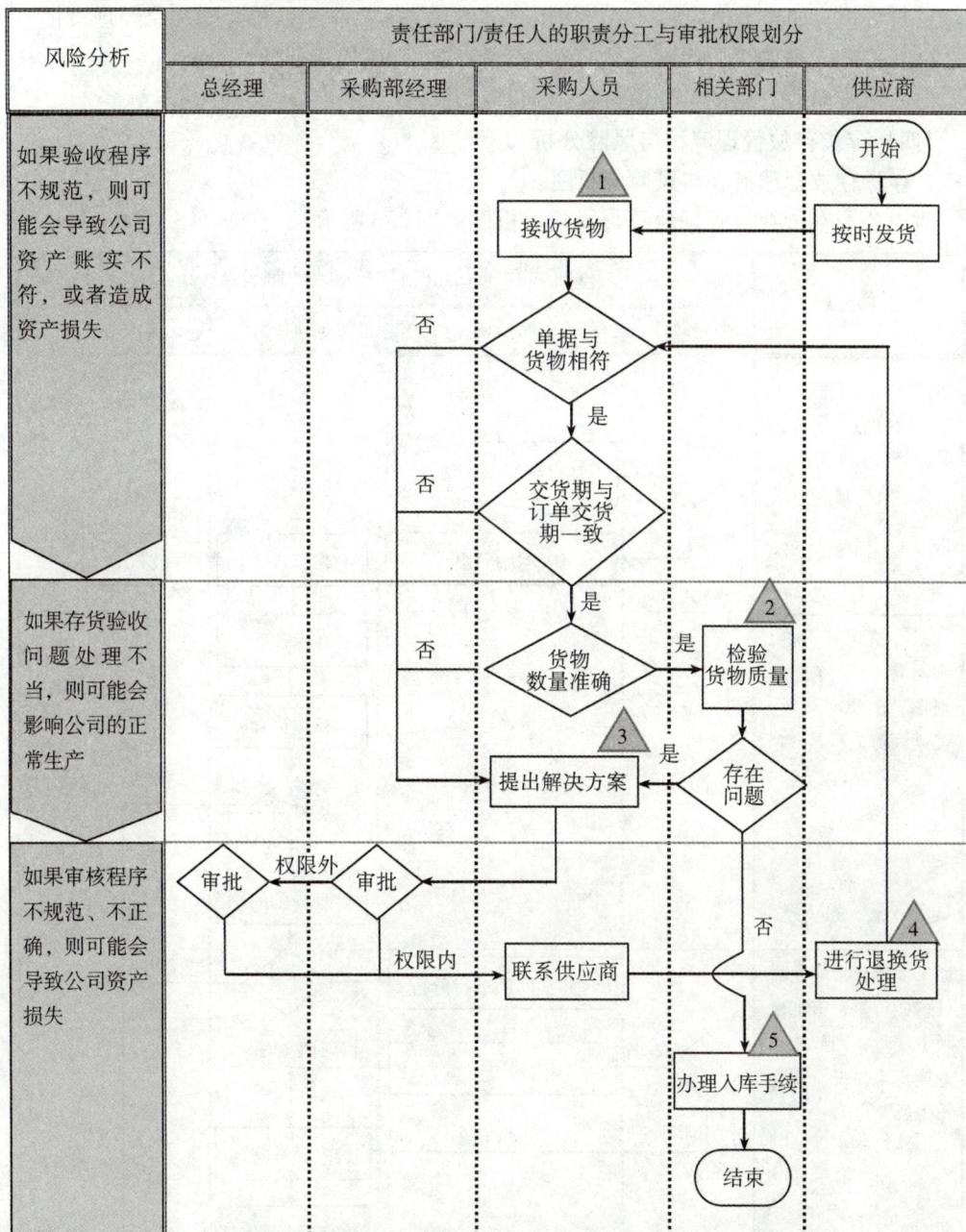

图3-4　西山公司外购存货验收流程与风险分析图

2.外购存货验收流程描述及说明

（1）采购人员接到货物后，按照采购订单上的内容一一进行核对；核对完毕后，清点货物的数量；数量无误后通知质检部门进行质量检验。

（2）质检部门进行质量检验。

（3）质检部门出具质量检验报告，如果货物存在质量问题，采购人员应根据公司规定及货物的实际情况提出具体的解决方案，提交采购部经理和总经理审批；采购人员在清点核对货物时如果出现问题，也应提出具体解决方案，报采购部经理和总经理审批。

（4）采购人员与供应商就具体问题协商后，进行退换货处理。

（5）对于验收合格的货物，直接由仓储部办理入库手续。

（四）存货存放管理流程与风险分析

1.存货存放管理流程与风险分析图

西山公司存货存放管理流程与风险分析图如图3-5所示。

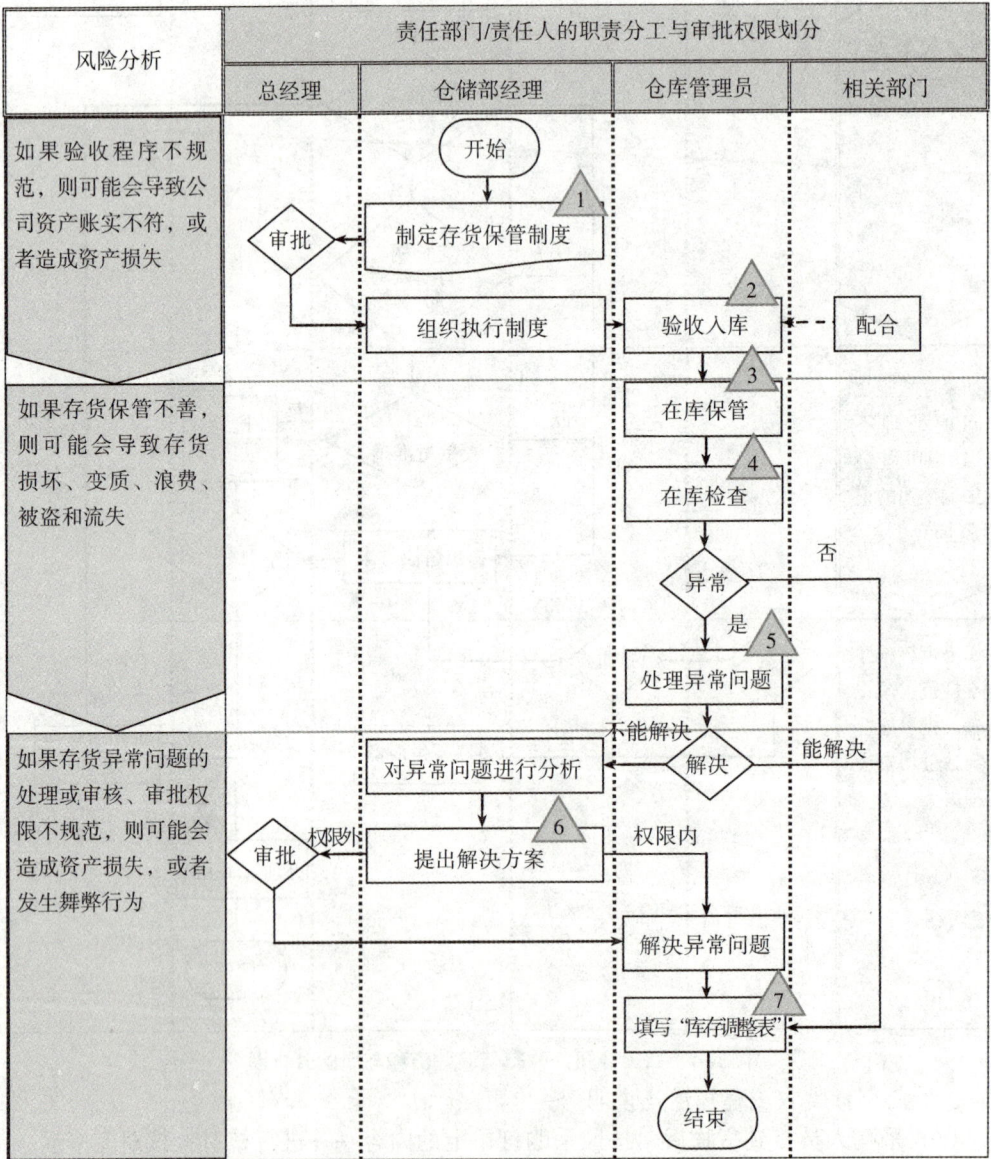

图3-5　西山公司存货存放管理流程与风险分析图

2.存货存放管理流程描述及说明

（1）仓储部经理制定存货保管制度，报请总经理审批后执行。

（2）仓库管理员在质检部门的协助下，对存货进行验收入库，根据存货的属性、包装、尺寸等安排不同的存放场所，对入库的存货建立存货明细账，详细登记存货类别、编号、名称、规格型号、数量、计量单位等内容，并定期与财务部就存货品种、数量、金额等进行核对。

（3）仓库管理员对存货进行在库保管，具体包括控制仓库的温湿度、防霉防腐、防锈、防虫害、安全及卫生管理等内容。

（4）仓库管理员要定期或不定期做好存货的在库检查工作。

（5）仓库管理员对于在库检查中发现的异常情况应及时进行处理，对于不能解决的问题应及时报请仓储部经理进行处理。

（6）仓储部经理根据分析结果提出解决方案，在权限范围内直接交由仓库管理员进行处理，对于需要总经理审批的方案，经总经理审批后交仓库管理员处理。

（7）仓库管理员根据分析结果，调整库存盈亏，填写"库存调整表"。

二、固定资产业务流程与风险分析

（一）固定资产采购及验收流程与风险分析

1.固定资产采购及验收流程与风险分析图

西山公司固定资产采购及验收流程与风险分析图如图3-6所示。

2.固定资产采购及验收流程描述及说明

（1）企业应根据固定资产的使用情况、生产经营发展目标等因素编制固定资产采购预算，并由财务总监下达，各部门应严格执行。

微课

企业固定资产
管理的风险

（2）固定资产使用部门根据业务发展目标、固定资产的新旧程度、使用频率、废品率等因素提出固定资产采购申请。

（3）资产主管组织相关人员组成固定资产验收小组，对采购的固定资产进行验收。验收的内容主要包括外包装、规格、型号、配置、数量和资料等。

（4）会计人员根据固定资产的取得方式确定固定资产成本的构成，并进行相应的账务处理。

（5）会计人员进行固定资产核算。固定资产核算包括固定资产折旧核算和固定资产后续支出核算。

（二）固定资产使用、清查、维护和处置流程与风险分析

1.固定资产使用、清查、维护和处置流程与风险分析图

西山公司固定资产使用、清查、维护和处置流程与风险分析图如图3-7所示。

2.固定资产使用、清查、维护和处置流程描述及说明

（1）固定资产使用部门制订固定资产盘点计划并进行盘点。

（2）若固定资产盘亏，则固定资产使用部门应办理固定资产注销手续；若固定资产盘盈，则固定资产使用部门应办理固定资产增加手续。

风险分析	责任部门/责任人的职责分工与审批权限划分					
	总经理	财务总监	财务部经理	资产主管	会计人员	相关部门
如果固定资产采购决策失误，则可能会造成公司资产损失	开始 → ①下达固定资产采购预算 → 审批	审核	审核	审核		②使用部门填写采购申请 → 采购部门进行采购
如果固定资产验收与核算不合法、不真实、不完整，则可能会导致公司资产账实不符，或者造成资产损失		审批	审核	③组织验收小组进行验收 → 编制验收报告	④进行账务处理 → ⑤固定资产核算 → 结束	

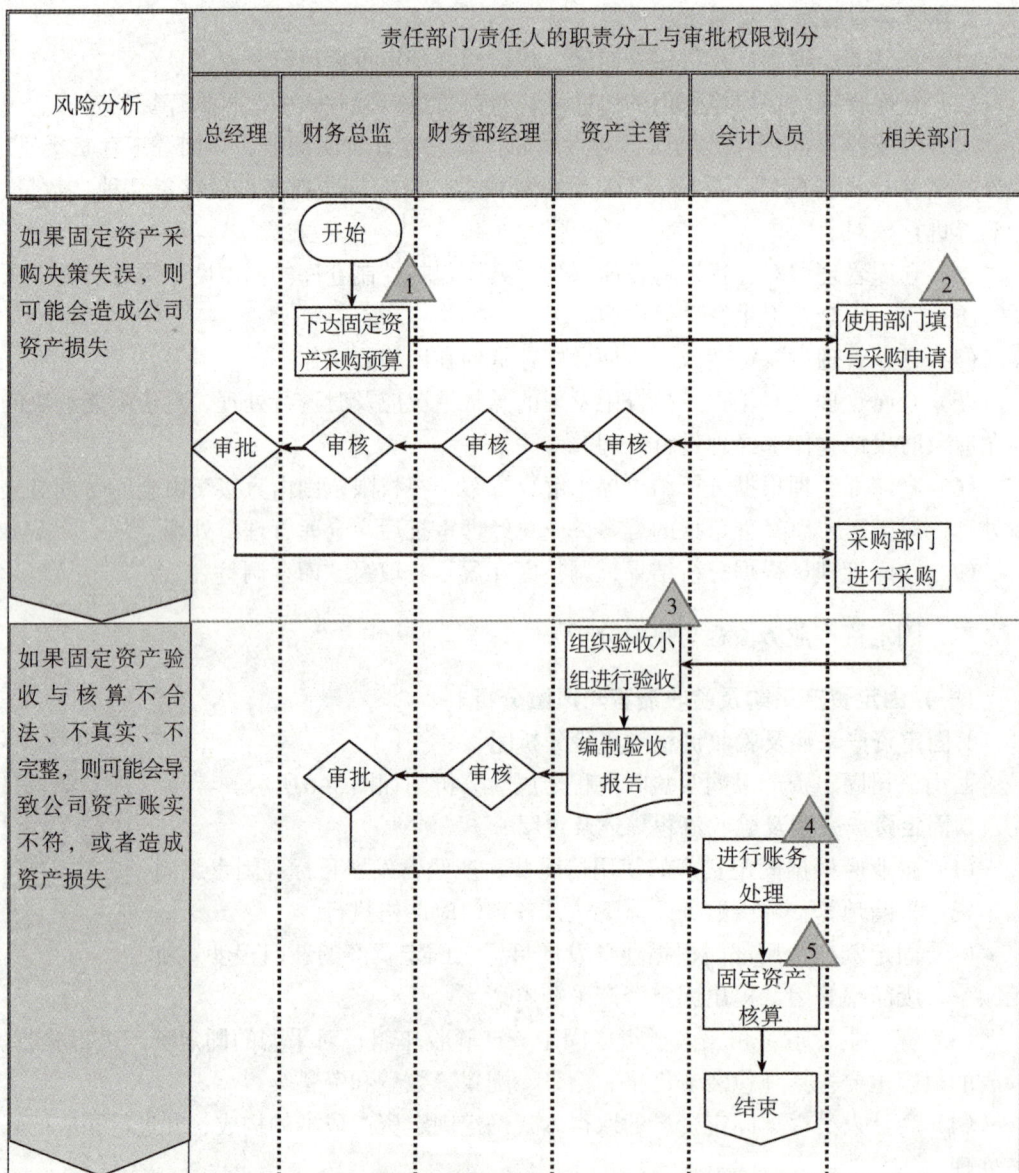

图3-6　西山公司固定资产采购及验收流程与风险分析图

（3）若固定资产盘亏，则固定资产主管会计应办理固定资产注销手续；若固定资产盘盈，则固定资产主管会计应办理固定资产增加手续。

（4）固定资产使用部门根据固定资产的使用状况提出固定资产维修申请。

（5）固定资产维修分为大修理和日常修理，大修理必须经过财务总监审批后才能执行。

（6）固定资产维修符合固定资产确认条件的，应当计入固定资产成本；不符合固定资产确认条件的，应当计入当期损益。

（7）固定资产处置包括固定资产出售、转让、毁损和报废四种情况。

（8）企业出售、转让、报废固定资产或发生固定资产毁损，应当将处置收入扣除账面价值和相关税费后的金额计入当期损益。固定资产处置一般通过"固定资产清理"科目进行核算。

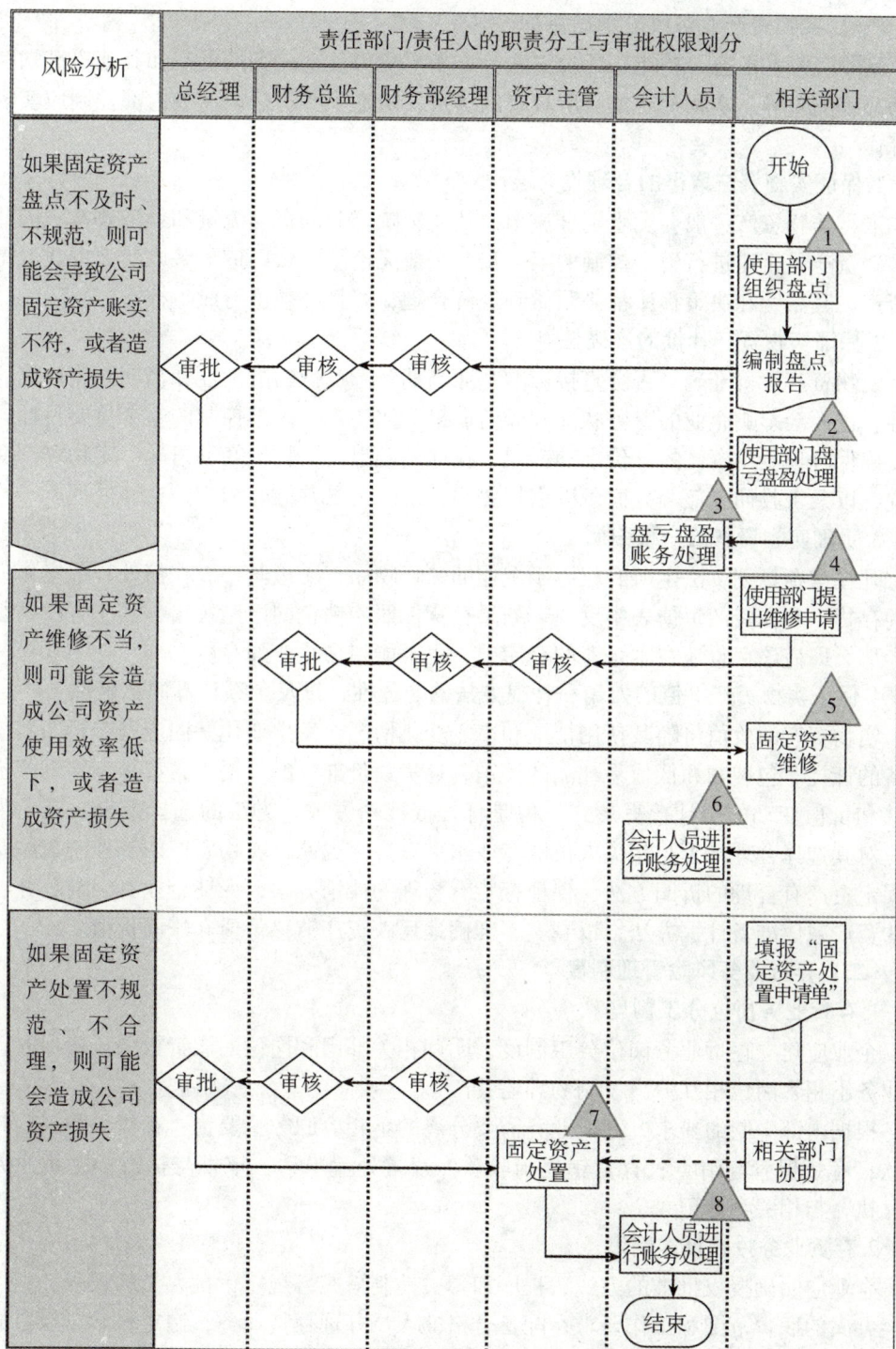

风险分析	责任部门/责任人的职责分工与审批权限划分					
	总经理	财务总监	财务部经理	资产主管	会计人员	相关部门
如果固定资产盘点不及时、不规范，则可能会导致公司固定资产账实不符，或者造成资产损失	审批	审核	审核			开始 ① 使用部门组织盘点 编制盘点报告 ② 使用部门盘亏盘盈处理 ③ 盘亏盘盈账务处理
如果固定资产维修不当，则可能会造成公司资产使用效率低下，或者造成资产损失	审批	审核	审核	⑥ 会计人员进行账务处理		④ 使用部门提出维修申请 ⑤ 固定资产维修
如果固定资产处置不规范、不合理，则可能会造成公司资产损失	审批	审核	审核	⑦ 固定资产处置 ⑧ 会计人员进行账务处理 结束		填报"固定资产处置申请单" 相关部门协助

图3-7　西山公司固定资产使用、清查、维护和处置流程与风险分析图

三、实物资产业务风险管理

（一）实物资产业务风险管理目标

实物资产在形态、功能、计价方法等方面与货币资金、无形资产和其他资产均存在较为显著的差异。实物资产本身所具有的特点，决定了实物资产业务内部控制应实现的目标。

1.保证实物资产取得的合理性

取得实物资产一般会发生资金流出，从而影响企业的资金流量和经济效益，因此取得实物资产是企业进行资产控制的第一步。企业无论从什么渠道、采取什么方式取得实物资产，其采购和决策程序都必须做到经济合理，并且必须进行成本核算。

2.保证实物资产计价的准确性

实物资产计价准确与否会直接影响企业当期资产计价的准确性和当期收益计算的正确性，进而会影响企业的财务状况和经营成果。实物资产内部控制的一个重要目标，就是要确保各项实物资产的计价准确无误，在此基础上，对物价变动情况、实物资产变现情况，以及可收回金额等方面予以密切关注，及时记录并做好相应的会计处理。

3.明确实物资产的产权归属

凡在盘存日期，法定所有权属于企业的一切物品，无论其存放在何处，都应作为企业的存货，并在资产负债表中反映。如果存货依照购销合同已经售出、其所有权已经转移，那么即使该存货还在本企业的仓库中，也不能视为企业的存货。

4.保证实物资产价值的摊销和计提方法的合理性，以及金额计算的正确性

实物资产的价值将随其使用情况和市场变化情况而发生变化。固定资产折旧和减值准备的计提、包装物和低值易耗品的摊销、存货跌价准备的计提等，都是实物资产价值转移和价值变动的会计核算形式，但是计提或摊销方式、方法的选择带有一定的主观性，对其选择合理与否与相关人员的专业水准有关。因此，实物资产内部控制就是要保证固定资产有合理的折旧方法，保证存货有合理的摊销方法，保证企业有一套公开、合理的资产减值准备计提方法，以真实、准确地反映资产转移价值和账面价值。

（二）存货业务风险管理制度

1.存货业务岗位分工制度

企业应建立存货业务岗位分工制度，明确相关部门和岗位的职责权限，确保办理存货业务不相容岗位相互分离、制约和监督。

根据内部牵制的要求，存货业务需要分离的不相容职务主要为：存货采购、验收与付款；存货保管与清查；存货销售与收款；存货处置申请、审批与执行；存货业务审批、执行与相关会计记录。

2.存货业务授权批准制度

企业应明确授权批准的方式、程序和相关控制措施，规定审批人员的权限、责任以及经办人的职责范围和工作要求；配备合格的人员办理存货业务；制定科学、规范的存货业务流程，明确存货取得、验收与入库、仓储与保管、领用、发出与处置等环节的控制要求，并设置相应的记录或凭证，如实记载各环节业务的开展情况，确保存货业务全

过程得到有效控制。

严禁未经授权的机构或人员办理存货业务。审批人员应根据存货业务授权批准制度的规定，在授权范围内进行审批，不得越权审批。经办人员应在职责范围内，按照审批人员的意见办理存货业务。对于审批人员超越权限审批的存货业务，经办人员有权拒绝办理，并及时向审批人员的上级授权部门报告。

3. 存货取得、验收与入库管理制度

企业应根据存货不同的取得方式，采取相应的控制方法，以确保存货的取得真实、合理、透明。外购存货应符合《企业内部控制应用指引第7号——采购业务》的有关规定，采购批量和采购时点的确定应符合市场状况、行业特征和单位经营管理的需要。对于投资者投入的存货，以及取得的对方单位抵付债务的存货，其实有价值和质量状况应当经过评估和检查，并且应与相关合同或协议的约定一致。

企业应组织有关部门和人员对所取得存货的品种、规格、数量、质量和其他相关内容进行验收，并出具验收证明。对于验收合格的存货，企业应及时办理入库手续；对于验收过程中发现的异常情况，负责验收的部门和人员应立即向有关部门报告，有关部门应及时查明原因，根据存货的不同取得方式作出相应的处理。

企业财务部门应按照国家统一会计制度的规定，根据验收证明，对验收合格的存货及时办理入账手续，正确登记入库存货的数量与金额。在会计期末，对于货物已到、发票未到的货物，应暂估入账。存货管理部门应设置实物明细账，详细登记经验收合格入库存货的类别、编号、名称、规格、型号、计量单位、数量、单价等内容，并定期与财务部门核对。对于代管、代销、暂存、受托加工的存货，存货管理部门应单独记录。

4. 存货仓储与保管制度

企业应根据销售计划、生产计划、采购计划、资金筹措计划等制订仓储计划，合理确定存货的结构和数量；加强对存货的日常管理，严格限制未经授权的人员接触存货。生产部门应加强对生产现场的材料、低值易耗品、半成品等物资的管理，并根据生产特点、工艺流程等对转入、转出存货的品种、数量等进行登记；对生产过程中废弃的存货也应进行登记。仓储、保管部门应建立岗位责任制，明确各岗位的职责，并定期或不定期地对存货进行检查。

企业应建立存货分类管理制度，对贵重物品、生产用的关键备件、精密仪器、危险品等重要存货，要采取额外控制措施，以确保重要存货的保管、调用、转移等经过严格的授权审批，且在同一环节由两个或两个以上人同时经办；应建立健全存货防火、防潮、防鼠和防变质等措施，并建立相应的责任追究机制；应建立健全存货清查盘点制度，定期或不定期对各类存货进行实地清查和盘点，及时发现并掌握存货灭失、损坏、变质和长期积压等情况，对于发生盘盈、盘亏的存货，应查明原因、分清责任、及时处理；应创造条件，逐步实现存货的信息化管理，以确保相关信息得到及时传递，提高存货运营效率；应建立健全存货成本会计核算系统，正确计算、结转存货成本，及时掌握存货价值变动情况，准确确认、计量存货跌价准备。

5. 存货领用、发出与处置制度

企业应加强对存货领用与发出的控制，各业务部门因生产、管理、基本建设等需要领用原材料等存货，应履行审批手续，填制领料凭证；对外捐赠存货，应履行审批手续，签订捐赠协议，明确捐赠对象、捐赠方式、捐赠程序，以便日后监督检查；用存货对外投资，应履行审批手续，并与投资合同或协议核对一致。

企业应当建立存货处置环节的控制制度，明确存货处置的范围、标准、程序、审批权限和责任。对于残、次、冷、背存货，应由仓储、质检、生产和财务等部门共同提出处置方案，经企业负责人或其授权人员批准后实施；企业应组织相关部门或人员对存货的处置方式、处置价格等进行审核，确保存货处置的合法、合规和正确性。

企业应建立健全存货的取得、验收、入库、保管、领用、发出及处置等各环节凭证、资料的保管制度，并定期与财务部门核对，发现问题应及时处理。

6. 存货监督检查制度

企业应建立对存货业务内部控制的监督检查制度，明确监督检查机构或人员的职责权限，定期或不定期进行检查。

存货监督检查的内容主要包括：

（1）存货业务相关岗位及人员的设置情况。重点检查是否存在不相容职务混岗现象。

（2）存货业务授权批准制度执行情况。重点检查授权批准手续是否健全，是否存在越权审批行为。

（3）存货收发、保管制度执行情况。重点检查存货取得是否真实、合理，存货验收手续是否健全，存货保管岗位责任制是否落实，存货的清查、盘点是否及时、准确。

（4）存货处置制度执行情况。重点检查存货处置是否经过授权批准，处置价格是否合理，处置价款是否及时收取并入账。

（5）存货会计核算制度执行情况。重点检查存货成本核算、价值变动记录是否真实、完整、及时。

对于在监督检查过程中发现的存货内部控制中的薄弱环节，监督检查部门应当告知有关部门，有关部门应及时查明原因，并采取措施加以纠正。监督检查部门应按单位内部管理权限向上级有关部门报告存货内部控制的监督检查情况和有关部门的整改情况。

7. 存货业务风险管理制度范例

西山公司存货领用管理制度见表3-3。

（三）固定资产业务风险管理制度

1. 固定资产业务岗位分工制度

企业应建立固定资产业务岗位分工制度，明确相关部门和岗位的职责、权限，确保办理固定资产业务的不相容岗位相互分离、制约和监督。固定资产业务不相容岗位至少包括：

（1）固定资产投资预算的编制与审批；

（2）固定资产采购、验收与款项支付；

表3-3　　　　　　　　　　　　　西山公司存货领用管理制度

制度名称	存货领用管理制度		文件编号	内控01-05
执行部门	存货管理、使用部门和财务部		监督部门	法务内审部

第1条　为了对存货领用过程进行规范和控制，特制定本制度。

第2条　本制度适用于公司各类原材料和辅助材料仓库存货的领用管理。

第3条　材料使用部门负责本部门所需材料的领用。

第4条　材料使用部门领用材料，必须填写领料申请单，并办理相应的审批手续，凭借经过审批的领料申请单到仓库领料。超出存货领料限额的，应当经过特别授权。

第5条　领料申请单应填明材料名称、规格型号、用途、数量、金额等，并经车间负责人签字。领用计划内的材料应有材料需用量计划，领用限额供应的材料应符合限额供料制度，领用需要经过审批的材料应有审批人员签字。

第6条　仓库工作人员应对领料申请单进行审核，审核的内容包括材料的用途、领用部门、领用数量以及相关的审批签字信息等，审核无误后才能发料。

第7条　领用材料时，领料人必须同发料仓库工作人员办理交接手续，当面点交清楚，并在领料申请单上签字。

第8条　材料仓库按照"先进先出，按规定供应"的原则发放材料。发放材料应遵循"核对单据、监督领料、汇总剩余材料库存量"的原则。对于因违规发放材料而造成的材料失效、霉变、大料小用、优料劣用以及差错等损失，仓库工作人员除应承担全部经济损失外，还要接受行政处分。

第9条　仓库工作人员应根据材料领用情况，编制材料出库单，并在材料出库单上加盖"材料发讫"印章，同时需由仓库库管员、统计员签章。

第10条　仓库工作人员应妥善保管所有发料凭证，避免丢失。

第11条　仓库工作人员应及时将材料领用单据交给财务部，财务部会计人员根据加盖"材料发讫"印章后的材料出库单登记库存材料明细账，并在材料出库单上签字。

第12条　领用原材料的核算，根据领料汇总表借记"生产成本""管理费用""制造费用"等科目，贷记"原材料""周转材料"等科目。

西山公司存货
控制制度

修订日期	2022-10-11	审核日期	2022-10-25	批准日期	2022-12-30

（3）固定资产投保的申请与审批；

（4）固定资产的保管与清查；

（5）固定资产处置的审批与执行；

（6）固定资产业务的执行与相关会计记录。

2.固定资产业务授权批准制度

企业应建立固定资产业务授权批准制度，明确授权批准的方式、程序和相关控制措施，规定审批人员的权限、责任以及经办人员的职责范围和工作要求，严禁未经授权的机构或人员办理固定资产业务。审批人员应根据固定资产管理授权批准制度的规定，在授权范围内进行审批，不得越权审批。经办人员应当在职责范围内，按照审批人员的批准意见办理固定资产业务。对于审批人员超越授权范围审批的固定资产业务，经办人员有权拒绝办理，并及时向审批人员的上级授权部门报告。企业应当制定固定资产业务流程，明确固定资产的取得与验收、日常保管、处置与转移等环节的控制要求，并设置相应的记录或凭证，如实记载各环节业务的开展情况，确保固定资产业务的全过程得到有效控制。

3.固定资产投资预算管理制度

企业应建立固定资产投资预算管理制度，明确固定资产投资预算的编制、调整、审批、执行等环节的控制要求，使企业的固定资产投资预算符合企业发展战略和生产经营的需要；综合考虑投资方向、规模、资金占用成本、预计盈利水平和风险程度等因素，在对固定资产投资项目进行可行性研究和分析论证的基础上，合理安排投资进度和资金投放量。

4.固定资产验收制度

企业应建立固定资产验收制度，固定资产管理部门、使用部门和财务部门应参与固定资产验收工作，对外购、自行建造、投资者投入、接受捐赠、外单位调入以及通过其他方式获取的固定资产进行验收，办理验收手续，出具验收报告，并与购货合同、供应商的发货单及投资方、捐赠方等提供的有关凭据、资料核对；在办理固定资产验收手续的同时，应完整取得产品说明书及其他相关说明资料；对于验收合格的固定资产，企业应填制固定资产交接单，登记固定资产账簿；对于经营性租入、借用、代管的固定资产，企业应设立备查登记簿进行登记，避免与本企业的固定资产混淆；支付外购、自行建造的固定资产款项，应符合《企业内部控制应用指引第8号——资产管理》等相关条款的规定。

5.固定资产日常管理制度

企业应建立固定资产归口分组管理制度，明确固定资产管理部门、使用部门和财务部门的职责权限，确保固定资产管理权责明晰、责任到人；建立健全固定资产账簿登记制度和固定资产卡片管理制度，定期核对相关账簿、记录、文件和实物，发现问题，及时报告，确保固定资产账账、账实、账卡相符；建立固定资产折旧、减值的会计核算规程，确保固定资产折旧、减值的计提依据充分、方法适当、计量准确；建立固定资产维修保养制度，保证固定资产正常运行，控制固定资产的维修保养费用，提高固定资产的使用效率。固定资产需要大修或改良的，应由财务部门、固定资产管理和使用部门共同组织评估、提出方案，经单位负责人或其授权人员批准后实施。固定资产的维修保养费用应纳入单位预算，在经过批准的预算额度内执行。

6.固定资产保险制度

固定资产具有数量少、价值高等特点，一旦失窃或遭到意外毁损，会给企业带来重大损失。因此，企业应建立固定资产保险制度，明确应投保固定资产的范围和标准，由固定资产管理部门会同财务部门等制订投保方案，经单位负责人或其授权人员批准后办理投保手续。

7.固定资产清查盘点制度

企业应建立固定资产清查盘点制度，明确固定资产清查的范围、期限和组织程序，定期或不定期地进行盘点，根据盘点结果详细填写固定资产盘点报告表，并与固定资产账簿和卡片相核对。若发现账实不符，应编制固定资产盘盈、盘亏表并及时作出报告，固定资产管理和使用部门应及时查明固定资产盘盈、盘亏的原因，提出初步处理意见，经单位负责人或其授权人员批准后作出相应处理。企业改变固定资产使用状态，涉及变更固定资产保管地点的，应当登记在案。

8.固定资产处置与转移制度

企业应建立固定资产处置与转移制度，明确固定资产处置的范围、标准、程序、审批权限和责任。对于重要固定资产的处置，应实行集体审议联签；对于使用期满正常报废的固定资产，应由固定资产管理部门填制固定资产报废单，经单位授权部门或人员批准后进行报废清理；对于未使用、不需用的固定资产，应由固定资产管理部门提出处置申请，经单位授权部门或人员批准后进行处置；对于拟出售或投资转出的固定资产，应由有关部门或人员填制固定资产清理单，经单位授权部门或人员批准后予以出售或转作投资；对于出租、出借的固定资产，应由固定资产管理部门会同财务部门拟订方案，经单位负责人或其授权人员批准后办理相关手续，签订出租、出借合同；对于内部调拨的固定资产，应填制固定资产内部调拨单，由调入及调出部门、固定资产管理部门和财务部门负责人及有关管理人员签字后，办理固定资产交接手续。

企业应组织相关部门或人员对固定资产的处置依据、处置方式、处置价格进行审核，及时、足额地收取固定资产处置价款，并及时入账。

9.固定资产监督检查制度

企业应建立固定资产监督检查制度，明确监督检查机构或人员的职责权限，定期或不定期地进行检查。

固定资产监督检查的内容主要包括：

（1）固定资产业务相关岗位及人员的设置情况。重点检查是否存在不相容职务混岗的现象。

（2）固定资产业务授权批准制度执行情况。重点检查在办理请购、审批、采购、验收、付款、处置等固定资产业务时，是否有健全的授权批准手续，是否存在越权审批行为。

（3）固定资产投资预算管理制度执行情况。重点检查固定资产投资是否纳入预算，预算编制、调整与审批程序是否适当。

（4）固定资产日常管理制度执行情况。重点检查固定资产归口分组管理制度是否落实，维修保养费用是否超过预算额度。

（5）固定资产处置与转移制度执行情况。重点检查固定资产处置是否履行审批手续，作价是否合理。

对于在监督检查过程中发现的固定资产内部控制中的薄弱环节，监督检查部门应告知有关部门，有关部门应及时查明原因，并采取措施加以纠正。监督检查部门应按单位内部管理权限向上级有关部门报告固定资产内部控制的监督检查情况和有关部门的整改情况。

10.固定资产业务风险管理制度范例

西山公司固定资产授权批准制度见表3-4。

表3-4　　　　　　　　　　**西山公司固定资产授权批准制度**

制度名称	固定资产授权批准制度	文件编号	内控02-01
执行部门	固定资产使用、管理部门和财务部	监督部门	法务内审部

第1章　总则

第1条　目的。

1.明确固定资产的授权审批方式、程序和相关措施，规定审批人员的权限和责任，规定经办人员的职责范围和工作要求。

2.确保固定资产的安全与完整，提高固定资产的利用效率。

第2条　责权单位。

1.资产管理部为固定资产的管理部门。

2.固定资产使用部门为固定资产的日常维护和保养部门。

3.财务部为固定资产各类账务的处理部门。

第3条　本制度所指的固定资产包括使用年限超过一年，单位价值较高的房屋、建筑物、机器设备、运输工具、仪器仪表、电子设备、办公设施等。

第2章　固定资产投资预算审核及审批

第4条　固定资产使用部门根据实际使用情况，编制本部门固定资产投资预算。

第5条　资产管理部的固定资产管理员根据各部门提交的固定资产投资预算，编制公司固定资产总投资预算，经资产管理部经理审核确认后，交财务部审核。

第6条　财务部对固定资产总投资预算的各种数据及预算意见进行复核，财务部经理提供审核意见，然后交总经理审核，最后提交董事会批准。

第7条　各部门严格按照固定资产总投资预算购置固定资产，并将固定资产投资严格控制在预算之内。

第3章　固定资产购置申请审批

第8条　固定资产使用部门填写固定资产采购申请单。

第9条　采购申请单的批准。

1.资产管理部审核采购申请单，审查申请单的内容是否在采购预算范围之内。如果在采购预算范围之内，资产管理部经理审批即可。

2.投资预算外金额在10万元以下的固定资产采购申请，公司财务总监审核批准即可。

3.投资预算外金额在10万元以上（含10万元）的固定资产采购申请，应报总经理审批。

第10条　经审批的采购申请单交到采购部，采购部根据采购申请单及公司的相关规定进行采购。

第11条　质量管理部和技术部相关人员应参与购货订单或购货合同有关技术和质量方面条款的制定。

第12条　对于费用支出较大、对技术和质量要求较高的设备的购货合同，应由不同的专业技术人员如采购专家、工程师、生产人员、法律顾问、财务专家等组成小组，进行最后审查。

第4章　固定资产维修申请审批

第13条　固定资产使用部门负责固定资产的日常维修保养工作。对于定期的维修保养，固定资产使用部门应提交维修申请。

续表

第14条　固定资产管理员审核维修申请单，资产管理部经理签字后，交财务部复核。维修申请在维修计划内并且维修金额在5 000元以内的，资产管理部可直接安排维修。

第15条　固定资产临时维修或维修费用在5 000元以上的，应报总经理审批后再进行安排。

第16条　工程部根据审批后的维修申请单对固定资产进行维修。

第5章　固定资产处置与转移申请批准

第17条　固定资产报废和出售申请审批。

1.固定资产使用部门根据固定资产的实际使用情况，提出报废和出售申请。

2.计划内的固定资产报废或出售，由资产管理部经理批准即可。

3.计划外的预计金额在3万元以下的固定资产报废或出售，应由资产管理部经理审批。

4.计划外的预计金额在3万～10万元（含3万元）的固定资产报废或出售，应由财务总监审批。

5.计划外的预计金额在10万元以上（含10万元）的固定资产报废或出售，应上报公司总经理审核批准。

第18条　固定资产报损和报失申请审批。

1.固定资产发生破损或丢失时，固定资产使用部门应提出报损或报失申请单。

2.报损固定资产的预计价值在5万元以下的，报财务总监审批即可；预计价值在5万元以上（含5万元）的，应上报公司总经理审核批准。

3.报失固定资产的预计价值在3万元以下的，报财务总监审批即可；预计价值在3万元以上（含3万元）的，应上报公司总经理审核批准。

第19条　固定资产出租和出借申请审批。

1.由租用人或借用人提出书面要求或申请，说明相关情况，并将申请送资产管理部。

2.资产管理部会同财务部拟订方案，与租用人或借用人签订出租或出借合同。

3.出租或出借合同审批。

（1）出租或出借合同金额在5 000元以下的，由资产管理部经理审批即可。

（2）出租或出借合同金额在5 000元以上（含5 000元）的，应由财务总监审批签字。

（3）计划外的出租或出借申请一律上报公司总经理审核批准。

4.资产管理部根据经过审批的出租或出借合同办理固定资产移出手续，会同财务部根据合同填写固定资产管理卡并进行账务处理。

第6章　附则

第20条　本制度经总经理审批后自颁布之日起执行。

第21条　本制度由资产管理部负责解释。

西山公司固定
资产控制制度

编制日期	2022-10-15	审核日期	2022-10-20	批准日期	2022-12-30

同步训练 ●●●

一、不定项选择题（每题至少有一个正确答案，请将正确答案填在括号内）

1.在存货采购预算流程中，财务部门一般负责（　　　）。

　A.预算的编制　　　　　　　　　　　B.预算的组织执行

C.预算的审核和审批   D.采购计划的制订

2.在存货采购管理流程中，仓储部门一般负责（   ）。

A.提出采购申请   B.采购申请单的填写

C.采购计划的审核和审批   D.组织验收

3.在存货采购验收流程中，仓储部门一般负责（   ）。

A.接收货物   B.审核单据与货物是否相符

C.检验货物的质量   D.检验货物的数量

4.在固定资产采购与验收流程中，财务部门一般负责（   ）。

A.组织固定资产验收   B.填制固定资产验收报告

C.固定资产的账务处理   D.检验固定资产的质量

5.在固定资产清查流程中，财务部门一般负责（   ）。

A.组织固定资产清查   B.编制固定资产清查报告

C.固定资产盘盈、盘亏的账务处理   D.固定资产盘盈、盘亏的审批

6.下列各项不属于存货业务风险管理目标要求的是（   ）。

A.对存货正确计价并保持账实相符，合理揭示存货方面的财务状况

B.保证恰当的存货储备量，促进企业资源的优化配置

C.保证存货的安全

D.落实保管责任制度

7.职务分离在固定资产风险管理制度中体现为（   ）。

A.采购人员与使用人员相分离   B.使用人员与会计人员相分离

C.采购人员与审批人员相分离   D.维修人员与使用人员相分离

8.存货风险管理目标包括（   ）。

A.提供存货的各种真实、完整和有用的信息

B.保证存货的安全

C.控制存货的流动

D.监督、落实存货的经营责任

9.存货业务风险管理制度的内容包括（   ）。

A.建立严格的存货收发和计量制度   B.落实保管责任制度

C.保证存货的安全   D.健全存货明细账的设置

10.委托加工材料完工、验收、付款的程序包括（   ）。

A.由加工单位转来加工费发票，供应部门编制委托加工收料单

B.仓库收料后登记收料卡，并将收料单交给供应部门

C.供应部门核对收料单，无误后通知财务部门付款

D.财务部门审核付款凭证无误后，授权出纳人员办理付款结算

11.固定资产风险管理制度包括（   ）。

A.固定资产维修保养制度   B.固定资产验收制度

C.固定资产清查盘点制度   D.固定资产处置与转移制度

12.下列各项关于固定资产取得和处置制度的叙述，正确的是（   ）。

A.固定资产使用部门发现固定资产需要报废时，为了提高工作效率，可直接执行对固定资产的报废清理处置

B.固定资产不需要进行总分类核算，但要严格做到账、卡、物相符

C.要形成由专人负责的固定资产使用管理制度

D.固定资产残值要及时入账

13.下列各项关于设备更新申请批准程序的表述，正确的是（　　）。

A.由设备管理部门编制设备更新计划，然后交总工程师审批

B.经审批后，如属外购设备，由总工程师编制购买通知单

C.经审批后，如属自制设备，应编制制造任务书，交辅助生产部门安排制造

D.设备管理部门根据购买通知单与供货单位签订合同

二、判断题（正确的在括号内打"√"，错误的打"×"）

1.存货采购预算一般由仓储部门负责编制。　　　　　　　　　　　　（　　）

2.存货采购验收一般由采购员负责组织。　　　　　　　　　　　　　（　　）

3.在发料程序设计中，领用部门负责编制材料发出汇总表。　　　　　（　　）

4.固定资产清查的组织一般由资产管理部门负责。　　　　　　　　　（　　）

5.固定资产清查一般由固定资产使用部门制订盘点计划。　　　　　　（　　）

6.固定资产维修分为大修理和日常修理，大修理应经过财务部门审批后执行。

（　　）

三、案例分析题

李莉是一家印刷公司的会计人员。因为该公司目前面临财务危机，所以她想方设法削减开支。公司总经理要求李莉在计算某种特殊用途机器的折旧时，将使用年限由原来的5年增加到10年，该总经理认为此举将大大节约折旧费用。

分析要求：应该由谁决定公司固定资产的预计使用年限？考虑到总经理的要求，李莉将如何去做？

参考答案

任务三　项目实训——案例分析

一、实训目标

培养学生运用所学企业实物资产业务内部控制与风险管理知识进行案例分析的能力。

二、能力要求

（1）掌握企业实物资产业务内部控制与风险管理的要求。

（2）能够针对具体的案例，通过分析发现问题并提出防范措施，或对案例中存在的管控风险进行解释说明。

三、实训方式

以小组为单位完成实训任务，形成实训报告，参加讨论与点评。

四、实训考核

根据各实训小组实训成果（实训报告）的质量和参与讨论的情况进行评分。项目实训成绩按百分制评定，具体公式如下：

$$小组项目实训成绩 = 实训成果（满分80）+ 参与讨论（满分20）$$

$$\begin{matrix}个人项目\\实训成绩\end{matrix} = \begin{matrix}小组项目\\实训成绩\end{matrix} \times \begin{matrix}个人贡献系数（个人贡献系数由组长\\根据个人在实训中的贡献大小决定）\end{matrix}$$

五、实训步骤

（1）由任课教师引导学生解读实训资料，提示学生应注意哪些问题，并布置具体实训任务，规定实训时间。

（2）各实训小组根据组内分工，查找、搜集相关资料，进行初步分析比较。

（3）小组内对初步分析比较的结果进行讨论、修改，最后按照要求形成实训报告（实训报告采用Word文档格式，纸张大小设置为A4，页边距设置为上2.8厘米、下2.5厘米、左2.5厘米、右2.5厘米，行距设置为1.5倍；页码格式设置为阿拉伯数字、居中；总标题设置为小三号、黑体、居中、空一行，一级标题设置为小四号、宋体、加粗，二级标题和正文设置为小四号、宋体；图表内文字设置为五号、宋体）。

（4）各实训小组的组长将查找、搜集的资料和形成的实训成果（电子文档）打包上传。

（5）指导老师根据学生实训成果的质量和参与讨论的情况确定实训成绩。

六、实训资料

上海市华生化工有限公司是一家大型化工企业。其存货的种类包括：原材料（化工用剂、燃料等）；在产品（未出炉混合剂等）；产成品（涂料等）；低值易耗品（包装物、涂料容器）。存货计价方式采用加权平均法。存货多属于化工品，保质期一般为半年，存货积压情况很少。

（一）领料业务

上海市华生化工有限公司领料业务流程图如图3-8所示。由于公司属于化工企业，领料的主要依据是化学成分比，因此公司不采用限额领料制度。生产部门根据生产计划提出领料申请，经主管厂长签字认可后，仓库出具领料单。领料单设三联，生产部门与仓储部门各保留一联存档记录，财务部门保留一联，由成本会计设台账入账，按期累计汇总，并与仓储部门进行核对。

（二）盘存与保管

上海市华生化工有限公司材料盘存与保管流程图如图3-9所示。公司根据存货种类

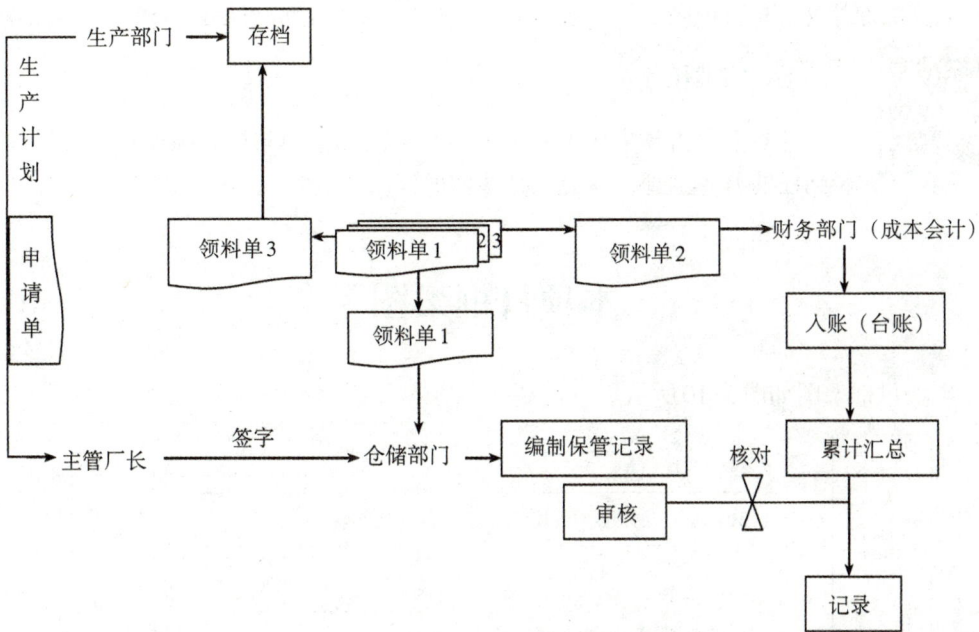

图3-8　上海市华生化工有限公司领料业务流程图

分仓库进行保管，并设置存货卡片，采用永续盘存制。仓库保管员与供应部门负责人每月至少进行一次具体盘点，财务部门定期派人抽查，要求做到账账相符和账实相符。发生盘盈或盘亏后，仓库保管员应出具盘盈盘亏表，并向上级部门说明原因，批准后交财务部门进行账务处理，盘亏作报废处理并转出进项税额，盘盈则冲减管理费用。

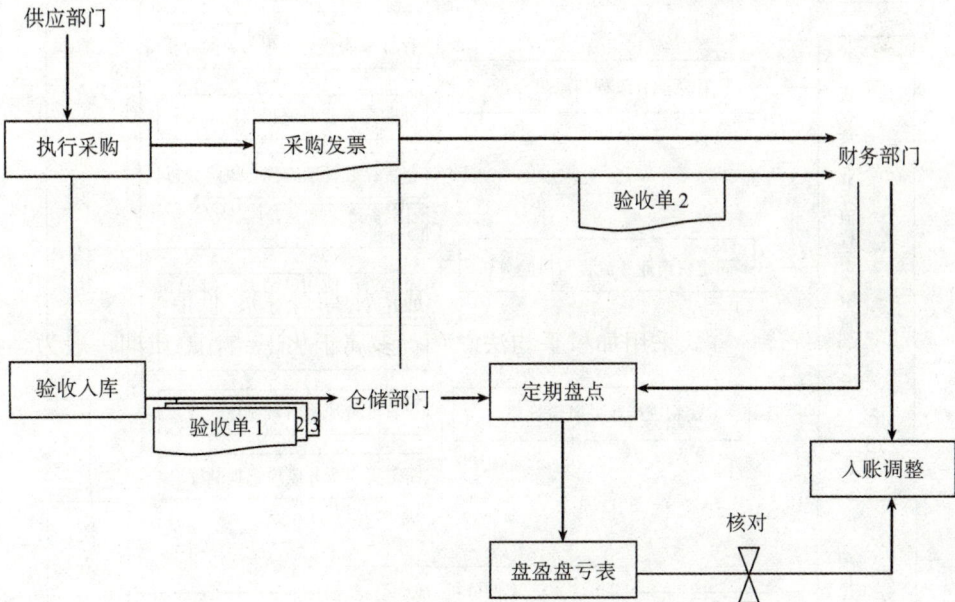

图3-9　上海市华生化工有限公司材料盘存与保管流程图

上海市华生化工有限公司的存货内部控制总体较为薄弱，财务部门在各环节中的主要功能仅限于记录、汇总，只有在核对账目时才起到一些监督作用。如果财务部门仅能依据仓库的原始凭证进行记录，就无从着手内部控制，存货的收发就极有可能出现纰漏。

七、实训任务

参考答案

针对上海市华生化工有限公司存货内部控制与核算的现状，如果你是新到任的财务主管，你会从哪些方面作出改进？

本项目框架图

本项目框架图如图3-10所示。

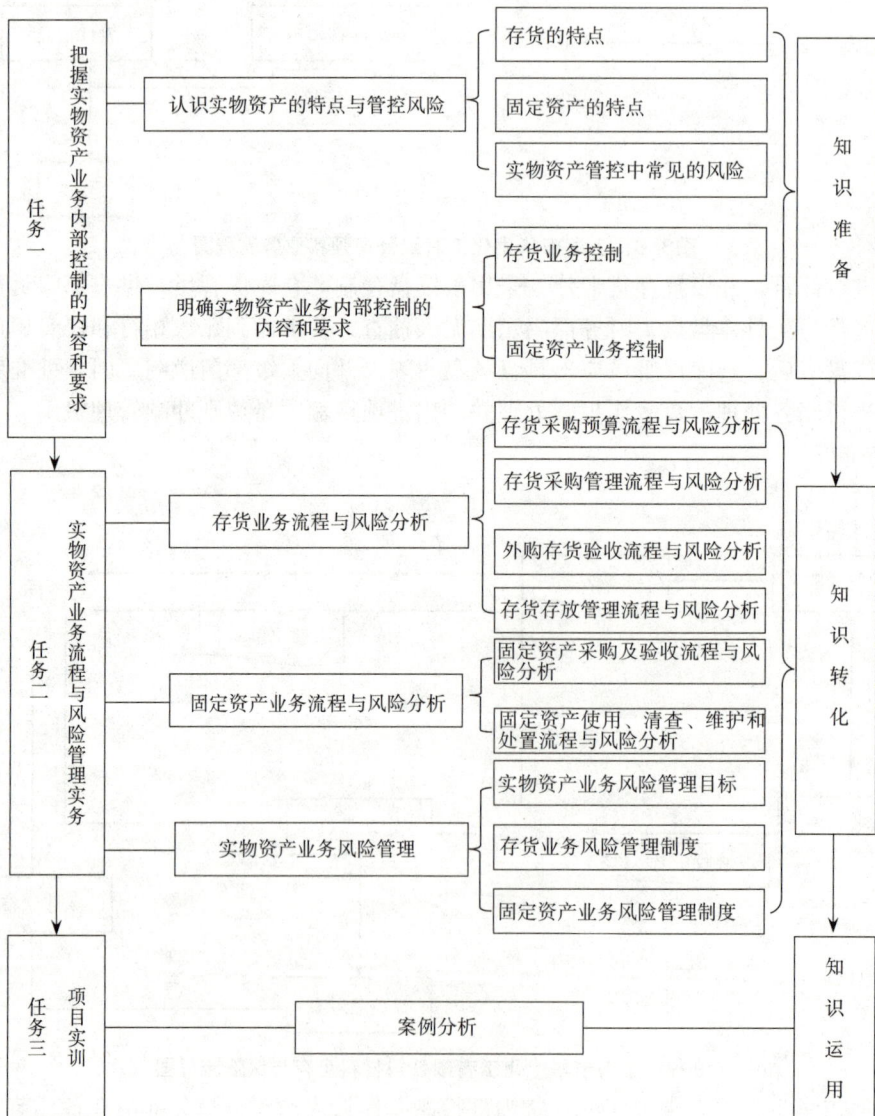

```
任务一
把握实物资产业务内部控制的内容和要求
    ├─ 认识实物资产的特点与管控风险
    │       ├─ 存货的特点
    │       ├─ 固定资产的特点
    │       └─ 实物资产管控中常见的风险
    └─ 明确实物资产业务内部控制的内容和要求
            ├─ 存货业务控制
            └─ 固定资产业务控制                    ── 知识准备

任务二
实物资产业务流程与风险管理实务
    ├─ 存货业务流程与风险分析
    │       ├─ 存货采购预算流程与风险分析
    │       ├─ 存货采购管理流程与风险分析
    │       ├─ 外购存货验收流程与风险分析
    │       └─ 存货存放管理流程与风险分析
    ├─ 固定资产业务流程与风险分析
    │       ├─ 固定资产采购及验收流程与风险分析
    │       └─ 固定资产使用、清查、维护和处置流程与风险分析
    └─ 实物资产业务风险管理
            ├─ 实物资产业务风险管理目标
            ├─ 存货业务风险管理制度
            └─ 固定资产业务风险管理制度              ── 知识转化

任务三
项目实训 ── 案例分析 ── 知识运用
```

图3-10　本项目框架图

本项目参照规范

- 《企业会计准则——基本准则》
- 《企业内部控制应用指引第8号——资产管理》
- 《中华人民共和国民法典》
- 《企业会计准则第1号——存货》
- 《企业会计准则第4号——固定资产》

项目四

采购业务内部控制与风险管理

【学习目标】
1. 了解采购业务的特点，理解采购业务管控面临的风险；
2. 熟悉采购业务内部控制的内容；
3. 熟悉采购业务流程和风险控制点；
4. 理解采购业务风险管理目标；
5. 熟悉采购业务风险管理制度；
6. 能够针对具体的案例，通过分析发现问题并提出防范措施，或对案例中存在的管控风险进行解释说明。

【素养目标】
1. 掌握采购业务控制方法，提高企业物资供应水平，降低生产资料成本，增加社会财富；
2. 加强采购业务风险管理，杜绝"回扣"，防止采购中的腐败。

【知识点】
1. 采购业务内部控制的内容与要求；
2. 采购业务控制流程与风险分析。

【技能点】
1. 能找出采购业务控制关键点；
2. 能制定采购业务风险管控措施。

案例导入

长庆石化公司采购与付款循环内部控制关键点

长庆石化公司作为一家炼油工业企业，产生成本最多的一个环节就是物资采购与付款，由于采购环节牵扯到的部门比较多，容易出现舞弊等情况，故采购与付款环节采取良好的内部控制可以有效地降低采购成本，进而间接提高企业利润。

1.需求计划控制

物资采购实行计划管理。所有采购物资必须由使用单位依据下达的投资计划或财务预算安排编制需求计划，按照分类管理权限，经计划部门或财务部门审核后提报物资采购部门，物资采购部门按计划实施采购。采购需求计划未经有效审批不得实施采购。

2.选商过程控制

物资采购选商由公司物资采购部门组织。除公开招标采购项目外，对于技术复杂、关键及重要物资、专用物资的选商，采购部门应组织使用单位和专业管理部门的主要技术人员共同评审确定。其他一般及通用物资，由采购部门相关岗位人员评审确定。选商评审应审查供应商资质条件是否符合要求，综合考虑供应商的技术水平、产品质量、行业信誉、同类型企业应用业绩和售后服务等情况。

3.采购过程控制

采购部门依据批准后的物资采购计划及拟选择的供应商名单，按照公司相关管理规定选择采购方式（包括目录采购、招标采购、询价采购、竞争性谈判采购、单一来源采购等），编制采购方案。采购方案审核完成后实施采购，公司物资采购组织形式包括委托采购和自行采购。

4.验收入库控制

采购完成的物资抵达或提供的劳务完成后，由独立的仓储验收人员对照采购订单或合同对货物或劳务的规格、数量、质量及其他相关内容进行验收，并出具到货验收单，为了达到控制目的，验收人员必须是独立于计划提报采购和财务部门。采购收货具有双重性质，不仅控制购买环节的经营活动，同时也控制收货环节的管理工作。

5.付款管理控制

采购部门在办理结算业务时，要严格审核合同、发票及到货验收证明相关凭证的真实性、有效性和合规性。建立预付款和进度款审批制度，加强各类预付款、进度款的管理。定期与供应商核对应付账款、预付账款及应付票据等往来款项。如有不符，应查明原因并及时处理。

资料来源：王萍. 浅谈长庆石化公司采购与付款的内部控制制度［J］. 中国集体经济，2020（21）：35-36.

思考：

（1）长庆石化公司采购与付款内部控制关键点是否有助于企业内部控制目标的实现？

（2）你认为本案中还应关注哪些业务流程的控制？

任务一　把握采购业务内部控制的内容和要求

一、认识采购业务及其管控风险

(一)采购业务的特点

采购业务是企业支付货币取得物资或劳务的过程,是企业生产经营管理中的一个重要环节,也是一个薄弱环节。其特点表现为以下几个方面:

1.采购要在生产和销售计划的指导下进行

采购是制造业企业生产的准备阶段,原料的采购应以生产需要为依据。材料采购部门必须十分熟悉整个企业的生产经营情况,这样才能使采购材料的品种、数量既满足生产需要,又最低限度地占用企业的资金。采购原料或商品的业务应同生产和销售计划紧密联系起来,要在这些计划的指导下进行。

2.采购业务控制与货币资金控制密切相关

企业购买商品或劳务后必然伴随着款项的支付,带来货币资金的减少。企业要防止因实物计量、会计计算错误,或者因人为修改实物或劳务的数量而使企业在支付一定的现金后,不能得到相应的物资或劳务;还要防范将企业享有的折扣隐匿起来占为己有的行为。因此,在采购环节,企业要将采购业务控制与货币资金控制结合起来运用。

3.采购业务导致的负债在企业全部负债中占有较大比重,可能影响企业的资信度

企业在采购业务中往往采用赊销方式。对于采购方来说,如果能够争取到赊购,则意味着在信用期内无偿占用销售方的资金。然而,如果赊购业务频繁发生、业务量较大,那么赊购所产生的负债在企业负债总额中就会占有相当大的比重,从而对企业偿债能力等方面的财务状况产生一定的影响。因此,真实、客观地反映采购业务所导致的负债是采购业务内部控制的目标之一。

(二)采购业务管控中常见的风险

企业采购活动涉及的相关采购业务、招标合同等应符合国家法律法规的要求;对采购业务流程、职责划分、权限范围和审批程序等应进行明确规范,机构设置和人员配备应当科学合理;采购与付款业务的核算应当真实准确。

采购业务管控中常见的风险主要有:

(1)如果违法、违规采购受到处罚或制裁,则会造成企业资产损失。

(2)如果采购计划安排不合理,对市场变化趋势预测不准确,则会造成库存短缺或积压。

(3)如果采购物资验收程序不规范,采购物资的品种、数量、质量和价格与审批的采购计划不一致,则会造成盲目采购、超储积压,或者发生舞弊行为。

(4)如果付款方式不恰当,审核执行不严格或执行有偏差,则可能会导致企业的资金或信用受损。例如,企业已支付货款且符合现金折扣条

微课

企业采购
业务的风险

件，采购人员将折扣私分或留存"小金库"，或者不及时将现金折扣入账而挪作他用。

【明德善思】采购业务各个环节中的任何一个环节上的疏忽都可能导致采购业务内部控制在一定程度上的失效。同时，企业的内外部环境会随着时间推移而发生一定的变化，要根据这些变化及时调整采购业务的内部控制措施。习近平总书记在党的二十大报告中指出："只有用普遍联系的、全面系统的、发展变化的观点观察事物，才能把握事物发展规律。"只有运用系统思维和系统方法，才能发现和分析整体与部分、内部与外部之间的相互联系和作用，才能从整体上综合地、精准地考察事物，用以谋划指导实践。

二、明确采购业务内部控制的内容和要求

采购业务内部控制的目的在于规范采购活动的程序、防范采购业务风险，在保证企业经营活动所需物料的情况下，最大限度降低采购成本和付款风险。

案例

采购业务内部控制与风险管理

根据采购的业务流程，采购业务的控制环节包括采购计划、申请与审批、采购业务实施、验收入库、款项支付和账务处理六个方面。采购业务内部控制的内容包括组织机构与人员控制、采购预算控制、请购与审批控制、订货与订单控制、验收控制、退货与折让控制和采购款项支付控制七个方面。

（一）组织机构与人员控制

为了保证采购业务内部控制的有效开展，企业必须进行科学的岗位分工，严格按照审批权限进行业务活动。企业只有通过完善组织机构设置和岗位分工体系，不断提高采购业务活动的质量，才能实现采购业务的内部控制目标。组织机构与人员控制的内容具体包括以下三个方面：

1.组织机构的设置

设置合理、有效的组织机构是采购业务活动顺利进行的组织保证，其中最重要的两个部门是采购部门和财务部门。采购部门主要负责采购活动的实施，财务部门主要负责款项支付业务。除此之外，采购业务还涉及企业的预算和计划部门、物料或劳务的使用部门、验收部门和仓库保管部门。

2.人员分工与岗位责任

企业应该建立采购业务的岗位责任制，明确有关部门和岗位的职责、权限，确保办理采购业务的不相容职务相互分离、制约和监督。任何企业不得由同一部门或人员办理采购业务的全部过程。采购业务不相容职务包括：

（1）请购与审批。采购业务申请必须由使用部门提出，如生产部门、行政管理部门、仓库部门等。采购申请的审批应由申请部门之外的部门负责。

（2）询价与确定供应商。询价人员负责与供应商讨价还价，如果由询价人员负责供应商的选择，就可能会产生舞弊行为。所以，企业应该规定询价人员不得负责供应商的选择，确定供应商的人员也不能同时负责审批。

（3）采购合同的订立与审定。采购合同是进行采购活动的纲领性文件，采购合同的签订、谈判应由采购部门的人员完成，采购合同的审定业务是对采购合同的监督。为了保证采购合同的内容真实、合法，采购合同的订立与审定职责应相互分离。

（4）采购的实施与验收。采购活动的实施主要包括对采购物资、资金的管理和控制，验收部门的工作主要是监督采购活动。按照监督和执行业务相分离的原则，实施采购的岗位要与验收岗位相分离。

（5）采购、验收与相关会计记录。采购业务活动的整个过程都涉及资金的使用和流动，所以需要进行会计记录与核算，从而向内、外的管理者提供会计信息。有关的会计记录，如采购物料的成本记录、验收商品的历史成本信息等，都是监督采购、验收等环节的依据，所以采购、验收及仓库保管人员不得同时承担会计核算工作，购进劳务的使用部门主管不得同时承担会计记录工作。

（6）付款审批与付款执行。企业采购资金的管理内容主要包括付款的审批与执行。付款的审批由使用部门主管和财务主管负责，付款的执行由出纳人员或采购人员负责，付款审批人员不得执行付款业务。为了保证采购资金的安全使用，付款审批人员与执行人员不能同时负责询价和选择供应商的业务。此外，付款执行和记录岗位也要分离。

3.业务授权审批程序

业务授权审批是对组织机构设置和人员岗位分工的权责管理机制。企业应当建立严格的授权批准制度，规范采购业务操作，明确采购业务的审批人员、审批事项、授权批准方式、权限、程序、责任和有关控制要求，规定采购业务执行人员的职责范围和行为准则。

（二）采购预算控制

采购预算是企业进行采购活动的依据。当各个业务部门需要购进有关物资时，首先要编制资产购置计划或预算。这种预算的内容包括两个方面：一方面是采购物资的数量、品种等实物预算；另一方面是采购的资金预算，并对采购活动的经济性进行简单评价。编制实物预算是为了从总体上反映物料的需求状况和需求结构，保证采购活动的有效性；编制资金预算是为了利用好企业的资金，防止资金闲置或使用不当，实现资金使用的效益性。

（三）请购与审批控制

采购业务活动的首要环节是使用部门根据物料或劳务的需求情况向采购部门提出请购要求，请购和审批的目的是对采购计划和预算进行复核，评估采购业务活动的合理性并监督其执行情况。请购与审批控制的内容主要有两个方面，即请购程序控制和审批程序控制。

1.请购程序控制

企业应将请购活动制度化，按照采购物料或劳务的性质和特点，确定归口管理部门，明确使用部门或人员的职责权限及相应的请购程序。另外，企业应加强对采购预算的申请管理。对于预算内的采购项目，具有请购权的部门应当严格按照预算执行进度执行请购程序；对于超过预算的采购业务，具有请购权的部门首先应对使用部门提出的申请进行审核，然后才能执行相应的请购程序。

2.审批程序控制

审批的目的有两个：一是对请购活动进行审核；二是明确采购活动的有关责任。各个部门负责人审批的目的有所差别：请购部门负责人审批的目的是保证请购商品的品种、质量满足经营活动的需要；仓库管理部门负责人审批的目的是根据库存量核准采购物资的数量；采购部门负责人审批的目的是防止重复采购，控制采购价格和成本。

（四）订货控制与订单控制

1.订货控制

订货是整个采购过程的核心。对于大宗货物，企业应进行公开招标采购，并与供应单位签订合同；同时，将合同副本分送财务及请购等部门，以便检查合同的执行情况。对于小批量的材料，企业应实行比价采购，即遵循同等材料比价格、同等价格比质量、同等质量比服务的原则，并进行综合分析。

2.订单控制

采购业务的订单是采购过程中最常见、最重要的凭证之一。采购订单中应包括以下内容：采购物资的数量、规格；采购时间和货款总价格；相关税费附件等。订单控制的关键点有：加强对订单的审批控制，审核人员要审查订单的内容是否完整、合规合法，及时将订单传递到企业的财务、仓库等管理部门，并进行有关的核算和记录；妥善保管采购订单，企业内部审计部门要定期对订单内容进行审计。

【思考】采购订单传递到财务部门后如何进行账务处理？

（五）验收控制

验收是保证存货真实、完整的一个重要环节，因此企业必须建立相应的控制制度。收货部门应在可能的范围内对货物的购进日期、品名、规格、供货单位、质量及数量等进行检验。对于具有特殊标准的货物，收货部门还应将部分样品送交有关专家和实验室，从而对样品质量进行检验。货物验收合格后，收货部门应填制包括供应商名称、收货日期、货物名称、数量和质量以及运货人名称、原购货订单编号等内容的收货报告单。经部门主管签字后，收货部门应及时将收货报告单交给购货部门和财务部门，以便支付货款及进行相应的账务处理。

（六）退货与折让控制

采购和验收部门在检查购入商品时，如果发现采购的商品在数量、规格、种类和质量等方面存在不满足合同要求的情况，应该及时和供应商取得联系，决定是否退货，或者要求供应商给予一定的折让。当决定退货时，购货部门应编制退货通知单，授权运输部门将货物退回。退货通知单要经授权人审核批准，同时将退货通知单副本寄交供应商。

企业应制定有关退货条件、退货手续和退款回收的制度，使退货、退款业务规范化。

【思考】退货与折让的会计处理有何不同？

（七）采购款项支付控制

采购业务的一项重要内容就是款项的支付。在采购业务活动中，款项支付行为在事前、事中、事后的整个阶段都会发生，但是主要的大额支付一般在事后控制阶段完成。采购款项支付控制的内容具体包括：审核付款资料、核实付款业务的程序、往来账户的管理和会计记录的控制。

1.审核付款资料

会计人员应对采购、验收等部门提供的采购发票、运输结算单据和验收费用票据等原始凭证的真实性、合法性进行审核。对于有疑点的原始凭证，出纳人员和会计人员应该及时与业务部门进行沟通。

财务部门的稽核人员应该对各个业务部门提交的结算凭证和发票进行复核，审核有关的验收入库报告、入库单和采购合同，审查这些资料的内容是否完整、业务程序是否齐全、计算是否准确。此外，会计人员审核后，财务部门主管还要进行复核。

2. 核实付款业务的程序

企业内部控制的内容包括有关付款业务的执行程序。财务部门的付款环节是重要的风险点，企业应该保证付款业务按照规定的程序进行，这样能够有效降低业务风险。

3. 往来账户的管理

企业的采购业务有很大一部分利用了商业信用，即采取了应付账款或预付账款等形式，所以建立往来账户管理制度也是采购款项支付控制的一项重要内容。因此，企业不但应加强对预付账款和订金的授权审批管理，使其规范化，还要定期核对应付账款、应付票据等往来账，对各个供应商的账户余额等信息进行分析和控制。另外，企业的财务部门还要分析供应商的信用政策，充分利用信用杠杆，延长付款期限，以降低资金使用成本。

4. 会计记录的控制

会计人员应该及时根据收到的付款凭证或其他原始凭证编制记账凭证，根据经过审核和复核的记账凭证登记明细账和总账，并对账簿记录进行分析，编制有关的分析报表。

同步训练

一、不定项选择题（每题至少有一个正确答案，请将正确答案填在括号内）

1. 企业资金周转的第一个重要环节是（　　　）。

　A. 采购业务　　　　　　　　　　　　B. 存货业务

　C. 生产业务　　　　　　　　　　　　D. 销售业务

2. 采购业务最关键的控制环节是（　　　）。

　A. 采购预算　　　　　　　　　　　　B. 采购作业

　C. 采购验收　　　　　　　　　　　　D. 采购付款及记录

3. 企业的采购申请书必须先由（　　　）签名批准。

　A. 董事长　　　　　　　　　　　　　B. 总经理

　C. 负责采购的副总经理　　　　　　　D. 部门主管

4. （　　　）是采购决策最关键的环节，也是最终确定供应商、签订采购合同的依据。

　A. 采购方式的选择　　　　　　　　　B. 供应商的选择

　C. 验收程序　　　　　　　　　　　　D. 价格谈判

5. 月末，企业财务部门对于有验收报告而没有发票的采购项目，应（　　　）。

　A. 暂不入账　　　　　　　　　　　　B. 付款时入账

　C. 暂估入账　　　　　　　　　　　　D. 按预付款金额入账

6. 根据生产计划编制日常采购计划的部门是（　　　）。

　A. 计划部门　　　　　　　　　　　　B. 财务部门

　C. 生产部门　　　　　　　　　　　　D. 供应部门

7.采购业务内部控制应围绕（　　）环节进行。

  A.采购计划   B.采购申请与审批

  C.采购业务实施   D.验收入库

8.采购业务内部控制的内容包括（　　）。

  A.组织机构与人员控制   B.采购预算控制

  C.请购与审批控制   D.订货与订单控制

9.下列各项属于采购组织机构与人员控制的是（　　）。

  A.组织机构的设置   B.人员分工与岗位责任

  C.供应商的选择   D.业务授权审批程序

10.下列各项属于请购与审批控制的是（　　）。

  A.请购程序控制   B.审批程序控制

  C.采购计划控制   D.采购预算控制

11.下列关于企业采购业务内部控制的表述中，正确的是（　　）。

  A.应采取多头采购或分散采购的方式，避免采购业务集中

  B.应当定期对办理采购业务的人员进行岗位轮换

  C.不得安排同一机构执行采购业务的全过程

  D.对于重要的和技术性较强的采购业务，应当组织相关专家进行论证，实行集体决策和审批

二、判断题（正确的在括号内打"√"，错误的打"×"）

1.企业小额零星物品或劳务的采购可以采取直接购买、事后审批的方式。（　　）

2.对于超过一定金额的采购需求，领用部门可自行采购。（　　）

3.企业可以由付款审批人和付款执行人单独完成询价与确定供应商的工作。

                        （　　）

4.企业所有的采购都必须由企业管理层集体决定，再交给采购部门执行。（　　）

5.企业验收部门应使用顺序连续的验收报告记录收货，不得签收无对应采购申请表的货物。（　　）

6.货物的请购、验收和记账等工作可由同一人员担任。（　　）

7.财务部门可根据采购计划（合同）编制财务收支计划。（　　）

参考答案

任务二　采购业务流程与风险管理实务

一、采购业务流程与风险分析

（一）请购审批业务流程与风险分析

1.请购审批业务流程与风险分析图

西山公司请购审批业务流程与风险分析图如图4-1所示。

风险分析	责任部门/责任人的职责分工与审批权限划分				
	总经理	财务总监	采购部经理	采购人员	相关部门
如果请购依据不充分、不合理，则会导致公司资源浪费				汇总、整理采购申请	开始 → ①相关部门提出采购申请 → ②填写"采购申请单"
如果采购未经适当审批或超越授权审批，则可能产生重大差错或舞弊、欺诈行为，从而使公司遭受损失				③检查采购物资库存情况 → ④递交"采购申请单"	
如果相关审批程序不规范，则可能造成公司资产损失、资源浪费，或者发生舞弊行为	审批 ← 审核 ← 审核 ← ⑤采购范围内(否)；是→⑥预算内 审批(权限外)←审批←审核←预算内(否)；是→⑦按照预算执行进度办理请购手续→结束 权限内→按照预算执行进度办理请购手续				

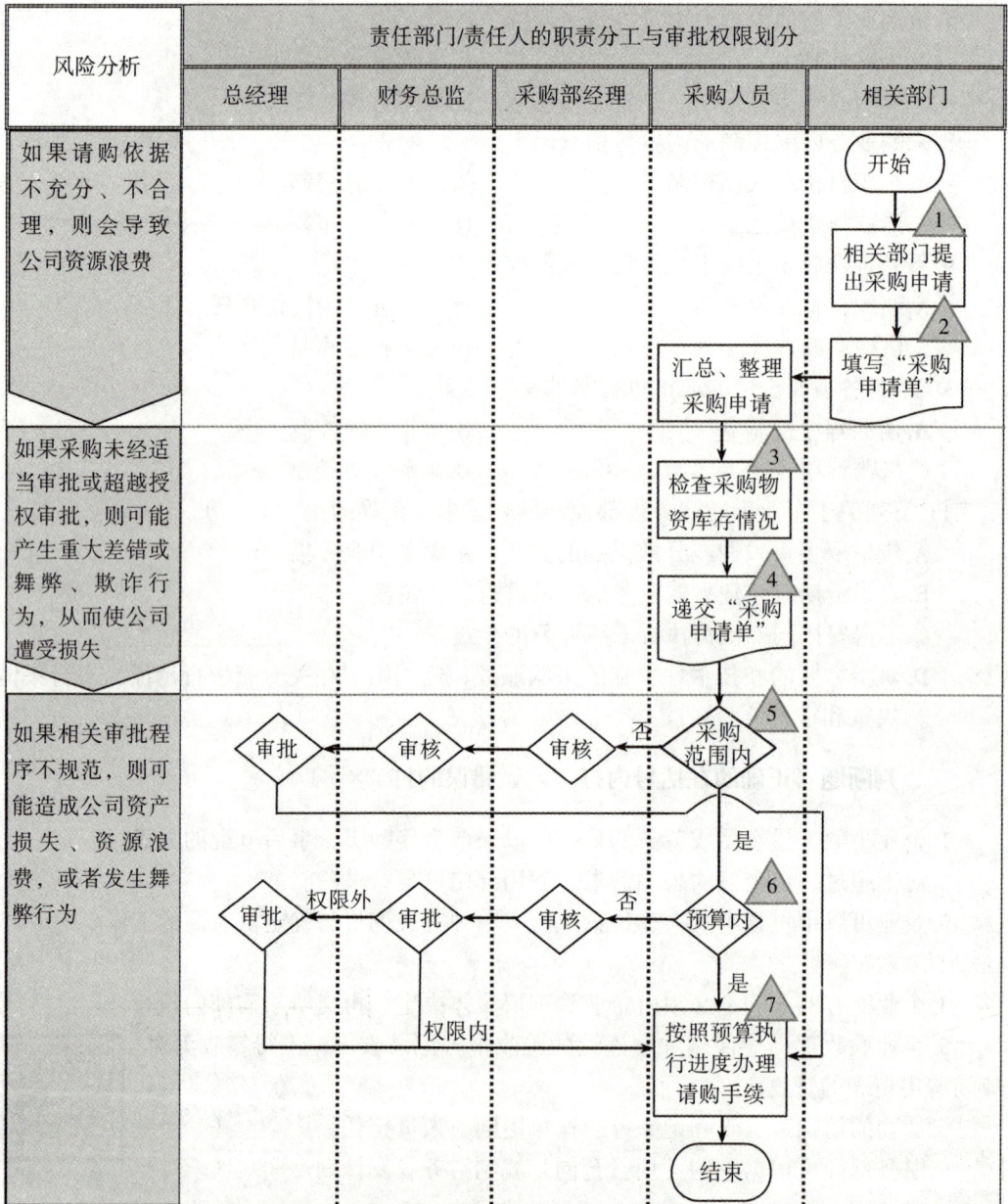

图4-1　西山公司请购审批业务流程与风险分析图

2.请购审批业务流程描述及说明

（1）生产部和仓储部等物资需求部门根据企业相关规定及实际需求提出采购申请。

（2）请购人员根据库存量基准、用料预算及库存情况填写"采购申请单"，说明请购物资的名称、数量、需求日期、质量要求以及预算金额等内容。

（3）采购人员检查采购物资库存情况，检查该项请购是否在执行后又重复提出，以及是否存在不合理的请购品种和数量。

（4）如果采购人员认为采购申请合理，则应根据所掌握的市场价格，在"采购申请单"上填写采购金额，然后递交相关领导审批。

（5）如果采购事项在采购范围之外，则应由采购部经理、财务总监逐级审核，最终由总经理审批。

（6）如果采购事项在采购色范围之内，但实际采购金额超出采购预算，则应经采购部经理审核后，由财务总监和总经理根据审批权限进行审批。

（7）如果实际采购金额在采购预算之内，则采购人员应按照预算执行进度办理请购手续。

（二）采购预算业务流程与风险分析

1. 采购预算业务流程与风险分析图

西山公司采购预算业务流程与风险分析图如图4-2所示。

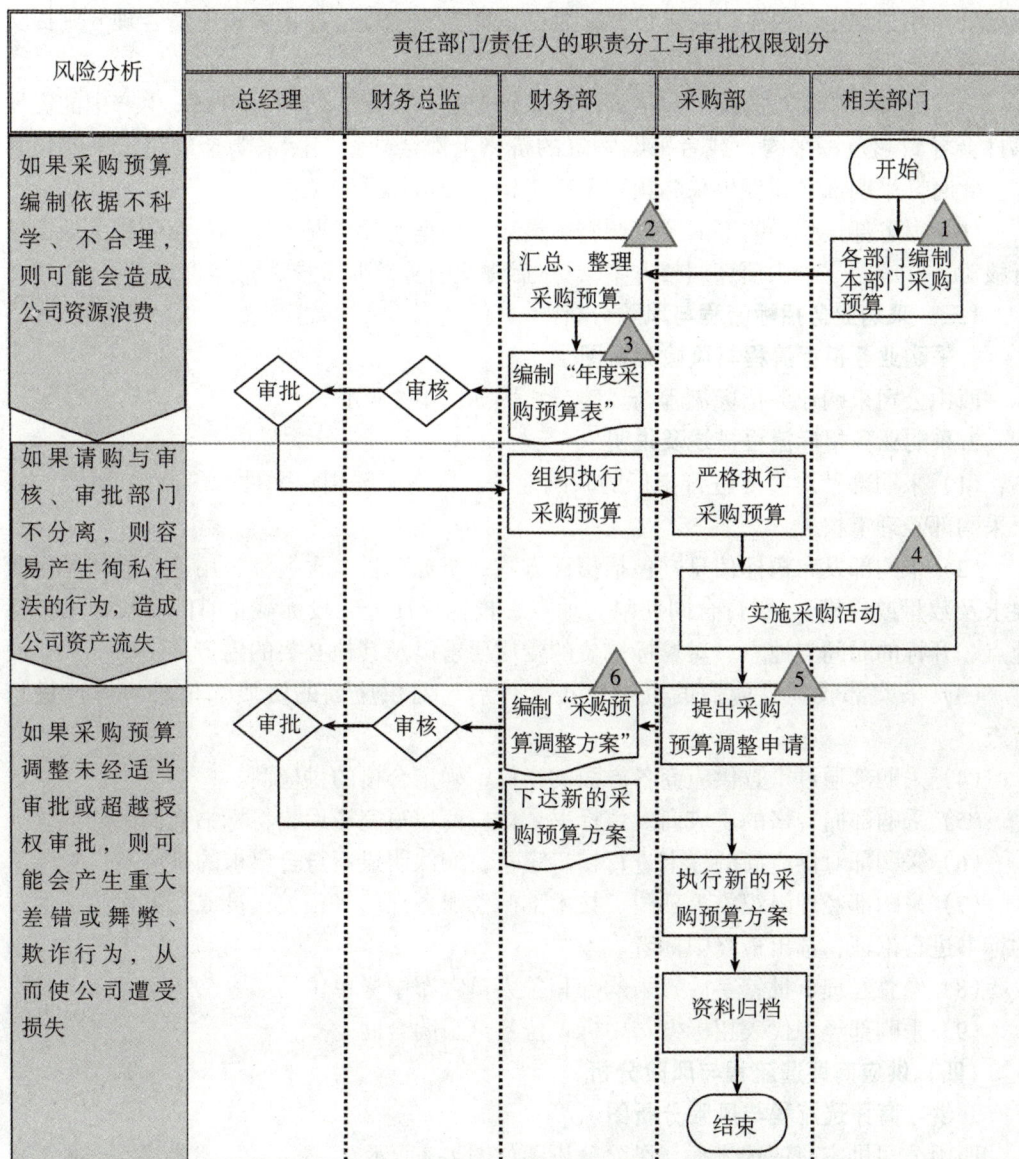

图4-2 西山公司采购预算业务流程与风险分析图

2.采购预算业务流程描述及说明

（1）各生产单位根据年度营业目标预测生产计划，据此编制年度物资需求计划，并编制采购预算；仓储部根据公司相关规定和生产用料计划编制采购预算；技术开发部、总经理办公室根据实际需求编制采购预算。

（2）财务部预算专员负责汇总、整理各部门提交的采购预算。

（3）财务部预算专员根据上一年度材料单价、次年度汇率及利率等各项预算基准编制"年度采购预算表"，财务部经理签字确认，并报财务总监审核、总经理审批后严格执行。

（4）请购部门根据实际需求提出采购申请，采购人员根据市场价格填写采购金额，依据公司相关规定以及生产需求情况，判断采购是否合理。如果采购申请合理，则提交相关领导审批；如果采购申请不合理，则退回请购部门。

（5）调整采购预算的原因包括超范围采购或超预算采购两种。例如，生产中的突发事件会导致超范围采购，或者采购物资的价格上涨会导致实际采购金额超出采购预算等。此时，采购部必须提出采购预算调整申请，即追加采购预算。

（6）财务部接到采购部的预算调整申请后，根据实际情况，参照企业的相关规定进行核对，并编制"采购预算调整方案"，然后提交财务总监审核、总经理审批。

（三）采购业务招标流程与风险分析

1.采购业务招标流程与风险分析图

西山公司采购业务招标流程与风险分析图如图4-3所示。

2.采购业务招标流程描述及说明

（1）采购部针对需要进行招标的采购业务，准备采购招标文件，编制采购招标书，报采购部经理审核。

（2）采购部发布招标信息，包括招标方式、招标项目（含名称、用途、规格、质量要求及数量或规模）、履行合同期限与地点、投标保证金、投标截止时间及投标书投递地点、开标的时间与地点、对投标单位的资质要求以及其他必要的内容。

（3）采购部收到供应商的资格审查文件后，对供应商的资质、信誉等方面进行审查。

（4）采购部通过审查供应商各方面的指标，确定合格的供应商。

（5）采购部向合格的供应商发售标书，供应商填写完毕后，将标书交回采购部。

（6）采购部对供应商的标书进行初步审核，淘汰明显不符合要求的供应商。

（7）采购部经理组织需求部门、技术部门、财务部门等相关人员或专家对筛选通过的标书进行论证，选出最终中标者。

（8）经总经理审批签字后，采购部相关人员宣布中标单位。

（9）采购部经理代表招标方与中标单位签订采购合同。

（四）供应商评选流程与风险分析

1.供应商评选流程与风险分析图

西山公司供应商评选流程与风险分析图如图4-4所示。

风险分析	责任部门/责任人的职责分工与审批权限划分				
	总经理	需求部门	采购部经理	采购部	供应商
如果采购招标工作违反国家法律、法规的规定，则公司可能会遭受外部处罚，从而造成经济损失和信誉损失		提供相关资料	审核	开始 → ①准备采购招标文件 → 编制采购招标书 → ②发布招标信息	索取资格审查文件
如果采购招标过程违反国家法律、法规及公司规章制度的规定，则公司可能会受到有关部门的处罚，从而造成资产损失				③进行资格审查 → ④确定合格的供应商 → ⑤发售标书 → 接收标书	填报资格审查文件　购买标书　填报标书
如果采购招标评审不规范，或者选择了不合格的供应商，或者签订的合同不符合国家法律、法规的规定，则可能给公司带来不必要的损失	审批	参与论证	组织论证 → ⑦选出最终中标者	⑥初步审核 → ⑧宣布中标单位 → ⑨签订采购合同 → 结束	签订采购合同

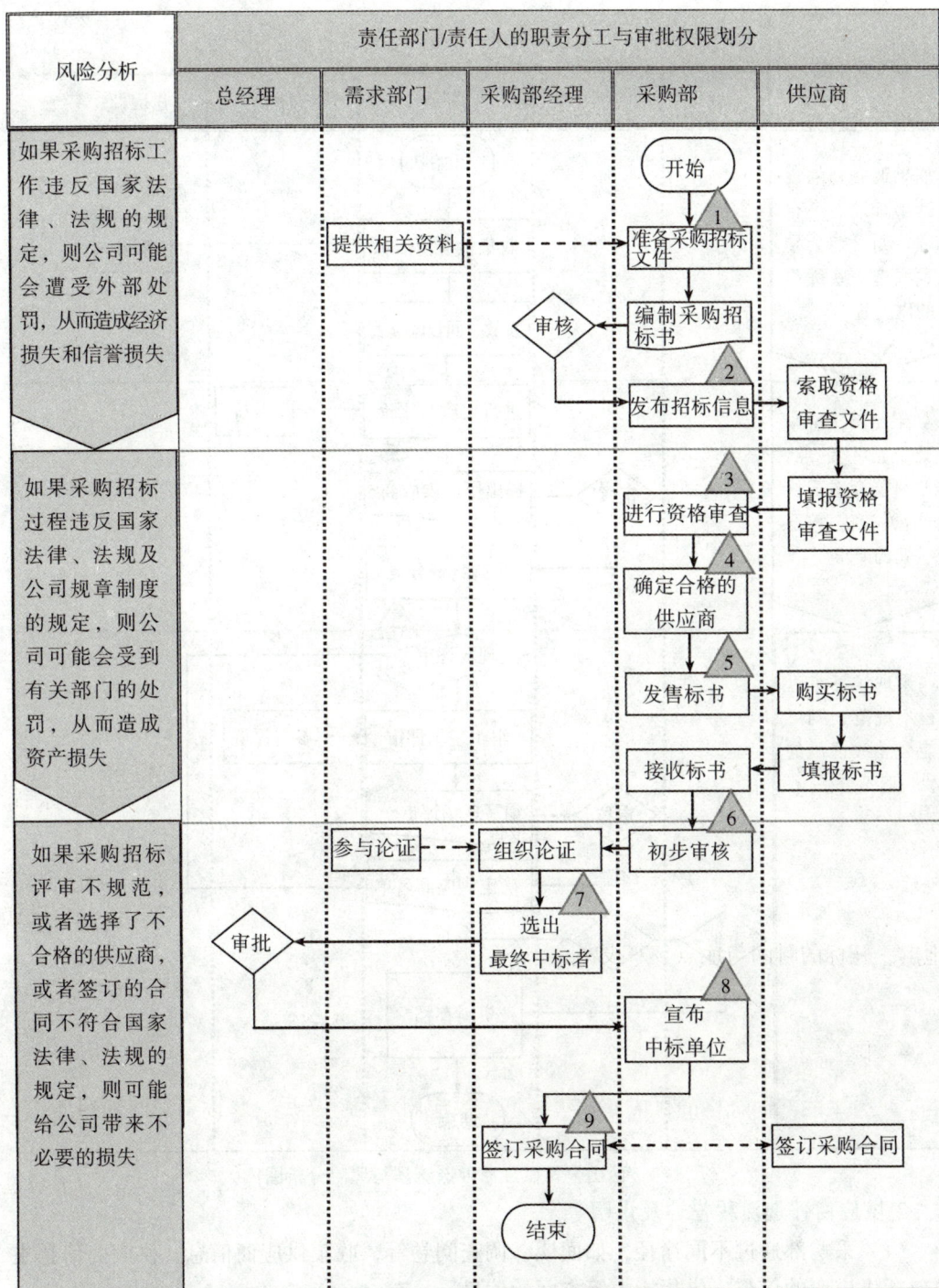

图4-3　西山公司采购业务招标流程与风险分析图

风险分析	责任部门/责任人的职责分工与审批权限划分				
	总经理	采购部经理	采购部	相关部门	供应商
如果调查表的设计不标准、不合理，则可能会导致漏选一些优秀的供应商			开始 → ①收集供应商信息 → 发放、回收调查表		配合
如果比质比价采购制度不完善，则可能会造成候选供应商不符合公司的要求		审核	②进行比质与比价 → ③提出候选供应商名单 → 采购物资分类	参与	
如果现场评审过程不规范，则可能会导致选出的供应商不合格	审批	审核	④现场评审（是/否）→ 组织现场评审 → ⑤编写现场评审报告 → ⑥确定供应商名单 → 资料存档 → 结束	参与评审	

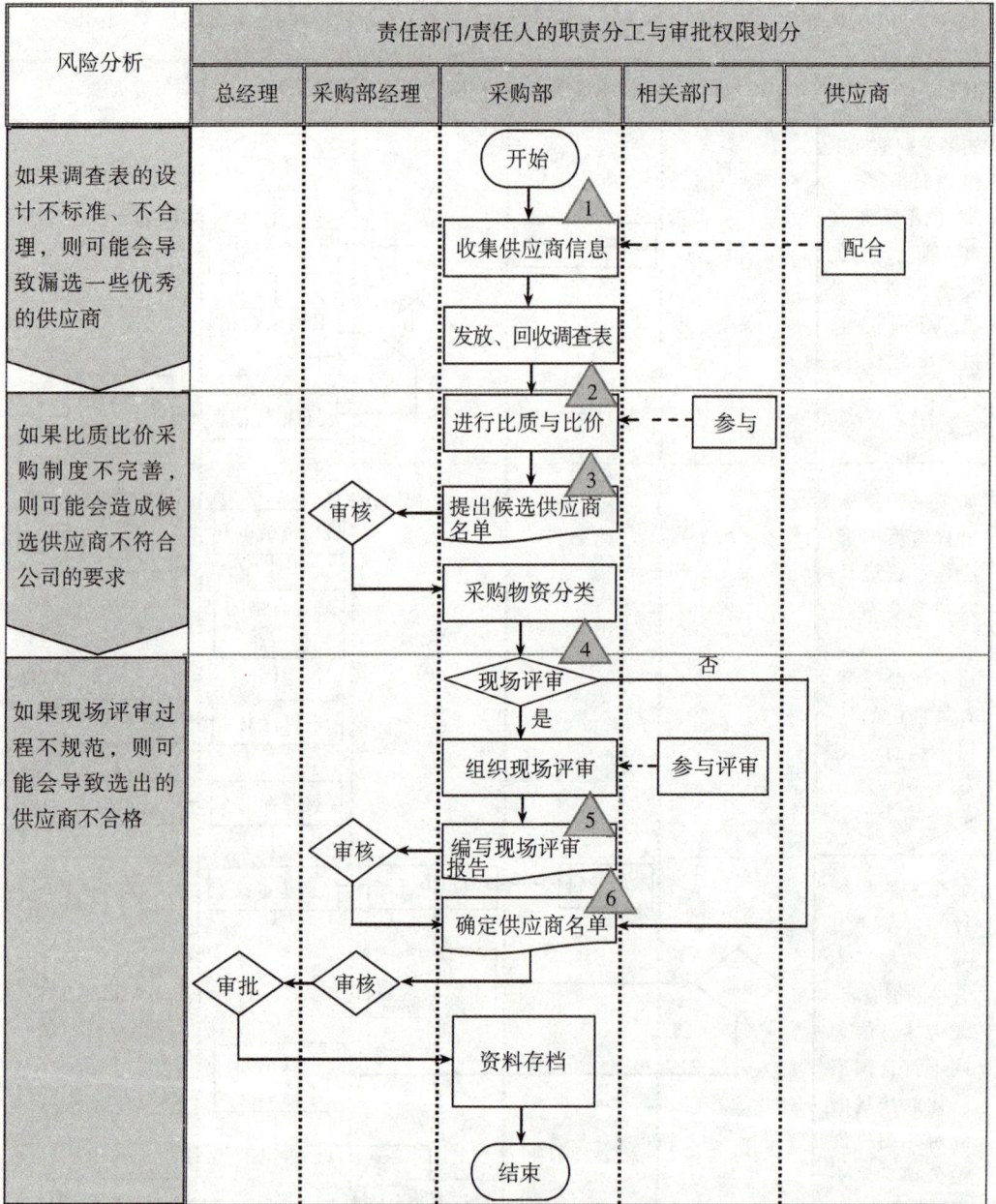

图4-4　西山公司供应商评选流程与风险分析图

2.供应商评选流程描述及说明

（1）采购部通过不同途径，如面谈、调查问卷等，收集供应商信息。供应商信息主要包括供应商的信誉、供货能力等方面的信息。

（2）采购部和使用部门依据收集到的供应商信息，参照比质比价采购制度等相关文件，对供应商进行比质与比价。

（3）采购部根据比质与比价的结果，参照供应商选定标准，提出候选供应商名单，并报采购部经理审核。

（4）采购部通过采购物资分类，根据实际需要，判断是否需要组织现场评审。如果需要进行现场评审，则采购部应组织现场评审，请购部门、生产部门、财务部门、仓储部门、质检部门等相关部门也应参加；如果不需要进行现场评审，则采购部可直接确定供应商名单。

（5）现场评审结束后，采购部应汇总评价结果，并编写现场评审报告。

（6）采购部根据采购部经理的审核结果确定供应商名单，并报采购部经理审核、总经理审批。

二、采购业务风险管理

（一）采购业务风险管理目标

采购业务风险管理应围绕采购申请、合同签订、验收入库以及货款结算等环节进行。具体风险管理目标如下：

微课

企业采购业务
内部控制的
目标

1.保证采购业务与生产、销售的要求一致

采购业务风险管理应使一切与采购相关的活动，包括订货要求的提出和审批、供应商报价、材料和商品验收等，都严格按照生产和销售的要求进行，防止以牺牲企业利益为代价，购入与生产、销售要求不符的原料和商品等行为的发生。

2.保证支付款项后获得相应的物资或劳务

购买环节款项的支付应以获得相应的物资或劳务为条件，内部控制制度的建立和实施应保证一切购买活动都在这一条件下进行，防止错计和篡改实物或劳务的数量和金额，保证账面记录的数字与实际获得的物资或劳务一致。

3.保证会计核算资料的合法性、真实性和完整性

采购业务必须按照国家有关法律、法规的规定进行，根据企业的具体规定在授权范围内开展，未经批准或授权，不得进行采购活动。财务部门应按照企业内部管理制度和会计制度的规定处理采购业务，正确编制会计凭证，及时记录会计账簿，从而全面、完整地反映采购业务的来源、单价、金额及费用等情况，合理提示企业应享有的折扣和折让，并对采购业务的合法性与合理性进行有效监督。

4.保证货款按期归还，维护企业的信誉

能否及时偿还采购资金，直接关系到企业的信誉。因此，企业应合理调度资金，保证足额偿还债务；编制严格的资金计划或预算，合理布置、安排付款业务流程，保证支付环节畅通，防范支付风险；配合供应商的对账或查询工作，保证付款业务的效率和质量。

5.力求节约成本，提高资金使用效率

由于采购成本在产品成本中占有较大比重，因此进行采购业务风险管理除了应满足生产和销售的需求外，还应加强采购成本控制，包括确定采购单价、选择供应商和采用对企业最有利的付款方式等。如果对方提供现金折扣，企业还必须合理分析是否要享受折扣。另外，严格控制各种物资的库存数量有利于减少企业存货资金的占用，加快资金周转速度，提高资金使用效率。

6.保证采购业务合法、有效

采购业务的发生必须经过适当的授权和批准，未经授权或批准，任何人不得进行采购。采购计划和临时性采购必须经过企业有关主管人员批准后才能执行。采购人员必须在授权范围内签订采购合同，不得越权采购，采购业务必须符合国家的有关规定，不得套购紧俏物资。

（二）采购业务风险管理制度

为了实现采购业务风险管理目标，企业应建立以下风险管理制度：

1.采购业务岗位分工制度

企业应建立采购业务岗位分工制度，明确相关部门和岗位的职责、权限，确保办理采购业务的不相容岗位相互分离、制约和监督。采购业务的不相容岗位至少包括：请购与审批，询价与确定供应商，采购合同订立与审计，采购与验收，采购、验收与相关会计记录，付款审批与付款执行。

不相容岗位必须相互分离，否则可能会发生舞弊行为。企业应配备合格的人员办理采购业务，办理采购业务的人员应具备良好的业务素质和职业道德。此外，企业还应根据具体情况，定期对办理采购业务的人员进行岗位转换。

2.采购业务授权批准制度

采购业务授权批准制度包括以下内容：

（1）明确审批人员对采购业务授权批准的方式、权限、程序、责任和相关控制措施。审批人员应根据采购业务授权批准制度的规定，在授权范围内审批，不得越权审批。

（2）规定经办人员办理采购业务的职责范围和工作要求。经办人员应当在职责范围内按照审批人员的意见办理采购业务。对于审批人员超越授权范围审批的采购业务，经办人员有权拒绝办理，并及时向审批人员的上级授权部门报告。

（3）对于重要的和技术性较强的采购业务，企业应组织专家进行论证，实行集体决策和审批，以防决策失误，给企业造成严重的损失。

（4）严禁未经授权的机构或人员办理采购业务。

3.请购制度

企业应建立请购制度，依据购置物资或劳务的类型，确定归口管理部门，明确相关部门或人员的职责权限及相应的请购程序。此外，企业还应加强采购业务预算管理。对于预算内的采购项目，具有请购权的部门应严格按照预算执行进度办理请购手续；对于超预算和预算外的采购项目，具有请购权的部门应对需求部门提出的申请进行审核后再办理请购手续。

4.采购业务审批制度

企业应建立严格的采购业务审批制度。对于超预算和预算外的采购项目，应明确审批权限，由审批人员根据其职责、权限以及企业实际需要，对请购申请进行审批。对于不符合规定的请购申请，审批人员应要求请购人员调整采购内容或拒绝批准。不同类别（原材料、固定资产、办公用品等）的请购单应由不同的主管审批，不同的请购额也应由不同管理层次的主管审批。

5.采购业务验收制度

企业应制定采购业务验收制度，由独立的验收部门或指定专人根据规定的验收制度和经过批准的订单、合同等采购文件，对所购物资或劳务的品种、规格、数量、质量等进行验收，并出具验收证明。对于验收过程中发现的异常情况，负责验收的部门或人员应立即向有关部门报告；有关部门应查明原因，及时处理。

6.采购业务付款制度

企业应按照《现金管理暂行条例》《支付结算办法》等的规定，办理采购付款业务。采购业务付款制度的主要内容包括：

（1）采购部门应审核请购单、验收部门签收的验收报告与供应商出具的增值税专用发票的明细、数量、规格是否一致，然后出具采购付款通知单给财务部门。

支付结算办法

（2）财务部门应对采购部门提交的各种原始凭证进行审核，复核采购发票、验收报告、入库单、合同等单据和凭证是否齐备，内容是否真实，计算是否正确。上述内容经审核无误后，财务部门方可按规定程序办理货款支付手续并支付货款。

（3）加强应付账款管理，防止未核准款项的支付。对于现金支付交易，会计人员在付款前，首先应检查供应商发票是否盖有"款已收讫"戳记，防止款项重复支付；其次应审查支付款项是否具备与该款项有关并且已经得到核准认可的验收报告。对于应付账款，付款人应检查付款凭证是否经授权人批准，任何付款都必须经有关会计主管签字批准。

（4）建立退货管理制度。企业应对退货条件、退货手续、货物出库、退货款回收等内容作出明确规定，以保证及时收回退货款。

（5）建立预付账款和定金的授权批准制度。

（6）定期与供应商核对应付账款、应付票据、预付账款等往来款项。如有不符，应查明原因、及时处理。

（7）财务部门在付款的同时，要及时登记有关账簿，做好各项会计记录。

7.采购业务监督检查制度

企业应建立采购业务监督检查制度，明确监督检查机构或人员的职责权限，定期或不定期地进行检查。监督检查机构或人员应通过实施符合性测试和实质性测试，检查采购业务内部控制制度是否健全、各项规定是否得到有效执行。

采购业务监督检查的内容主要包括：

（1）采购业务相关岗位及人员的设置情况。重点检查是否存在采购业务不相容职务混岗的现象。

（2）采购业务授权批准制度的执行情况。重点检查大宗采购业务授权批准手续是否健全，是否存在越权审批行为。

（3）应付账款和预付账款的管理情况。重点审查应付账款和预付账款支付的正确性、时效性和合法性。

（4）有关单据、凭证和文件的使用和保管情况。重点检查凭证的登记、使用、传递、保管、注销手续是否健全，使用和保管制度是否存在漏洞。

对于在监督检查过程中发现的采购业务内部控制中的薄弱环节，企业应采取措施，及时加以纠正。

（三）采购业务风险管理制度范例

1.西山公司采购授权审批制度（见表4-1）

表4-1 西山公司采购授权审批制度

制度名称	采购授权审批制度		文件编号	内控02-02
执行部门	财务部、质量管理部、采购部		监督部门	法务内审部

第1条　目的。

为明确审批人员对采购与付款业务的授权批准方式、权限、程序、责任和相关控制措施，规定经办人办理采购与付款业务的职权范围和工作要求，特制定本制度。

第2条　进行授权审批。

在采购业务中，审批人员应当在授权范围内进行审批，不得越权审批。

第3条　严禁未经授权的机构或人员办理采购与付款业务。

1.采购人员应当在职权范围内，按照审批人员的批准办理采购与付款业务。

2.对于审批人员超越授权范围审批的采购与付款业务，采购人员有权拒绝办理，并应及时向审批人员的上级授权部门报告。

第4条　专家论证适用情形。

对于重要的、技术性较强的采购业务，采购部应当组织专家进行论证，实行集体决策和审批，以防决策失误，给企业造成严重的损失。

第5条　请购。

使用部门、仓储部门及其他相关部门应根据公司采购预算、实际经营需要等提出采购申请，经部门负责人签字后，及时向采购部门提出采购申请。

第6条　审批。

采购部经理、财务总监、总经理应根据规定的职责权限和程序对采购申请进行审核、审批。

1.对于采购预算内的采购项目，采购额在10万元以内的，由采购部经理审批；采购额在10万～50万元（含10万元）的，由财务总监审批；采购额在50万～100万元（含50万元）的，由财务总监审核、总经理审批。

2.采购预算及计划外的采购项目都必须经财务总监审核、总经理审批。

3.对于不符合规定的采购申请，审批人员应当要求请购人员调整采购内容或拒绝批准。

第7条　采购。

1.采购部经理根据经过审批的采购申请组织采购人员进行采购。

2.采购人员进行市场调查，通过比质与比价，拟定供应商名单，经采购部经理审核并提出参考意见后，交总经理最终确定合格供应商名单。

3.采购部根据合格供应商名单进行采购谈判，采购人员起草采购合同并交采购部经理审阅，报相关负责人审批通过后，签订购货合同。

（1）对于采购计划内的采购合同，金额在5万元以内的，经财务部经理审核后交采购部签订购货合同；金额在5万～10万元（含5万元）的，经财务部经理审核、财务总监审批后交采购部签订购货合同；金额在50万元以上（含50万元）的，经财务总监审核、总经理审批后交采购部签订购货合同。

（2）对于采购计划外的采购合同，必须先由财务部核对，然后交财务总监审核、总经理审批，最后交采购部签订购货合同。

第8条　验收。

质量管理部应根据企业的有关验收规定对采购的商品进行验收，对于在验收过程中发现的问题，应及时报告采购部，采购人员应根据验收情况进行办理。

1.若验收过程中出现采购商品或劳务数量不符合企业规定的情况，则采购人员应提出解决方案，并报采购部经理审批。

2.若采购的商品存在重大质量问题，则采购部经理应组织质量管理部、财务部等部门共同商讨解决方案，解决方案报总经理审批后，由采购部负责实施。

第9条 付款。

1.财务部的会计人员应对采购业务的各种原始凭证进行审核，具体审核内容包括各种单据和凭证是否齐备、内容是否真实、计算是否正确。

2.应付账款在50万元以内的，由财务总监审批；在50万~100万元（含50万元）的，由总经理审批。

3.预付账款与定金在10万元以内的，由财务部经理审批即可；在10万~50万元的（含10万元），由财务部经理审核、财务总监审批；在50万元以上的，由财务总监审核、总经理审批。

4.审核无误后，会计人员可开具付款凭证，交出纳人员办理货款支付，并通知采购人员联系供应商。

第10条 账务处理。

1.会计人员应在采购单据齐全的情况下，按照会计核算制度，及时、准确地编制记账凭证。

2.将请购单、订货单、验收单、外购物资入库单、增值税专用发票以及进口物资的报关单等支持性凭证附在记账凭证的后面，如果凭证资料较多，也可另外装订成册，注明索引号后存档。

第11条 对账。

1.财务部应于每月月末与供应商进行货款结算的核对。

2.取得供应商对账单，审核其余额与公司"应付账款"余额是否一致。在考虑买卖双方在收发货物上可能存在时间差等因素之后，公司与供应商的月末余额应保持一致。

西山公司采购业务控制制度

| 修订日期 | 2022-10-16 | 审核日期 | 2022-10-20 | 批准日期 | 2022-12-30 |

2.西山公司应付账款管理制度（见表4-2）

表4-2　　　　　　　　　　西山公司应付账款管理制度

制度名称	应付账款管理制度		文件编号	内控07-08
执行部门	财务部、采购部		监督部门	法务内审部

第1条 应付账款是公司因购买原材料、商品、物资或接受劳务等而应付给供应商的款项。

第2条 应付账款必须由财务部的会计人员管理。

1.应付账款的管理和记录必须由独立于请购、采购、验收付款职能以外的财务部的会计人员专门负责。

2.按付款日期、折扣条件等规定管理应付账款，以保证采购付款内部控制的有效实施。

第3条 应付账款的确认和计量应真实、可靠。

1.应付账款的确认和计量必须以审核无误的各种必要的原始凭证为依据。这些凭证主要包括供应商开具的发票、质量管理部的验收证明、银行转来的结算凭证等。

2.会计人员必须审核这些原始凭证的真实性、合法性、完整性、合规性及正确性。

第4条 应付账款必须及时登记到应付账款明细账中。

1.会计人员应当根据审核无误的原始凭证及时登记应付账款明细账。

2.应付账款应按照供应商进行明细核算，在此基础上还可以进一步按购货合同进行明细核算。

第5条 及时冲抵预付账款。

财务部收到供应商开具的发票以后，应该及时冲抵预付账款。

续表

第6条　正确确认、计量和记录折扣。					
财务部应将可享受的折扣按规定条件加以确认、计量和记录，以确定实际支付的款项。					
第7条　应付账款的授权支付。					
财务部只有在应付账款已到期，并经财务总监审核、总经理审批后，才能办理结算与支付。					
第8条　应付账款的结转。					
财务部应根据应付账款总账及明细账按月结账，并相互核对，出现差异时应编制调节表进行调节。					
第9条　应付账款的检查。					
1.财务部应按月从供应商处取得对账单，并与应付账款明细账或未付凭单明细表相互核对。若发现差异，应及时查明差异产生的原因。					
2.如果追查结果表明会计记录无错误，则应及时与债权人取得联系，以便调整差异。					
第10条　应付票据的签发必须经财务部审核，并经财务总监和总经理批准。					
第11条　财务部应认真做好应付票据的核算工作，应付票据的登记人员不得兼管应付票据的签发。					
第12条　会计人员负责管理空白、作废、已付讫及退回的商业汇票。					
第13条　应付票据应定期与订货单、验收单、发票进行核对。					
第14条　应付票据应按照号码顺序及时进行保存。					
修订日期	2022-10-20	审核日期	2022-10-30	批准日期	2022-12-30

同步训练 ◖◖◖

一、不定项选择题（每题至少有一个正确答案，请将正确答案填在括号内）

1.在请购审批业务流程中，使用部门一般负责（　　　）。

A.汇总、整理采购申请　　　　　　　B.填写采购申请单

C.预算的审核和审批　　　　　　　　D.采购计划的制订

2.在采购预算业务流程中，财务部门一般负责（　　　）。

A.编制预算　　　　　　　　　　　　B.汇总、整理采购预算

C.提出预算调整申请　　　　　　　　D.执行采购预算

3.在采购招标业务流程中，供应商需要（　　　）。

A.准备招标文件　　　　　　　　　　B.提供相关材料

C.填报资格审查文件　　　　　　　　D.发布招标信息

4.缺乏对采购合同履行的跟踪管理，运输工具和方式选择不当，造成采购物资损失或无法保证供应是（　　　）的主要风险。

A.订立采购合同　　　　　　　　　　B.确定采购方式和采购价格

C.管理供应过程　　　　　　　　　　D.验收

5.在采购业务的内部控制制度中，要求企业必须首先发出询价单，然后进行谈判并签订合同的制度是（　　　）。

A.存货采购的请购单控制制度　　　　B.订货控制制度

C.货物验收控制制度　　　　　　　　D.应付账款控制制度

6.企业确定采购价格通常结合使用（　　）方法。

　　A.询价　　　　　　　　B.比价　　　　　　C.议价　　　　　　D.招投标

7.下列各项属于采购业务流程的是（　　）。

　　A.货款结算　　　　　B.采购预算编制　　C.请购与审批　　D.供应商选择

8.采购业务处理程序设计包括（　　）。

　　A.日常采购计划编制　　　　　　　　B.采购合同签订

　　C.发料　　　　　　　　　　　　　　D.临时采购申请

9.在采购招标业务流程中，采购部门一般需要（　　）。

　　A.准备招标文件　　　　　　　　　　B.编制招标书

　　C.填报资格审查文件　　　　　　　　D.发布招标信息

10.评价供应商的标准包括（　　）。

　　A.能否满足企业采购标的的质量、数量、价格、服务等基本标准

　　B.资信品质标准

　　C.道德规范标准

　　D.权重调整标准

11.采购业务风险管理目标包括（　　）。

　　A.保证采购业务与生产、销售的要求一致

　　B.保证货款支付或负债增加的真实性与合理性

　　C.合理揭示企业应享有的购货折扣与折让

　　D.防止违法乱纪、侵吞企业资产等不法行为的发生

二、判断题（正确的在括号内打"√"，错误的打"×"）

1.采购业务风险管理的目标之一是保证相关业务的会计核算及时、正确。　　（　　）

2.采购预算一般由仓储部门编制，财务部门负责审核。　　　　　　　　　　（　　）

3.采购申请单一般由使用部门填写，采购部门负责汇总。　　　　　　（　　）

4.只有资格审查合格的供应商才可以购买采购招标书。　　　　　　　（　　）

5.采购招标书一般由财务部发放。　　　　　　　　　　　　　　　　（　　）

6.供应商的选择一般由采购部门全权负责。　　　　　　　　　　　　（　　）

参考答案

任务三　项目实训——案例分析

一、实训目标

培养学生运用所学企业采购业务内部控制与风险管理知识进行案例分析的能力。

二、能力要求

（1）掌握企业采购业务内部控制与风险管理的要求。

（2）能够针对具体的案例，通过分析发现问题并提出防范措施，或对案例中存在的管控风险进行解释说明。

三、实训方式

以小组为单位完成实训任务，形成实训报告，参加讨论与点评。

四、实训考核

根据各实训小组实训成果（实训报告）的质量和参与讨论的情况进行评分。项目实训成绩按百分制评定，具体公式如下：

小组项目实训成绩 = 实训成果（满分80）+ 参与讨论（满分20）

$$\frac{个人项目}{实训成绩} = \frac{小组项目}{实训成绩} \times \frac{个人}{贡献系数} \left(\begin{array}{c}个人贡献系数由组长根据\\个人在实训中的贡献大小决定\end{array}\right)$$

五、实训步骤

（1）由任课教师引导学生解读实训资料，提示学生应注意哪些问题，并布置具体实训任务，规定实训时间。

（2）各实训小组根据组内分工，查找、搜集相关资料，进行初步分析比较。

（3）小组内对初步分析比较的结果进行讨论、修改，最后按照要求形成实训报告（实训报告采用Word文档格式，纸张大小设置为A4，页边距设置为上2.8厘米、下2.5厘米、左2.5厘米、右2.5厘米，行距设置为1.5倍；页码格式设置为阿拉伯数字、居中；总标题设置为小三号、黑体、居中、空一行，一级标题设置为小四号、宋体、加粗，二级标题和正文设置为小四号、宋体；图表内文字设置为五号、宋体）。

（4）各实训小组的组长将查找、搜集的资料和形成的实训成果（电子文档）打包上传。

（5）指导老师根据学生实训成果的质量和参与讨论的情况确定实训成绩。

六、实训资料

海力公司是一家办公设备生产公司。公司采购部门在接到其他部门经理授权的服务请求后，负责预订劳务（如修理复印机、清扫办公室等），但是由于劳务服务并不形成有形的实物，因此公司不要求编制收货单。财务部门收到接受劳务的发票，只需要向授权部门经理核实即可付款。

宋丽是公司资产管理部的经理，她多次授权采购部门请她叔叔的公司为海力公司提供劳务服务。其实这些劳务服务并不是必要的，有些甚至没有真正提供。她叔叔的公司通过给海力公司开具提供劳务的发票，以骗取现金。海力公司的员工无意发现了该行为，并向总经理汇报，最终停止了这一欺骗行为。

参考答案

七、实训任务

（1）本案例出现的问题说明了什么？

（2）为了防止类似事件再次发生，海力公司应该在订货和付款的程序上做哪些改变？

本项目框架图

本项目框架图如图4-5所示。

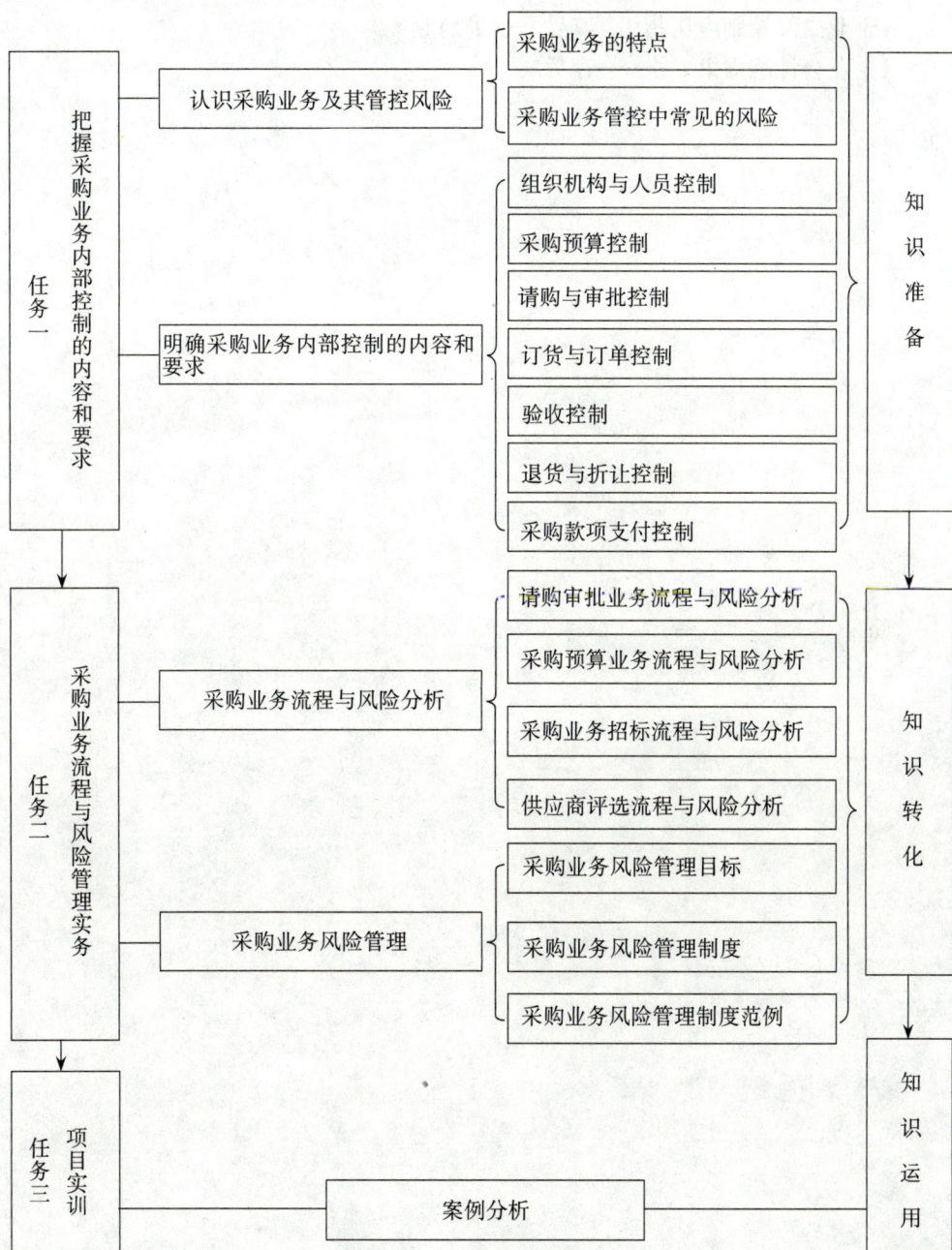

图4-5 本项目框架图

本项目参照规范

❒《企业会计准则——基本准则》

❒《中华人民共和国民法典》

❒《企业内部控制应用指引第7号——采购业务》

❒《企业会计准则第1号——存货》

项目五

销售业务内部控制与风险管理

【学习目标】
1. 了解销售业务的特点，理解销售业务管控面临的风险；
2. 熟悉销售业务内部控制的内容；
3. 熟悉销售业务流程和风险控制点；
4. 理解销售业务风险管理目标；
5. 熟悉销售业务风险管理制度；
6. 能够针对具体的案例，通过分析发现问题并提出防范措施，或对案例中存在的管控风险进行解释说明。

【素养目标】
1. 掌握销售业务控制方法，增强企业销售管理水平，增加企业收入和社会财富；
2. 增强销售业务风险意识，加强客户管理，维护企业利益，防止销售中的腐败。

【知识点】
1. 销售业务内部控制的内容与要求；
2. 销售业务控制流程与风险分析。

【技能点】
1. 能找出销售业务控制关键点；
2. 能制定销售业务风险管控措施。

案例导入

瑞幸咖啡22亿元的销售造假

瑞幸咖啡（Nasdaq：LK）是一家现代主义连锁咖啡店，2017年6月正式注册成立，总部设在中国厦门，以咖啡饮料、轻食为主要经营范围。瑞幸咖啡自创立以来，一直保持高速发展的状态，从2018年1月1日起，陆续在北京、上海、天津等13个城市试营业。试营业期间，瑞幸咖啡累计完成订单约300万单、销售咖啡约500万杯，服务用户超过130万。2019年5月17日，瑞幸咖啡登陆纳斯达克，融资6.95亿美元，成功赴美上市，创造了中概股"最快"上市纪录。截至2019年年底，瑞幸咖啡在中国的门店数量已经高达4910家，成为中国发展最快的咖啡连锁品牌，被誉为"中国星巴克"。2020年4月2日，瑞幸咖啡公告承认虚假交易22亿元人民币，股价暴跌近80%，钱治亚作为瑞幸咖啡的创始人，曾担任公司执行总裁，于造假事件曝光后卸任。

2020年1月31日，美国知名做空机构浑水公司收到了一份长达89页的匿名做空报告，报告指出瑞幸咖啡2019年财务报告存在严重漏洞，其中下半年公司交易的金额数目巨大，相应的成本和费用也被夸大，被认定为数据造假、财务欺诈，并对瑞幸咖啡的财务报告展开了详细分析。报告称："在瑞幸咖啡6.45亿美元的IPO之后，该公司从2019年第三季度开始捏造财务和运营数据，已经演变成了一场骗局。"受此消息影响，当天瑞幸咖啡股市惨淡，日最大跌幅为24%，截至收盘跌幅达10.74%，投资者纷纷抛售瑞幸咖啡股票。此报告指出，瑞幸咖啡极力否认造假一事。2020年4月2日，迫于多方压力，瑞幸咖啡发布公告承认公司内部高管的财务舞弊行为。公告称："2019年4—12月，瑞幸咖啡虚假提升了2019年度相关商品销售收入、成本、利润率等关键营销指标，并对外广泛宣传使用上述虚假营销数据。"当日纳斯达克盘中六次熔断，瑞幸咖啡股价暴跌75.57%。截至2020年4月7日停牌，瑞幸咖啡股价仅有4.39美元，总市值仅存约11.05亿美元。

2020年5月19日，瑞幸咖啡公告称，由于未能公开披露有效信息，并通过此前的商业模式进行了虚假交易，被要求从纳斯达克退市。2020年7月1日，瑞幸咖啡公告称，内部调查基本完成，瑞幸咖啡特别委员会发现，伪造交易始于2019年4月，2019年营业收入被夸大了约21.2亿元人民币，2019年成本和费用被夸大了13.4亿元人民币。

资料来源：张梓萱. 瑞幸咖啡财务造假案例分析［J］. 中国管理信息化，2021（11）：32-33.

思考：

（1）瑞幸咖啡暴露了其内部控制的哪些缺陷？

（2）你认为应该如何避免本案例中的造假行为？

任务一　把握销售业务内部控制的内容和要求

一、认识销售业务及其管控风险

（一）销售业务的特点

销售业务具有不同于其他业务的特性，它不仅涉及企业内部的各个方面，而且涉及企业外部的广大顾客。其特点表现为：

1. 销售业务的过程较为复杂

销售业务是一个分步骤的交易行为，包括收到对方的订购单、洽谈交易事宜、货物交接、货款收取等环节，甚至还会发生退货和折让。在此过程中，企业不仅需要调查客户的信用、与客户展开激烈的价格谈判、全力组织客户所需货物，而且需要灵活处理销售折让和销售退回。同时，这些环节本身还可能出现事先无法预料的情况。所以，销售业务是一项复杂的系统工程。

2. 销售业务存在较大的风险

在现实交易中，受多种因素的影响，企业发出商品后，可能无法收回相应的货款。例如，交易产生纠纷导致客户拒付货款，客户经营不善无力支付货款，甚至蓄意欺诈等。所以，销售业务相对其他业务而言，具有更大的风险，如果处理不当，还有可能造成资金周转不灵，使企业陷入严重的财务危机。

3. 销售业务的会计处理工作复杂

销售的频繁性使得销售业务的会计处理工作复杂。另外，销售收入的确认也相对复杂。由《企业会计准则第14号——收入》可知，企业确认销售收入的条件与要求越来越高，而且企业的实际销售情况千变万化，因此销售收入确认非常容易出现错误，可能会导致企业会计信息失真，影响企业财务状况和经营成果的真实性和准确性。

【明德善思】习近平总书记在全国劳动模范和先进工作者表彰大会上的讲话中指出："在长期实践中，我们培育形成了爱岗敬业、争创一流、艰苦奋斗、勇于创新、淡泊名利、甘于奉献的劳模精神，崇尚劳动、热爱劳动、辛勤劳动、诚实劳动的劳动精神，执着专注、精益求精、一丝不苟、追求卓越的工匠精神。劳模精神、劳动精神、工匠精神是以爱国主义为核心的民族精神和以改革创新为核心的时代精神的生动体现，是鼓舞全党全国各族人民风雨无阻、勇敢前进的强大精神动力。"不管是学习还是今后走向工作岗位，同学们都应敬业尽责、精益求精、严谨细致、一丝不苟，做到"博学之、审问之、慎思之、明辨之、笃行之"。

（二）销售业务管控中常见的风险

企业销售活动涉及的相关销售业务、投标合同等应符合国家法律、法规的规定；对销售业务流程、职责划分、权限范围和审批程序等应进行明确规范，机构设置和人员配备应当科学合理；销售与收款业务的核算应当真实、准确。

销售业务管控中常见的风险主要有：

微课

企业销售业务
内部控制（1）

（1）如果未经市场调研就确定了目标价格，则可能会导致企业制定的价格不合理或没有竞争力，进而导致销售利润降低或销售量减少。

（2）如果销售定价过程不规范，或者销售价格不符合企业的相关规定，则可能会导致大量产品滞销，造成企业资产损失。

（3）如果对客户审查不严，或者销售合同的签订未经授权，或者岗位设置与人员分工不当，则可能会导致舞弊行为发生或者引起法律诉讼，造成企业资产损失。

（4）如果销售行为违反国家法律、法规的规定，则可能导致企业遭受外部处罚，造成经济损失和信誉损失。

（5）如果发货程序不规范，或各项手续办理不齐全，或运输过程保管不善，则可能会延误发货时间，造成企业资产损失和信誉损失。

（6）如果赊销额度未经适当审核、审批或越权审批，或者对每笔账款的回收和结算监管不当，则可能会导致大量坏账涌现，造成企业资金损失。

二、明确销售业务内部控制的内容和要求

销售业务内部控制的主要内容包括销售预算控制、接收订单控制、开单发货控制和收款控制。

（一）销售预算控制

销售预算是编制全面预算的起点。它不仅是企业的年度销售计划，而且决定了企业的年度生产安排、费用支出等经营活动，是企业战略管理的一部分。销售预算控制的内容包括销售预测、销售预算的编制和审批。

1.销售预测

企业应根据市场的发展变化，充分考虑单位市场占有率和存在的风险，综合运用定量分析法和定性分析法，从现有市场状况、单位自身状况、竞争对手状况、顾客状况等方面进行分析，合理预测销售量。

2.销售预算的编制

以销售预测为基础，在全面预算总方针的指导下，由销售部门编制销售预算。销售预算应与企业发展战略以及企业内部环境的要求保持一致。

3.销售预算的审批

销售预算编制完成后，应交由销售部经理进行审核，编制人员根据审核意见进行修改，直至销售部经理审核通过并签字，方可上交给单位预算委员会进行审批。预算委员会对销售预算的修改意见应形成书面意见稿，然后将意见稿和销售预算送回销售部门进行修改。预算委员会审批通过的销售预算必须经过签字方可生效执行。

（二）接收订单控制

收到客户的订单是企业销售的起点。对于客户的订单，销售部门应明确订货内容，包括所订购商品的型号、规格、数量、价格、质量等级、交货时间、交货方式等。对于赊销订单，销售部门应将其送交信用部门，由信用部门进行信用额度评定，确定客户的信用、支付能力，同时确定企业自身的生产能力，最后决定是否接收订单。接收订单后，销售部门应与客户签订销货合同，或以确认后的订单取代销货合同，应注意相应条

款的完整性和合法性。

1.收取订单

销售部门在收取订单时，应对订单上的售价、产品要求、交货时间进行初步确定。核准订单上的售价不能超过权限，超过权限时应向主管人员报批。产品要求、交货时间必须符合企业的生产能力。订单发生变更时应立即处理，订单涂改之处应有签章。

2.信用额度评定

对申请赊销的客户进行信用额度评定是有效防止坏账发生、强化责任的关键，是内部控制制度的重要内容之一。销售部门收到赊销订单后，首先应送到单位的信用部门办理批准手续，未经过信用部门审批的赊销订单不得执行。同时，信用部门应建立完整的客户信用体系，建立客户信用资料档案，制定有效的信用审查制度。信用额度评定人员通过调查分析客户的信用状况，并与企业的信用标准进行综合比较，形成书面意见稿，最后送交信用部经理审批。

【思考】信用额度的大小会对销售过程中哪项业务和哪项资产的管理产生重大影响？

3.订单登记

通过信用额度评定的赊销订单应送回销售部门，由销售部经理或其他被授权人审批签字，通知执行。每一份经审批的购货订单都必须登记在购货订单登记簿上，销售执行情况和客户支付情况也要记录在该登记簿上，以保证从可以信赖的客户那里收到的订单尽快被满足，并且为日后再处理客户的购货订单积累材料。同时，这些通过信用额度评定的购货订单也应在财务信息系统中留底保存，作为日后差异分析之用。

（三）开单发货控制

企业对客户的购货请求进行信用审批后，便可进入销售业务的执行环节。此环节包括销售通知单的编制、销售通知单的确认、发货等内容。

1.销售通知单的编制

销售通知单应登记所订货物的货号、数量、价格等内容，并以完整和规范化的格式反映出来。销售过程中所需的各种授权和批准在销售通知单上必须签署齐全。销售通知单必须事先进行连续编号，并制成能反映出整个销售环节控制作用的统一格式。销售通知单在执行后应归档管理，并由专门的职员对其进行定期检查。

2.销售通知单的确认

在销售通知单正式执行前，企业应根据需要就销售通知单的内容与客户进行确认，这样可以避免在执行销售通知单后，因客户改变或取消订单而给企业带来的损失。如果销售业务处理的时间相当短，那么此程序也可以省略。

3.发货

销售通知单编制完成并经过确认后，接下来就是存货的提取、包装和发运工作。仓储部门应根据销售部门编制及其负责人签字认可的销售通知单组织发货。实际发货的品种和数量应记录在有关账册和销售通知单各副联上，并将其中一联交财务部门登记入账。

案例

销售业务内部控制与风险管理

【思考】财务部门接到发货的相关凭证后，其账务处理包括哪些内容？

（四）收款控制

企业销售产品可以采取现销和赊销两种方式。不同的销售方式对商品和资金的控制有一定的差异。

1.现销

对于现销业务，财务人员应根据销售发票进行合规性、合法性审核，并加盖审核印章，由审核人员签字。销售发票审核无误后，方可办理货款结算手续。

2.赊销

如果采取赊销方式，则必然形成应收账款。应收账款是企业对外提供商业信用的结果，相当于一项投资。在既定的授信政策下，企业需要考虑如何形成应收账款、如何催收应收账款、能收回多少应收账款、需要投入多少收款费用等问题。应收账款的控制主要包括应收账款追踪分析、应收账款账龄分析、应收账款收现率分析、应收账款坏账准备制度和应收账款催收制度等内容。

【思考】我国企业会计准则对企业赊销业务的账务处理是如何规定的？

同步训练

一、不定项选择题（每题至少有一个正确答案，请将正确答案填在括号内）

1.企业开具销售发票应由（　　）负责。

　A.信用部门　　　　B.销售部门　　　　C.仓储部门　　　　D.财务部门

2.企业应以销售预测为基础，在全面预算总方针的指导下，由（　　）编制销售预算。

　A.销售部门　　　　B.财务部门　　　　C.仓储部门　　　　D.信用部门

3.申请赊销客户的信用额度由（　　）负责核定。

　A.财务部门　　　　B.销售部门　　　　C.仓储部门　　　　D.信用部门

4.现销的收款控制由（　　）负责。

　A.财务部门　　　　B.仓储部门　　　　C.信用部门　　　　D.销售部门

5.赊销的收款控制由（　　）负责。

　A.财务部门　　　　B.仓储部门　　　　C.信用部门　　　　D.销售部门

6.下列各项属于销售业务的是（　　）。

　A.批准赊销信用　　　　　　　　　　B.开具销售发票

　C.审批销售退回和折让　　　　　　　D.发送货物

7.下列各项需要进行职务分离的是（　　）。

　A.填制销货通知单的人员，不能同时负责发出货物的工作

　B.接收客户订单的人员，不能同时负责发出货物的工作

　C.记录应收账款的人员，不能同时负责收款和退款工作

　D.会计人员不能同时负责销售业务各环节的工作

8.企业销售业务控制的内容一般包括（　　）。

　A.销售预算控制　　　　　　　　B.接收订单控制

　C.开单发货控制　　　　　　　　D.收款控制

9.企业信用政策的内容包括（　　　）。

　A.授信方式　　　　　　　　　　B.授信标准

　C.销售退回管理　　　　　　　　D.收账政策

10.企业给予客户的授信方式一般包括（　　　）。

　A.信用期限　　　　　　　　　　B.现金折扣

　C.批准权限　　　　　　　　　　D.折扣期限

11.应收账款日常管理控制的内容包括（　　　）。

　A.应收账款账龄分析　　　　　　B.应收账款催收制度

　C.应收账款追踪分析　　　　　　D.应收账款坏账准备制度

二、判断题（正确的在括号内打"√"，错误的打"×"）

1.销售预算的编制由销售部门负责。　　　　　　　　　　　（　　　）

2.信用额度的确定由销售部门负责。　　　　　　　　　　　（　　　）

3.工商企业的销售活动仅指销售商品。　　　　　　　　　　（　　　）

4.现销业务的收款控制由销售部门负责。　　　　　（　　　）

5.赊销业务的收款控制由财务部门负责。　　　　　（　　　）

6.净额法防止了虚增资产与收入，但也存在虚减资产与收入的可能。

　　　　　　　　　　　　　　　　　　　　　　　（　　　）

参考答案

任务二　销售业务流程与风险管理实务

一、销售业务流程与风险分析

（一）销售业务审批流程与风险分析

1.销售业务审批流程与风险分析图

西山公司销售业务审批流程与风险分析图如图5-1所示。

2.销售业务审批流程描述及说明

（1）在销售合同签订之前，销售人员应就销售价格、信用政策、发货及收款方式等具体事项与客户进行谈判。对于谈判中涉及的重要事项，应当有完整的书面记录。

（2）销售人员与客户协商后，草拟销售合同，然后提交给财务部门审核，最后由营销总监和总经理审批，营销总监和总经理应当依照各自的审批权限进行审批，并对销售合同中提出的销售价格、信用政策、发货及收款方式等内容进行严格审查。对于重要的销售合同，还应当征询法律顾问或专家的意见。

（3）草拟的销售合同经审批同意后，销售人员应与客户签订正式的销售合同。销售合同的签订应当符合《中华人民共和国民法典》第三编合同的规定。

风险分析	责任部门 / 责任人的职责分工与审批权限划分				
	总经理	营销总监	财务部门	销售人员	客户

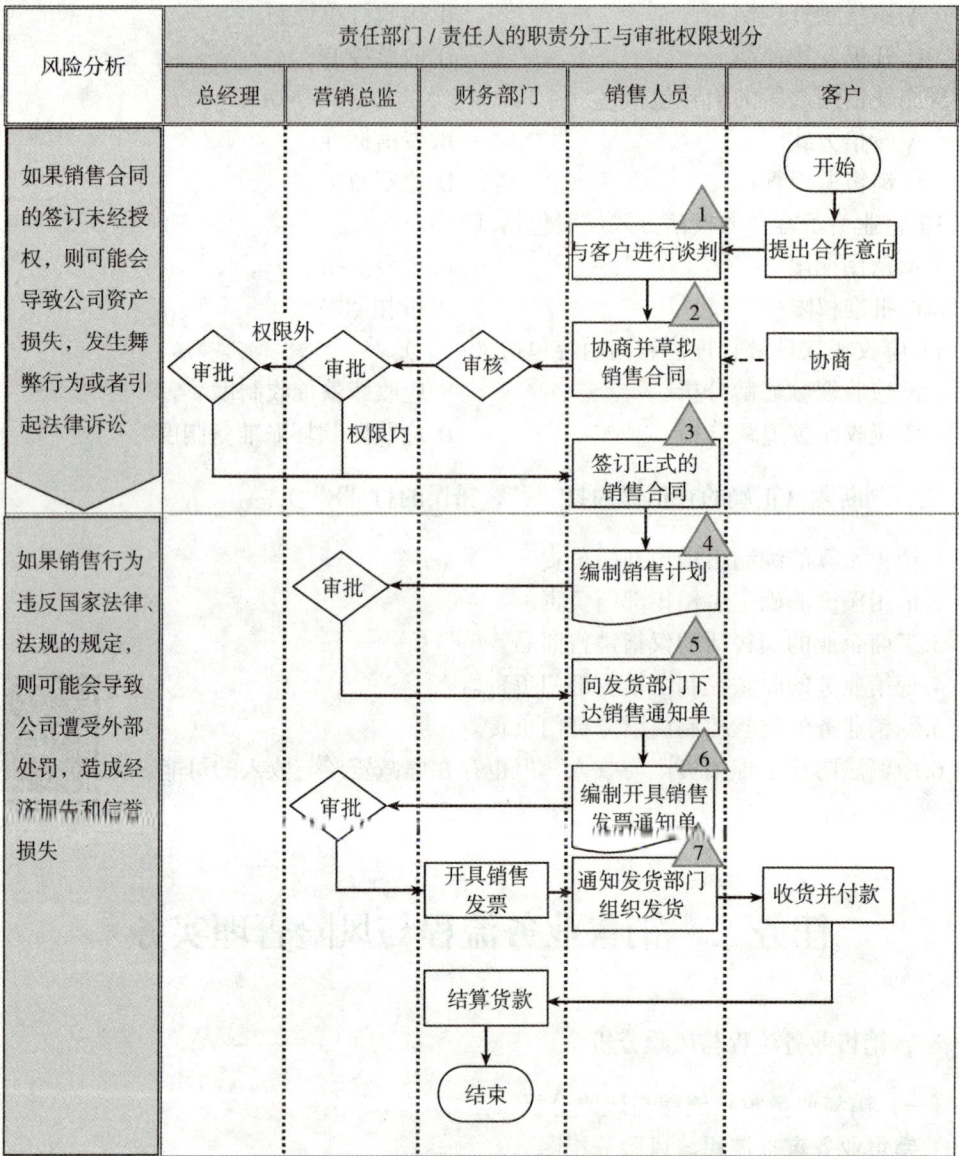

图5-1　西山公司销售业务审批流程与风险分析图

（4）销售人员应当根据经批准的销售合同编制销售计划。

（5）销售人员向发货部门下达销售通知单。

（6）销售人员编制开具销售发票通知单，经营销总监审批后转给财务部门开具销售发票。

（7）销售人员通知发货部门组织发货。发货部门应当对销售发货单据进行审核，严格按照销售通知单所列的货物品种和规格、发货数量、发货时间、发货方式、接货地点组织发货，并建立货物出库、发运等环节的岗位责任制，确保货物安全发运。

（二）销售定价业务流程与风险分析

1.销售定价业务流程与风险分析图

西山公司销售定价业务流程与风险分析图如图5-2所示。

风险分析	责任部门／责任人的职责分工与审批权限划分				
	总经理	财务部门	销售部经理	销售人员	相关部门
如果未经市场调研就确定了目标价格，则可能会导致公司制定的价格不合理或没有竞争力，进而导致销售利润降低或销售量减少		3 进行成本测算	审核 2 确定目标价格	开始 → 进行市场调研 → 1 拟定目标价格	提供信息
如果销售定价过程不规范，或者销售价格不符合公司的相关规定，则可能会导致大量产品滞销，造成公司资产损失	审批	审核	通过 审核	4 研究竞争对手的销售定价 → 综合考虑定价因素 → 确定顾客的心理价位 → 5 初步定价 → 确定销售价格 → 结束	提供信息 提供信息

（未通过）

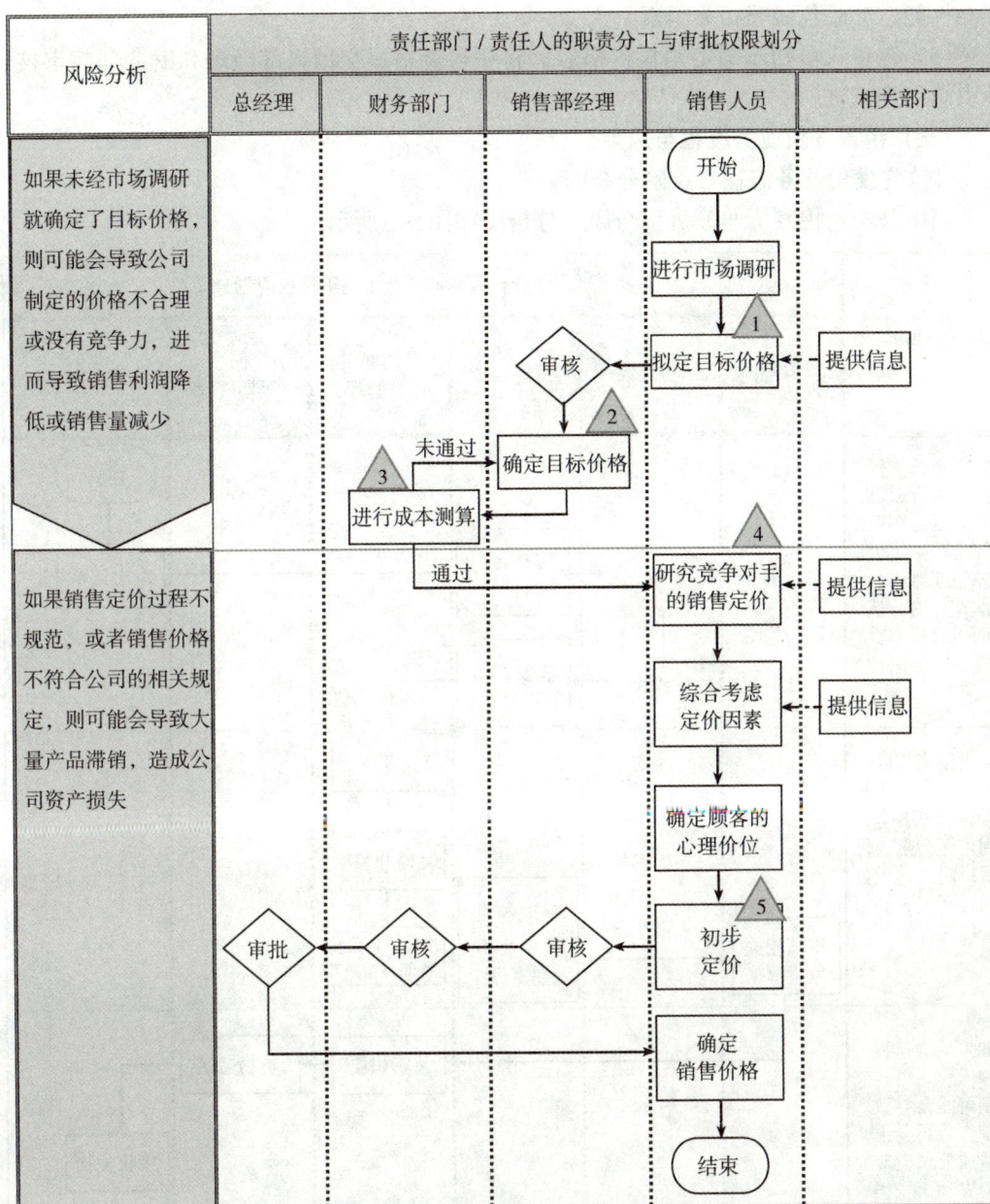

图5-2　西山公司销售定价业务流程与风险分析图

2.销售定价业务流程描述及说明

（1）销售人员在市场调研的基础上，结合对生产部、技术部等其他相关部门提供的信息的研究，依据销售定价控制制度拟定目标价格。

（2）经销售部经理审核后，确定目标价格，并交财务部门审核。

（3）财务部门对目标价格进行成本测算，若成本测算未通过，则销售部门应重新确定目标价格。

（4）销售人员对公司竞争对手的销售定价进行研究，包括竞争对手的品牌知名度、产品性能、产品包装等相关因素。

（5）销售人员初步确定销售价格后，将销售价格提交销售部经理和财务部门审核，并由总经理审批。

（三）销售发货业务流程与风险分析

1.销售发货业务流程与风险分析图

西山公司销售发货业务流程与风险分析图如图5-3所示。

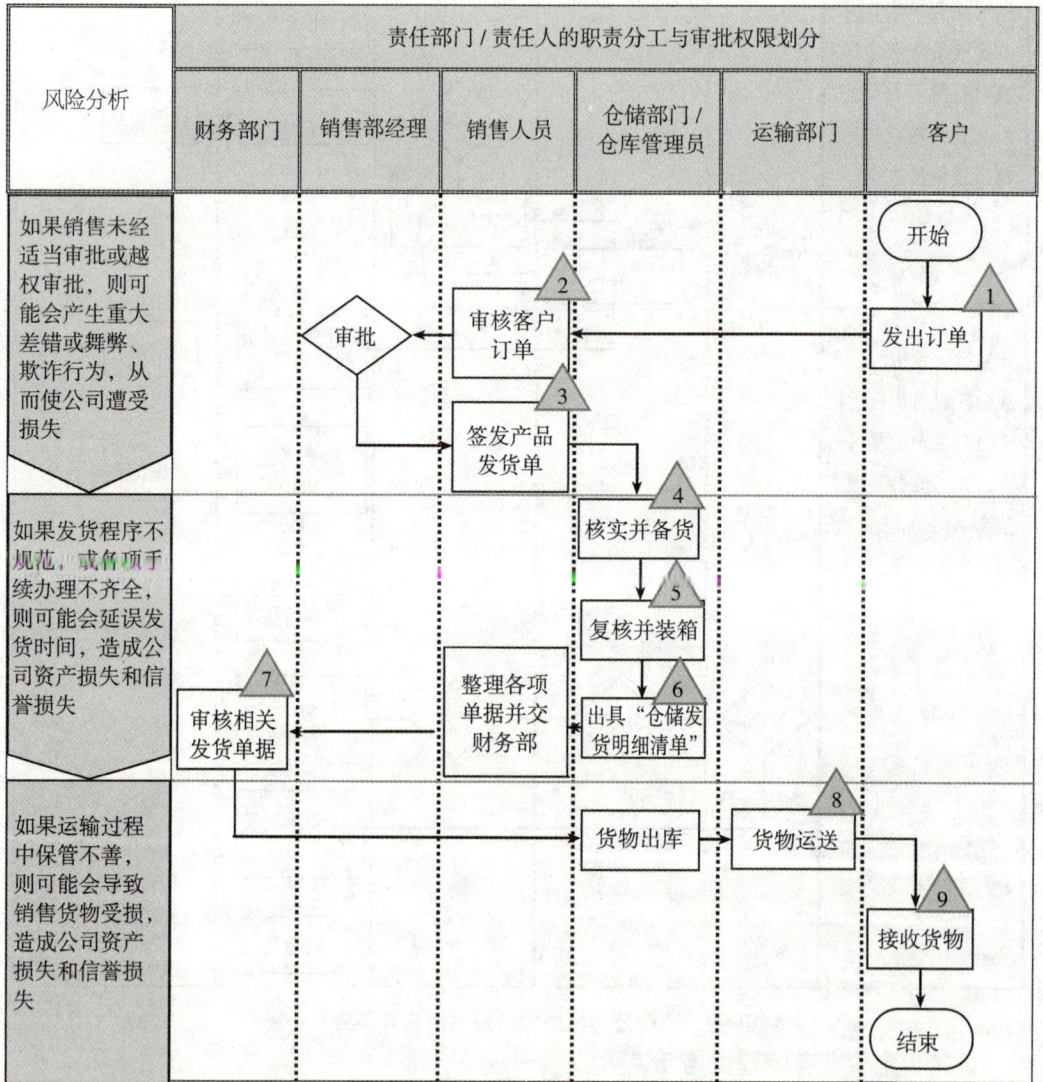

风险分析	责任部门/责任人的职责分工与审批权限划分					
	财务部门	销售部经理	销售人员	仓储部门/仓库管理员	运输部门	客户
如果销售未经适当审批或越权审批，则可能会产生重大差错或舞弊、欺诈行为，从而使公司遭受损失	审批		② 审核客户订单 ③ 签发产品发货单			开始 ① 发出订单
如果发货程序不规范，或各项手续办理不齐全，则可能会延误发货时间，造成公司资产损失和信誉损失	⑦ 审核相关发货单据		整理各项单据并交财务部	④ 核实并备货 ⑤ 复核并装箱 ⑥ 出具"仓储发货明细清单"		
如果运输过程中保管不善，则可能会导致销售货物受损，造成公司资产损失和信誉损失				货物出库	⑧ 货物运送	⑨ 接收货物 结束

图5-3　西山公司销售发货业务流程与风险分析图

2.销售发货业务流程描述及说明

（1）销售人员开展销售活动，与客户签订销售合同，客户根据合同要求及需要发出订单。

（2）销售人员对订单所列的货物品种和规格、货物数量和金额、发货时间以及发货方式、接货地点等进行初步审核，并上报销售部经理审批。

（3）销售人员根据审批后的客户订单，签发产品发货单，并交由仓储部门准备发货。

（4）仓储部门对销售人员签发的产品发货单进行核实，根据产品发货单规定的品种、数量、包装、时间等要求备货。

（5）仓库管理员调整账卡，核销存货，并进行复核；复核无误后，进行包装、装箱，并在外包装上写明收货地址、收货人姓名及电话等信息。

（6）仓库管理员依据产品发货单，在所发货物装箱后出具"仓储发货明细清单"，并加盖仓库专用章。

（7）财务部门对销售人员提交的各项单据进行审核，审核无误后允许发货。

（8）运输部门按照订单约定的时间和发货方式运送货物。

（9）销售人员在货物发出后，及时与客户沟通，提醒客户收货，确认到货情况，并协助处理出现的意外情况。

（四）赊销业务管控流程与风险分析

1. 赊销业务管控流程与风险分析图

西山公司赊销业务管控流程与风险分析图如图5-4所示。

2. 赊销业务管控流程描述及说明

（1）销售部经理依据对客户的调查情况，制定每个客户的赊销额度，交财务部审核、总经理审批后组织执行。

（2）销售人员根据公司的相关规定和客户的赊销额度对客户提出的赊销申请进行审核。

（3）如果申请符合公司规定，则销售人员应填写"赊销额度申请单"，然后提交领导审批。若在客户赊销额度内，由销售部经理审批即可；若超过客户赊销额度，则应交财务部门审核及总经理审批。

（4）销售人员在签订合同或组织发货时，应按照信用等级和授权额度确定销售方式。所有赊销合同都必须经销售部经理签字盖章后方可发出。

（5）财务部门应定期按照"信用额度期限表"核对应收账款的回款和结算情况，严格监控每笔账款的回收和结算进度。

（6）应收账款超过信用期限仍未回款时，会计人员应及时上报财务部经理，并及时通知销售部经理组织销售人员联系客户收款。

二、销售业务风险管理

（一）销售业务风险管理目标

根据《企业内部控制应用指引第9号——销售业务》和《企业内部控制应用指引第6号——资金活动》的要求，销售业务风险管理目标如下：

微课

1. 合理确认、计量销售收入

有效的内部控制制度可以保证企业为客户提供的各种产品或劳务均被记录在案，从而真实、完整地反映企业的销售收入；防止少记、不记或漏记实现的销售收入；防止虚增销售收入；防止发生将销售收入转移到账外加以侵吞的行为。

企业销售业务
内部控制（2）

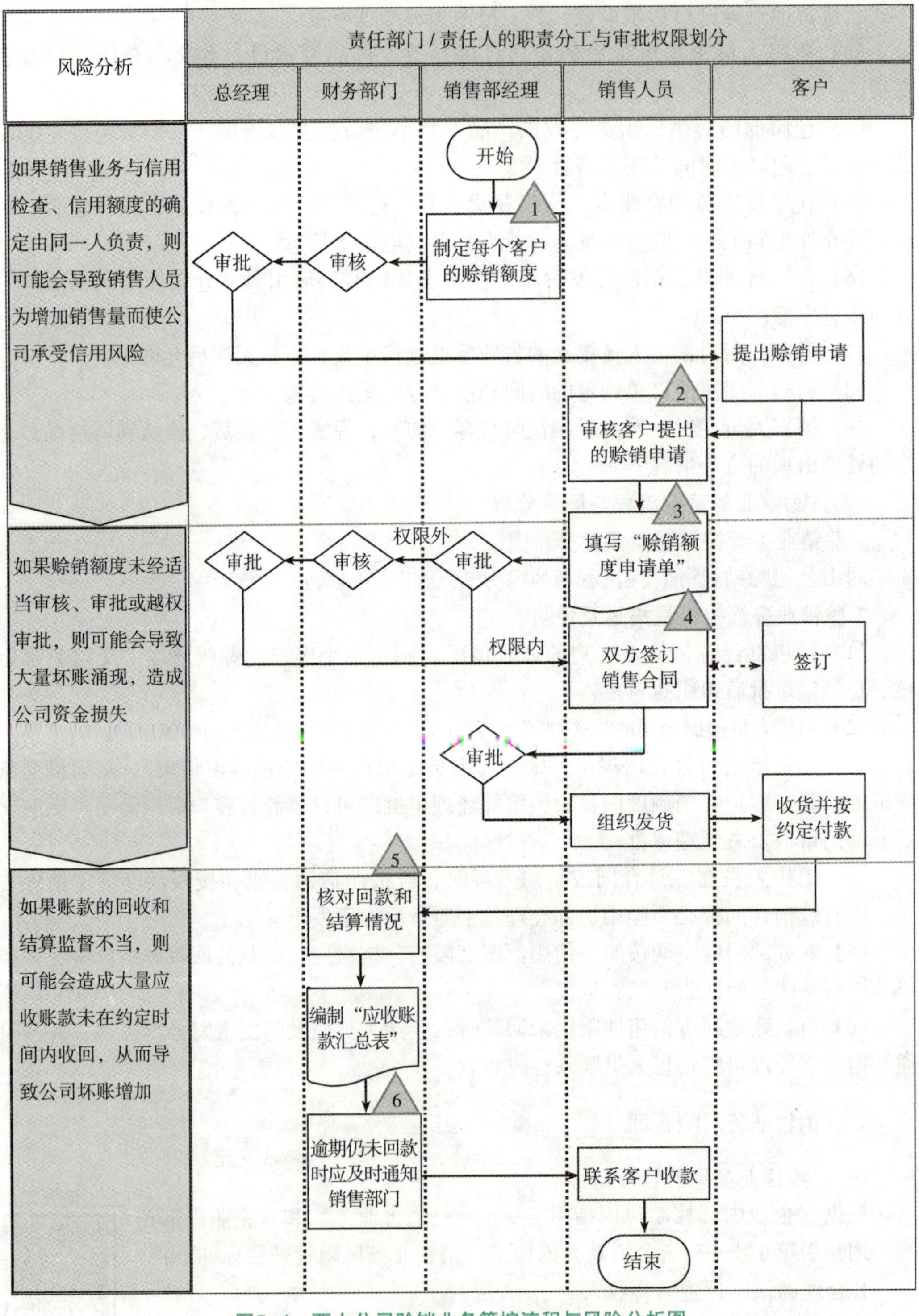

风险分析	责任部门 / 责任人的职责分工与审批权限划分				
	总经理	财务部门	销售部经理	销售人员	客户
如果销售业务与信用检查、信用额度的确定由同一人负责，则可能会导致销售人员为增加销售量而使公司承受信用风险	审批 ← 审核		①制定每个客户的赊销额度 ②审核客户提出的赊销申请	提出赊销申请	
如果赊销额度未经适当审核、审批或越权审批，则可能会导致大量坏账涌现，造成公司资金损失	权限外 审批 ← 审核 ← 审批 权限内		③填写"赊销额度申请单" 审批	④双方签订销售合同 组织发货	签订 收货并按约定付款
如果账款的回收和结算监督不当，则可能会造成大量应收账款未在约定时间内收回，从而导致公司坏账增加	⑤核对回款和结算情况 编制"应收账款汇总表" ⑥逾期仍未回款时应及时通知销售部门		联系客户收款 结束		

图5-4　西山公司赊销业务管控流程与风险分析图

2.制定合理的产品和劳务价格

企业应根据市场情况采取灵活的定价策略，避免因价格过高而失去市场，以及因价格过低而减少收入。企业应建立一个有效的价格调查和反应系统，随时保持一个较为合理的售价，避免由于定价不合理而产生的损失。

3.正确处理现金折扣、销售退回与折让

检查给顾客的现金折扣是否符合企业的现金折扣政策，防止发生利用给客户的折扣谋取私利的行为；审查现金折扣的合理性，即现金折扣的成本应小于企业因此而获得的收益。

避免发出货物的品种和数量发生错误，保证发出货物的质量符合要求，从而将销售退回和折让发生的概率降到最低。对于因客观条件造成货物损坏导致退货或折让的情况，企业应查明理由是否恰当、金额计算是否正确。对于被退回的货物，企业还要办理恰当的退货手续，并及时记录，以便纠正销售收入和应收账款的余额。

4.保证应收账款的真实性和可收回性

赊销必然会产生应收账款，企业在赊销的同时必须对应收账款进行严格的控制。有效的内部控制应做到：销售前，要审核客户的资信情况，保证赊销的货款可以收回；销售后，要确定应收账款的账面金额是否真实，是否存在收回来的货款被侵占挪用的现象，还要证实应收账款记录同销货业务实际发生额是否一致，防止记账错误或舞弊行为的发生。

5.及时收回货款

及时收回货款是销售业务控制的关键一步。如果不能收回货款，收入所代表的经济利益就没有真正流入企业，企业生产就无法顺利进行。企业应在销售前认真调查、分析客户的信誉及财务状况，在销售后及时追踪客户的还款能力，同时建立应收账款催收制度，及时回收货款。

（二）销售业务风险管理制度

为了实现销售业务风险管理目标，企业应建立以下风险管理制度：

1.销售业务岗位分工制度

企业应建立销售业务岗位分工制度，明确相关部门和岗位的职责、权限，确保销售业务不相容岗位相互分离、制约和监督。

销售业务不相容岗位相互分离包括以下内容：

（1）接收客户订单、签订合同的岗位与最后付款条件核准岗位应当分离，即使由同一部门操作，也应由不同的人员来办理。

（2）预付款条件（即信用政策）必须由销售部门和信用部门同时批准。

（3）发货凭证编制人与发运货物、提取货物、包装货物或托运货物的人员不能是同一人，发运货物的人员与门卫也不能是同一人。

（4）开具发票岗位与发票审核岗位应当分离，编制开具销售发票通知单岗位与开具销售发票岗位应当分离。

（5）应收账款记录岗位与收款岗位应当分离。

（6）催收货款岗位与结算货款岗位应当分离。

（7）退货验收的人员与退货记录的人员不能是同一人。

（8）折扣及折让给予岗位与审批岗位应当分离。

（9）不能由同一部门或人员办理销售与收款业务的全过程。

2.销售业务授权审批制度

有效的授权审批应明确授权审批的范围和责任，规范授权审批的程序。销售业务授权审批制度的要求如下：

（1）明确审批人员对销售业务授权审批的方式、权限、程序、责任和相关控制措施。审批人员应根据销售业务授权审批制度的规定，在授权范围内进行审批，不得越权审批。

（2）规定经办人员办理销售业务的职责范围和工作要求。经办人员应在职责范围内，按照制度规定和审批人员的批准意见办理销售业务。对于审批人员超越授权范围审批的销售业务，经办人员有权拒绝办理，并及时向审批人员的上级授权部门报告。

（3）对于金额较大或情况特殊的销售业务和特殊信用条件，应进行集体决策，经过有审批权限的人员审批后方可执行，以防决策失误造成严重损失。

（4）建立健全合同审批制度。审批人员应对价格、信用条件、收款方式等内容进行审批。

（5）严禁任何未经授权的机构或人员经办销售业务。

3.销售合同管理制度

企业在销售过程中必须签订规范的销售合同，并严格按照销售合同组织生产和销售。销售合同订立前，企业应指定专人就销售价格、信用政策、发货及收款方式等具体事项与客户进行谈判。谈判人员至少应有两人，并且应与订立合同的人员相分离。销售谈判的全过程应有完整的书面记录。

销售合同必须由专人管理，并根据应收账款账龄分析清单实时监控合同的执行情况，重视货款到期日的监控工作。一旦货款逾期未收回，企业应及时责成有关人员作出有时间限制的书面催讨计划，并落实监督措施。

4.发货制度

销售部门应按照经批准的销售合同编制销售计划，并向发货部门下达销售通知单；同时，销售部门应编制开具销售发票通知单，经审批后下达给财务部门，由财务部门向客户开具销售发票。编制开具销售发票通知单的人员应与开具销售发票的人员相互分离。

【思考】你在商场购物时，一般需要经过哪几个环节？为什么开票、交款和索要发票不在一个地方办理？

发货部门应对销售发货单据进行审批，严格按照销售通知单所列的发货品种和规格、发货数量、发货时间及发货方式组织发货，并建立货物出库、发运等环节的岗位责任制，以确保货物安全发出。

5.销售折扣、折让与退回制度

企业应制定较为详细的折扣政策。对于商业折扣，企业应规定可以享受折扣的客户应满足的条件、不同数量和品种的购货订单可以享受的折扣比例；对于现金折扣，企业应规定适用范围和不同的还款时间可以享受的折扣比例等。

【思考】销售折扣、折让与退回的会计处理有何不同？

6.收款控制制度

企业应将销售收入及时入账，不得账外设账，不得擅自坐支现金。销售人员应避免接触销售现款，应建立应收账款账龄分析制度和逾期应收账款催收制度。销售部门应负责应收账款的催收，财务部门应督促销售部门加紧催收，对于催收无效的逾期应收账款，企业可以通过法律途径解决。企业应设置应收账款台账，及时登记每个客户应收账款余额的增减变动情况和信用额度使用情况。

销售部门应实行销售业务一体化管理，并将整个销售业务流程具体落实到有关部门和人员身上；对于停止偿还欠款的客户，可实行协议清算，加强欠款催收工作；对于可能成为坏账的应收账款，应向有关决策机构报告，确定是否将其确认为坏账。

应收票据应由专人保管。对于即将到期的应收票据，企业应及时向付款人提示付款。已贴现票据应在备查簿登记，以便日后追踪管理。企业应制定逾期票据冲销管理程序和逾期票据追踪监控制度，定期与往来客户通过函证等方式核对应收账款、应收票据、预收账款等往来款项。如有不符，应查明原因、及时处理。

7.销售业务监督检查制度

企业监督检查机构或人员应通过实施符合性测试和实质性测试，检查销售业务内部控制制度是否健全，各项规定是否得到有效执行。

销售业务监督检查的内容主要包括：

（1）销售业务相关岗位及人员的设置情况。重点检查是否存在销售业务不相容职务混岗的现象。

（2）销售业务授权批准制度的执行情况。重点检查授权批准手续是否健全，是否存在越权审批行为。

（3）销售的管理情况。重点检查企业信用政策、价格政策的执行情况是否符合规定的程序，是否合理、合法。

（4）收款的管理情况。重点检查企业是否按照国家制定的结算纪律和结算办法进行结算、收款，收入是否及时入账，应收账款的催收是否有效，坏账核销和应收票据的管理等是否符合规定。

（5）销售退回和折让的管理情况。重点检查销售退回制度和折让政策的执行情况，如退回货物的入库手续是否齐全、退回货物是否及时入库以及是否及时入账、有没有形成账外物资等。

对于在监督检查过程中发现的销售业务内部控制中的薄弱环节，企业应采取措施，及时加以纠正。

（三）销售业务风险管理制度范例

1.西山公司销售合同管理制度（见表5-1）

表5-1　　　　　　　　　　　西山公司销售合同管理制度

制度名称	销售合同管理制度	文件编号	内控09-03
执行部门	销售部、业务部、财务部	监督部门	法务内审部

第1章　总则

第1条　为明确销售合同的审批权限，规范销售合同的管理，规避合同协议风险，特制定本制度。

第2条　本制度根据《中华人民共和国民法典》及相关法律、法规的规定，结合本公司的实际情况制定，适用于销售部、业务部销售合同的审批及订立行为。

第2章　销售合同的编制

第3条　销售合同应采用统一的标准格式和条款，由公司销售部经理会同法律顾问共同拟定。

第4条　销售合同中应至少包括但不限于以下内容：

1.供需双方的全称、签约时间和地点。

2.产品名称、单价、数量和金额。

3.运输方式、运费承担方、交货期限、交货地点及验收方法。

4.付款方式及付款期限。

5.免除责任及限制责任条款。

6.违约责任及赔偿条款。

7.具体谈判时的可选择条款。

8.合同双方盖章生效。

第5条　销售合同的格式经公司高层管理者审核批准后统一印制。

第6条　销售人员与客户谈判时，可根据实际需要对合同部分条款在权限范围内作出修改，但应报销售部经理审批。

第3章　销售合同的申批、变更与解除

第7条　销售人员应在权限范围内与客户订立销售合同；超出权限范围时，经销售部经理、营销总监、总经理等具有审批权限的责任人签字后，方可与客户订立销售合同。

第8条　销售合同订立后，销售部应将合同正本交档案室存档，将副本送交财务部等相关部门。

第9条　合同在履行过程中，因缺货或客户的特殊要求等，销售部或客户提出变更合同申请，双方应共同协商变更；对于重大合同款项，经总经理审核后方可变更。

第10条　根据合同规定的解除条件、产品销售的实际情况和客户的要求，销售部与客户协商后，可解除合同。

第11条　变更、解除合同的手续应按订立合同时规定的审批权限和程序执行，在达成变更、解除协议后，必须报公证机关重新公证。

第12条　销售合同的变更、解除一律采用书面形式（包括当事人双方的信件、函电、电传等），口头形式一律无效。

第13条　公司法律顾问负责指导销售部办理因合同变更或解除而产生的违约赔偿事宜。

第4章　销售合同的管理

第14条　空白合同由档案管理人员保管，并设置合同文本签收记录。

第15条　销售人员领用空白合同时需要填写合同编码并签名确认，签订生效的合同原件必须齐全并存档。

续表

第16条 销售人员因书写有误或其他原因造成合同作废的，必须将合同原件交还档案管理人员。

第17条 档案管理人员负责保管合同文本的签收记录，合同分批履行情况的记录，变更、解除合同的协议等。

第18条 销售合同应按年、按区域装订成册，保存10年备查。

第19条 销售合同保存10年以上的，档案管理人员应对其中有未收款的合同进行清理，另册保管；货款已结清的合同报销售部经理批准后进行销毁处理。

第5章 附则

第20条 本制度由销售部负责制定、解释及修改。

第21条 本制度自颁布之日起生效。

修订日期	2022-10-16	审核日期	2022-10-23	批准日期	2022-12-30

2.西山公司应收票据管理制度（见表5-2）

表5-2　　　　　　　　　西山公司应收票据管理制度

制度名称	应收票据管理制度		文件编号	内控09-09
执行部门	销售部、财务部		监督部门	法务内审部

第1条 为规范公司应收票据的管理，防范应收票据风险，特制定本制度。

第2条 应收票据的管理应遵循核准、记录和保管职能相互分离的原则。

第3条 应收票据的审核。

1.在收到应收票据时，财务人员应按照《中华人民共和国票据法》和《支付结算办法》的规定，仔细审核票据的真实性、合法性，防止以假乱真，以避免或降低应收票据风险。

2.如果收回的票据不能如期兑现，那么经办业务员应负责赔偿售价或损失的10%。

第4条 应收票据的批准。

1.应收票据的取得和贴现必须经负责保管票据以外的主管人员书面批准。

2.收取客户的票据需要经过批准，以降低通过伪造票据冲抵、盗用现金的可能性。

3.票据的贴现必须经主管人员审核和批准，以防伪造。

第5条 应收票据的账务处理。

1.应收票据的账务处理包括收到票据、票据贴现、期满兑现时登记与应收票据有关的总分类账。

2.会计人员应认真登记应收票据备查簿，以便日后进行追踪管理。

第6条 应收票据的保管。

1.公司应设专人保管应收票据，并且保管人员不得兼做会计记录。

2.对于即将到期的应收票据，企业应及时提示付款人付款。

3.已贴现的票据应在备查簿中登记，以便日后追踪管理。

西山公司销售业务控制制度

修订日期	2022-10-16	审核日期	2022-10-23	批准日期	2022-12-30

同步训练

一、不定项选择题（每题至少有一个正确答案，请将正确答案填在括号内）

1.编制开具销售发票通知单由（　　）负责。

　　A.财务部门　　　　B.销售部门　　　　C.仓储部门　　　　D.信用部门

2.在销售定价业务流程中，财务部门主要负责（　　）。

　　A.拟定目标价格　B.确定销售价格　C.审核销售价格　D.审批销售价格

3.企业应当建立逾期应收账款催收制度，（　　）应负责应收账款的催收。

　　A.财务部门　　　　B.销售部门　　　　C.仓储部门　　　　D.信用部门

4.赊销的批准由（　　）根据赊销政策和已授权给客户的信用额度来实施。

　　A.财务部门　　　　B.仓储部门　　　　C.信用部门　　　　D.销售部门

5.（　　）应定期编制并向客户寄送应收账款对账单，与客户核对账面记录。

　　A.财务部门　　　　B.信用部门　　　　C.销售部门　　　　D.仓储部门

6.企业应定期编制应收账款账龄分析表，重点关注账龄较长的客户，这项规定属于（　　）。

　　A.销售价格政策控制制度　　　　B.销售发票控制制度

　　C.收款控制制度　　　　　　　　D.退货控制制度

7.企业销售风险管理目标的内容包括（　　）。

　　A.制定合理的产品和劳务价格　　B.合理确认、计量销售收入

　　C.正确处理销售折扣、折让和退回　D.及时收回货款

8.销售业务风险管理制度包括（　　）。

　　A.销售业务岗位分工制度　　　　B.销售业务授权审批制度

　　C.销售合同管理制度　　　　　　D.发货控制与收款制度

9.在销售发货业务流程中，仓储部门主要负责（　　）。

　　A.签发产品发货单　　　　　　　B.核实产品发货单并备货

　　C.复核产品发货单并发货　　　　D.办理货物出库手续

10.根据内部控制的要求，销售退回的货物应当由（　　）清点后方可入库。

　　A.财务部门　　　B.仓储部门　　　C.销售部门　　　D.质检部门

11.下列各项属于赊销业务处理程序的是（　　）。

　　A.销售部门应根据销售合同编制销售通知单

　　B.销售部门应根据客户要求和产品价格目录开具销售发票

　　C.货物发出后，销售部门应登记产成品明细账

　　D.货物发出后，财务部门应登记产成品明细账

12.下列各项属于退货业务管理制度内容的是（　　）。

　　A.建立退货损失惩罚制度

　　B.制定统一的产品价格目录

  C.设立独立于销售部门的销货争议处理机构

  D.制定销售折让优先制度

二、判断题（正确的在括号内打"√"，错误的打"×"）

1.接收订单岗位应与签订合同岗位相分离。   （ ）

2.填写销售通知单与开具销售发票可以是同一人。   （ ）

3.企业的信用政策一般由销售部门和信用部门统一制定。 （ ）

4.参与订货谈判的人员应与订立合同的人员相分离。   （ ）

5.催收货款与结算货款一般由财务部门负责。   （ ）

6.销售退回当时即可办理销账和退款手续。   （ ）

7.保证足额、安全地收回款项是收款控制制度的根本目标。 （ ）

8.在合同发货制销售业务的处理中，销售部门应根据客户要求和产品价格目录开具销售发票。   （ ）

三、案例分析题

  T公司由国有企业改制上市，主营房地产。上市之初，公司上下士气高涨，于是投资兴建了一批高档房屋。然而，房屋建成后市场反应冷淡，全年销售情况极不乐观，房屋积压严重。

  在年终的高层会议上，总经理担忧地说："必须想个办法，如果年末报表每股收益增长率达不到10%，明年配股就会很难，现在公司可是急需现金呀！"与会人员都默不作声，谁都清楚公司的现状，"死马"如何能够"医活"？总经理的目光巡视了一圈，最后落到公司新任财务总监的脸上，他在业内因精通"资本运营"而闻名。

  "办法倒是有一个。"财务总监说，"老总，你不是有个好朋友王总吗？我们可以和他的公司倒签一份销售合同，将房屋卖给他，但不需要他付款，我们做应收款；然后，我们再和他签一份明年以相同价格回购的协议，明年两项交易一冲销，我们互不相欠，但今年的收入不就留在我们企业了吗？"众皆愕然，想不到收入的确认会如此容易。

  分析要求：T公司能确认"收入"吗？该项"收入"从性质上看属于什么事项？

任务三　项目实训——案例分析

一、实训目标

培养学生运用所学企业销售业务内部控制与风险管理知识进行案例分析的能力。

二、能力要求

（1）掌握企业销售业务内部控制与风险管理的要求。

（2）能够针对具体的案例，通过分析发现问题并提出防范措施，或对案例中存在的管控风险进行解释说明。

三、实训方式

以小组为单位完成实训任务，形成实训报告，参加讨论与点评。

四、实训考核

根据各实训小组实训成果（实训报告）的质量和参与讨论的情况进行评分。项目实训成绩按百分制评定，具体公式如下：

$$小组项目实训成绩 = 实训成果（满分80） + 参与讨论（满分20）$$

$$个人项目实训成绩 = 小组项目实训成绩 \times 个人贡献系数（个人贡献系数由组长根据个人在实训中的贡献大小决定）$$

五、实训步骤

（1）由任课教师引导学生解读实训资料，提示学生应注意哪些问题，并布置具体实训任务，规定实训时间。

（2）各实训小组根据组内分工，查找、搜集相关资料，进行初步分析比较。

（3）小组内对初步分析比较的结果进行讨论、修改，最后按照要求形成实训报告（实训报告采用 Word 文档格式，纸张大小设置为 A4，页边距设置为上 2.8 厘米、下 2.5 厘米、左 2.5 厘米、右 2.5 厘米，行距设置为 1.5 倍；页码格式设置为阿拉伯数字、居中；总标题设置为小三号、黑体、居中、空一行，一级标题设置为小四号、宋体、加粗，二级标题和正文设置为小四号、宋体；图表内文字设置为五号、宋体）。

（4）各实训小组的组长将查找、搜集的资料和形成的实训成果（电子文档）打包上传。

（5）指导老师根据学生实训成果的质量和参与讨论的情况确定实训成绩。

六、实训资料

在甲公司的众多供应商中，乙公司只是年供货量不足百万元的 C 类供应商，且与甲公司有 2 年以上合作经历，账面上甲公司欠其货款一直维持在 20 万元左右。由于甲公司对重点供应商的账面欠款常常在 1 000 万元以上，主要原材料欠款也都在 100 万元以上，因此甲公司相关人员并未对乙公司的日常管理产生足够的重视。

然而，2020 年 4 月因受疫情的影响，甲公司遭遇了市场淡季。在资金周转出现困难时，乙公司向当地法院递交了要求甲公司支付全部货款和违约金的请求，乙公司所在地法院随即冻结了甲公司的基本账户。甲公司决定尽快支付乙公司全部货款21万元，试图说服乙公司尽快撤诉，以解封被冻结的账户。然而甲公司的律师在和乙公司进行电话商谈时发现，乙公司态度十分强硬，坚持要求甲公司在支付所欠全部货款的基础上，再支付货款违约金3.5万元及相关诉讼费2.5万元，并称只有货款和相关费用共27万元打到乙公司账户后，乙公司才会办理撤诉。

甲公司财务部门按照公司合同惯例计算应付乙公司账面欠款的违约金不足1万元，遂对乙公司的违约金主张提出了质疑。于是，甲公司决定打这场官司。然而，这场官司最终的结果是，甲公司除了支付乙公司账面全部欠款21万元，还额外支付了6万元的违约金及相关费用，才换回账户的解封和结案，可以说是损失惨重！这到底是什么原因导致的呢？

归纳起来，原因主要有以下几点：

（1）在甲公司的合同档案中未能找到2020年年初与乙公司例行续签的经济合同。

（2）乙公司在提供给法院的资料中，有一份甲公司盖章的2020年年初与之签订的合同原件，其中在"其他约定事项"栏中有附加的手写条款，内容为："如果出现争议协商不成，由原告方人民法院依法解决，货款延期支付，按银行贷款利率执行违约损害赔偿。"

至此，案情基本明朗，乙公司显然是有备而来，为自己的胜诉准备了充足的证据，因此胜券在握。据甲公司负责乙公司业务的人员讲，甲公司在2020年年初办理合同续签时，业务人员按照以往公司签合同的惯例，将合同版本拟定好经领导审批后，直接先盖了甲公司合同章，之后寄给乙公司并要求乙公司盖章回寄，但此后却忘了主动追回，导致未能拿到对方盖章确认的合同。业务人员确信，自己当时寄出的合同原件的"其他约定事项"栏是空白的，并未添加上述手写条款，乙公司也未与甲公司商谈过要添加如上所述的"其他约定事项"。很明显，乙公司接受了这份合同，表面上不伤和气，继续保持供应业务不中断，私下却在合同上添加了所谓的"其他约定事项"。因为有甲公司事先盖好的公章，所以增加的违约金条款无须经甲公司确认，这便为乙公司日后进行诉讼埋下了伏笔。

七、实训任务

分析甲公司的这场官司为什么会败诉？甲公司应该如何加强合同管理？

参考答案

本项目框架图

本项目框架图如图5-5所示。

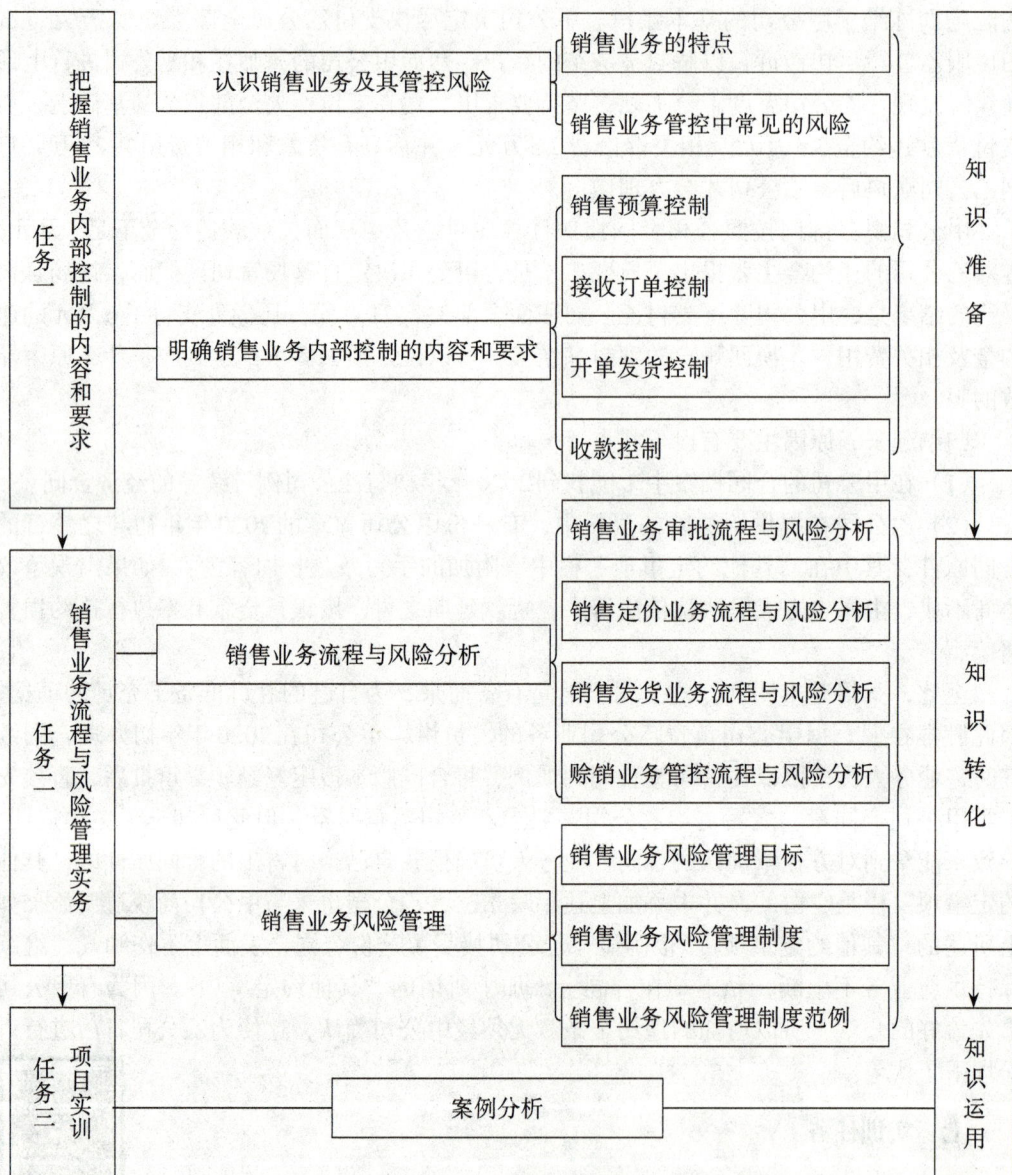

图5-5 本项目框架图

本项目参照规范

- 《企业内部控制应用指引第9号——销售业务》
- 《企业会计准则——基本准则》
- 《中华人民共和国民法典》

项目六

筹资业务内部控制与风险管理

【学习目标】
1. 了解筹资业务的特点，理解筹资业务管控面临的风险；
2. 熟悉筹资业务内部控制的内容；
3. 熟悉筹资业务流程和风险控制点；
4. 理解筹资业务风险管理目标；
5. 熟悉筹资业务风险管理制度；
6. 能够针对具体的案例，通过分析发现问题并提出防范措施，或对案例中存在的管控风险进行解释说明。

【素养目标】
1. 掌握筹资业务控制方法，提高企业资金供应水平，降低筹资成本，增加企业效益和社会财富；
2. 加强筹资业务风险管理，防止财务风险，维护社会稳定。

【知识点】
1. 筹资业务内部控制的内容与要求；
2. 筹资业务流程与风险分析。

【技能点】
1. 能找出筹资业务控制关键点；
2. 能制定筹资业务风险管控措施。

上海电气对子公司提供股东借款的控制活动失效

2019年5月10日至2021年5月28日，上海电气分19次向其子公司——通讯公司提供借款77.66亿元，且借款用途几乎全部是"补充流动资金"。借款主要集中在2020年12月至2021年5月，短短6个月内，借款金额高达73亿元。而通讯公司的年营业收入还不足30亿元。在应收账款暴雷前，这些大额借款并未在上海电气的公告中公示，且公告中只有一句话与此相关——"随着通讯公司业务发展，公司对其加大了资金支持"。另外，借款合同有诸多蹊跷之处。2019年的两笔借款约定的借款期限均为3年左右，而其他借款的期限均为1年。这两笔借款所用的合同版本，与上海电气在2021年2月、3月向通讯公司提供的4笔借款合同一致，均为4页纸的简版，且部分笔迹的相似度非常高。2020年12月，上海电气与通讯公司签署了5份借款合同，使用的为12页纸的版本，各条款约定非常详细。上海电气对通讯公司持股40%，提供了近80亿借款，但其他股东明显未按持股比例匹配借款。借款金额巨大、借款次数频繁、借款用途一致、借款合同格式不统一、其他股东未提供借款支持，种种现象不禁让人怀疑上海电气向子公司提供借款没有经过科学的决策审批程序。

资料来源：胡明霞. 从典型案例看内控缺陷［J］. 新理财：公司理财，2022（06）：31-38.

思考：

（1）上海电气对子公司提供股东借款的活动存在哪些问题？

（2）你认为集团内部款项往来应该如何控制？

任务一　把握筹资业务内部控制的内容和要求

一、认识筹资业务及其管控风险

（一）筹资业务的特点

筹资业务具有以下特点：

1.容易受到外部环境的影响

筹资业务基本上对外进行，不可避免会受到外部环境的影响，如市场的季节性变化、经济波动、通货膨胀及政府管制等。

2.对企业的影响较大

由于筹资业务的交易金额通常较大，因此筹资业务对企业的影响较大。漏记或不恰当的会计处理都会对企业财务报表的公允反映产生较大影响。

3.会计处理比较复杂

虽然涉及的账户不多，但会计处理比较复杂。筹资活动取得的资金及其产生的利息、股利与负债、所有者权益直接相关，并且应付债券的溢价、折价需要经过复杂的计算、调整和会计处理。

4.筹资渠道及方式较多

筹资方式包括向银行借款、向社会发行债券或股票等。在市场经济条件下，企业拥有理财自主权，可以根据自身的实际情况，通过不同的渠道采取不同的方式筹集所需要的资金。然而，不同的企业在同样的环境下，其筹资效果并不同。有的企业能够及时筹到资金，又能够用好资金，因此日益发展壮大；有的企业因为盲目筹资，缺乏完善的筹资控制制度，导致所筹资金没有发挥其应有的作用，不仅没有解决企业的资金需求，反而使企业因此背上了沉重的债务包袱。

（二）筹资业务管控中常见的风险

企业从不同渠道采取不同方式进行筹资，都应符合国家法律、法规的规定；对筹资业务流程、职责划分、权限范围和审批程序应进行明确规范，人员分工应当科学合理；筹资业务的核算应当真实、准确。

微课

企业筹资活动的风险

筹资业务管控中常见的风险主要有：

（1）如果筹资活动不符合《中华人民共和国公司法》和《中华人民共和国证券法》的规定，则企业可能会遭受外部处罚，从而造成经济损失和信誉损失。

案例

筹资业务内部控制与风险管理

（2）如果筹资方案的选择没有考虑企业的经营需要，或没有考虑筹资成本和风险评估等因素，则可能会产生重大差错或舞弊、欺诈行为，从而使企业遭受损失。

（3）如果筹资决策失误，则可能会造成企业资金不足，或资金冗余，或债务结构不合理。

（4）如果债务过高或债务结构不合理，企业将面临财务风险；如果不能按期偿债，则会造成公司信誉损失甚至破产。

（5）如果筹资分析报告未经适当审批或越权审批，或未以授权书为准，则可能会产生重大差错或舞弊、欺诈行为，从而使企业遭受损失。

（6）如果筹资记录错误，则可能会造成债务和筹资成本信息不真实，增加筹资管理成本。

二、明确筹资业务内部控制的内容和要求

筹资业务内部控制的主要环节与内容包括：筹资计划和审批控制、筹资合同或筹资协议控制、债券或股票签发控制、债券或股票发行控制、债券或股票保管控制、筹集资金使用控制、股利发放控制、利息支付控制、会计核算控制等。

（一）筹资计划和审批控制

筹资业务虽然在大多数企业中发生的次数较少，但其一旦发生，就会对企业的财务状况产生很大的影响。因此，企业必须做好筹资计划的编制和审批。筹资计划一般由财务部门负责拟订，经总经理审定后提交董事会审批。筹资计划应做到以下几点：

1.综合考虑筹资总收益与总成本

筹资是有代价的，这些代价就是企业在筹资过程中发生的各项费用，包括负债筹资的利息费用、股权筹资中支付的股利或分配的利润、金融机构手续费等。企业只有经过深入分析，确信筹资的预期总收益大于总成本时，才有必要进行筹资。

2.合理确定筹资规模

企业在进行筹资决策时，要考虑企业对资金的需求情况、企业的实际条件以及筹资的难易程度和成本等，量力而行，合理确定筹资规模。

3.选择最佳筹资时机

企业应及时掌握国内外金融市场的各种信息，了解国内外的宏观经济形势、国家货币及财政政策、国内外政治环境等各种外部因素，考虑具体筹资方式的特点，同时结合企业自身的实际情况，寻求最佳筹资时机。

4.科学制定最佳筹资期限

企业在短期筹资和长期筹资两种方式之间进行权衡时，应做何种选择，主要取决于筹资的用途和筹资人的风险偏好。

筹资计划提交董事会后，董事会应同法律顾问和财务顾问审核筹资计划的合理性和可行性。对董事会的审核结果应进行书面记录，一方面是控制程序的需要，另一方面董事会会议纪要也是证券监督管理委员会要求呈报的资料之一。

【思考】企业筹资时需要考虑哪些因素？为什么要对筹资方式进行权衡、选择？不同的筹资方式对企业会产生什么影响？

【明德善思】诸葛亮曾说过"大唐了之门，静以修身，俭以养德"，朱柏庐也说过"一粥一饭，当思来之不易，半丝半缕，恒念物力维艰"，勤俭节约是中华民族的传统美德。《中国青年报》的调查也表明，大多数大学生仍然提倡勤俭节约的精神。目前，同学们还不具有经济独立能力，主要依靠家长提供生活费，应当在自己的经济承受范围内进行消费，不能为了撑面子而举债消费。当一个人明明没有能力，却想要享受超过自己负担能力的物质时，很有可能带来人生观和价值观的偏移，造成出乎意料的伤害。一段时间以来，发生在大学校园里的种种"套路贷"，已经让一些大学生付出了惨痛代价。勤俭节约的内涵是不与人攀比、不随意浪费和不奢侈铺张。不管时代如何发展变化，勤俭节约的精神永不过时。

（二）筹资合同或筹资协议控制

企业在作出筹资决策、落实出资单位之后，应按照国家有关法律和法规的要求，与各出资单位签订详细的、完整的、合法的筹资合同或筹资协议。例如，企业向银行或其他金融机构借款，必须与这些机构签订借款合同；若发行有价证券，则需要签订证券承销或包销合同或协议。

（三）债券或股票签发控制

债券或股票在正式发行前需要经董事会指定的高级管理人员签字，且签字往往采取会签制度。每一位被授权签发债券或股票的管理人员都应仔细检查将发行的债券或股票是否和董事会核准的内容一致，各种应办理的手续和文件是否齐全。只有所有指定签发人都签字后，债券或股票才能正式发行。

（四）债券和股票发行控制

在我国，债券的发行必须经有关部门审批，不允许自行发行。公司应委托有一定地位的银行、信托投资公司、证券交易商代理发行债券。委托独立的代理机构发行债券，有助于揭示发行公司在筹资业务中因疏忽而产生的错误、与有关法令或举债一般应遵循的义务相悖的做法，以及筹资业务中的不当行为。因为代理机构对发行公司的行为负有一定的法律责任，所以代理机构会严格审查发行公司提交的财务报告、在政府部门登记注册的证明以及所承诺的各种义务等内容。同样，股票的发行也应委托证券公司等代理机构实施。

（五）债券和股票保管控制

债券或股票在法律上代表了债权人或股东对公司资产的所有权；同时，债券或股票与其他证券一样，具有相当强的流通性，无论是债券代理机构还是发行公司，一般均不保留债券持有人名单，但对债券或股票的实物控制应当像控制库存现金那样严格。对于核准后且已印刷好但尚未发行的股票或债券，应当委托独立的机构代为保管。对于到期收回的债券，必须在归还本金的同时，戳盖作废记录或注销记号。

【思考】发行债券和股票分别需要具备哪些条件？发行债券和股票的账务处理有哪些不同之处？

（六）筹集资金使用控制

企业应该及时取得银行或金融机构划入的款项，及时收取发行股票或债券所筹集的资金，严格控制资金的实际投向，不得任意改变筹资用途。如因特殊原因需要改变用途，则必须经过企业最高管理层集体决策，并按照有关规定和程序进行公开披露。在资金的使用过程中，企业应当加强控制，提高资金利用率。

（七）股利发放控制

股利的发放取决于本年度净收益、以前年度留存收益、现金余额以及公司对未来经营发展的规划，股利的发放必须由董事会决定。没有董事会有关发放股利的决议，不得发放股利。

（八）利息支付控制

企业应指定专人将不同债券支付利息的日期记载在利息支付备忘录上，防止可能发生的违约事件。

（九）会计核算控制

企业应当按照会计制度的要求，做好筹资业务的会计核算控制。会计核算控制的内容主要包括：

1.正确设置有关会计账户，进行会计核算

除了正确设置总账之外，在筹资业务的会计核算中，企业还应加强对有关备查账簿的控制。

（1）为了有效控制发行在外的债券，发行记名债券的公司应在债券存根簿（应付债券的备查账簿）上详细记载债券持有人的名称、住所，债券持有人取得债券的日

期，以及债券的编号、债券总额、债券的票面金额等；发行无记名债券的公司应在公司的债券存根簿上记载债券总额、利率、偿还期限和方式、发行日期和债券的编号等。

（2）为了有效控制发行在外的股票，公司应当设置股东明细账及股东登记簿。发行记名股票的公司应当在股票登记簿上详细记载股东的名称及住所、所持股份的数量、所持股票的编号、取得股票的日期等；发行无记名股票的公司应当在股东登记簿上详细记载股票的数量、编号及发行日期。公司要定期对股本总账和股东明细账、应付债券总账和应付债券备查账簿进行核对，以确保会计记录准确无误。

2.合理摊销债券的溢价或折价

长期债券溢价和折价的会计处理相对复杂，企业应按照会计制度的有关规定，确保溢价和折价摊销的正确性。

3.准确计提和支付利息或股利

债权人和股东进行投资的目的是及时、恰当地获取投资收益，即利息和股利。企业只有及时、准确地计提和支付利息或股利，才能取得良好的信誉。企业筹资业务内部控制制度应当保证利息或股利的准确计算。对于大额利息支付，企业应当按照权责发生制原则，采用计提的方式进行处理。股利的支付既要满足股东的利益，又要符合公司发展的需要。

【思考】利息和股利的账务处理有何不同？

同步训练

一、不定项选择题（每题至少有一个正确答案，请将正确答案填在括号内）

1.在有价证券的业务处理过程中，出纳人员编制收款凭证并登记银行存款日记账的依据是银行转来的收账通知和公司的（　　　）。

    A.证券投资目录　　　　　　　　　B.证券购入通知单

    C.证券出售通知单　　　　　　　　D.银行存款日记账

2.筹资成本是指（　　　）。

    A.筹资过程中发生的全部费用

    B.金融机构手续费

    C.股权筹资中支付的股利或分配的利润

    D.负债筹资的利息费用

3.企业发放的股利应由（　　　）决定。

    A.董事会　　　　　　　　　　　　B.总经理

    C.职工代表大会　　　　　　　　　D.监事会

4.企业（　　　）负责拟订筹资方案。

    A.投资部门　　　　　　　　　　　B.证券发行部门

    C.销售部门　　　　　　　　　　　D.财务部门

5.如果筹集的资金主要用于（　　），适宜选择短期筹资方式。

  A.购置存货   B.购置固定资产

  C.购置无形资产   D.长期投资

6.企业对外发行债券，在计算每期实际发生的利息费用时，应考虑的内容包括（　　）。

  A.债券折价摊销额   B.债券溢价摊销额

  C.应计利息   D.债券手续费

7.下列关于长期借款费用处理方法的表述中，不正确的是（　　）。

  A.为购建固定资产而专门借入的款项所发生的利息，在固定资产达到预定可使用状态前发生的，应当予以资本化

  B.为购建固定资产而专门借入的款项所发生的利息，在固定资产达到预定可使用状态前发生的，于发生当期直接计入当期财务费用

  C.因安排专门借款而发生的辅助费用，如果金额较小，可于发生当期确认为费用

  D.除专门借款以外因安排其他借款而发生的借款利息，属于企业正常经营过程中发生的，应计入当期财务费用

8.企业发行债券应委托有一定地位的（　　）实施。

  A.银行   B.信托投资公司

  C.证券交易商   D.保险公司

9.债券到期收回由（　　）组成小组，负责销毁。

  A.财务部门负责人   B.内部审计人员

  C.债券保管人员   D.总经理

10.企业筹资业务的会计核算控制的内容包括（　　）。

  A.正确设置账户   B.合理摊销债券的溢价或折价

  C.正确计提债券利息   D.采取恰当的方式支付股利

二、判断题（正确的在括号内打"√"，错误的打"×"）

1.董事会对筹资计划和实施细则的审核结果，可以口头形式存在。（　　）

2.除专门借款以外，因安排其他借款而发生的借款利息、溢价或折价的摊销、汇兑差额和辅助费用，一律于发生当期确认为费用。（　　）

3.筹资业务的执行与相关会计记录职务必须分离。（　　）

4.股利支付清单编制人与支票填制人不能是同一人。（　　）

5.委托独立的机构代为保管有价证券，是限制性接触控制最有效的方法。（　　）

6.为减少发放股利时发生舞弊或错误的可能性，公司股利的支付可以委托代理机构执行。（　　）

参考答案

任务二 筹资业务流程与风险管理实务

一、筹资业务流程与风险分析

（一）筹资业务管理流程与风险分析

1.筹资业务管理流程与风险分析图

西山公司筹资业务管理流程与风险分析图如图6-1所示。

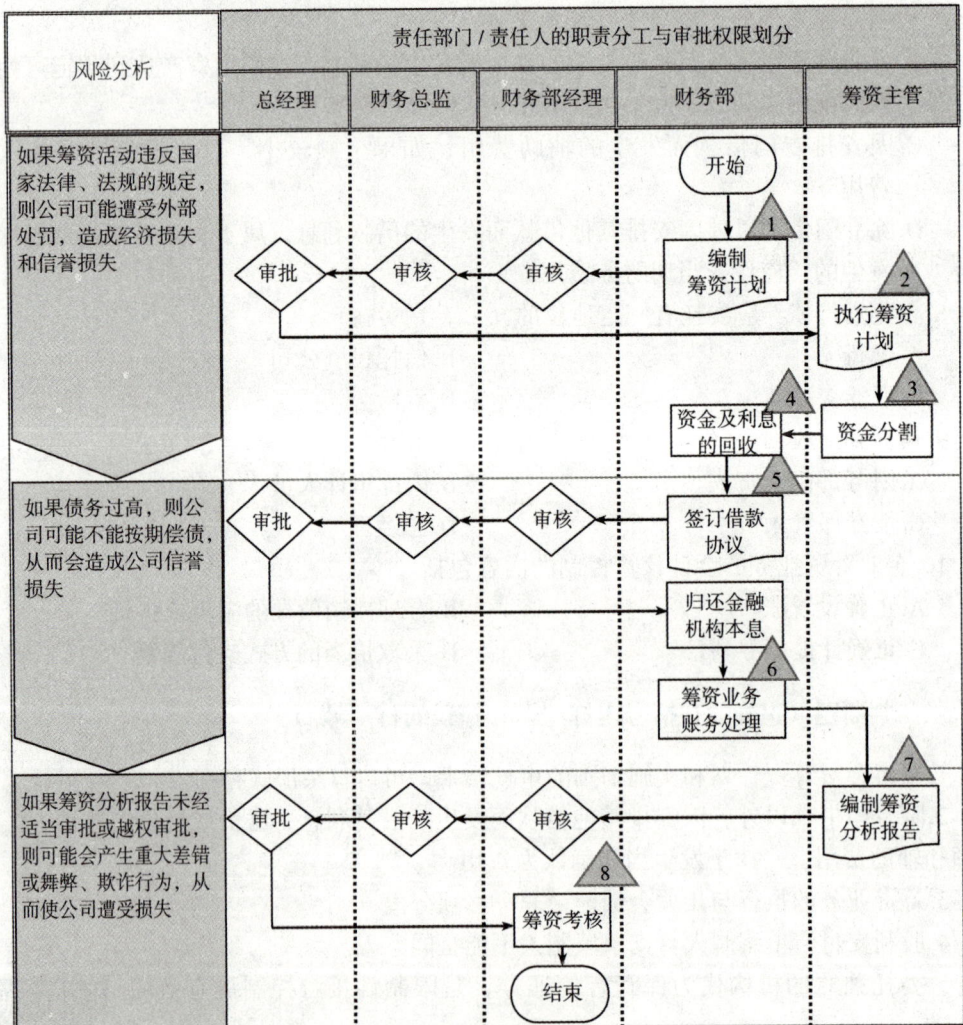

图6-1 西山公司筹资业务管理流程与风险分析图

2.筹资业务管理流程描述及说明

（1）财务部每年根据下年度初步的资金预算及有关资金安排，预测资金使用情况，编制筹资计划，报财务部经理、财务总监审核，并报总经理审批。

（2）筹资主管根据筹资计划办理与相关金融机构的借款或融资业务手续，借款合同或融资合同的签订必须经总经理审批。

（3）筹资主管根据筹资计划或各所属单位的资金使用计划，做好内部资金分割工作，并签订分割使用协议。

（4）财务部根据分割使用协议做好各所属单位资金及利息的回收工作。

（5）财务部与金融机构签订借款协议，做好借款本息的核对与管理工作，报财务部经理、财务总监审核并由总经理审批通过后，归还金融机构本息。

（6）财务部根据审核后的相关会计凭证做好账务处理工作。

（7）筹资主管根据资金使用状况及金融市场的变化编制筹资分析报告，报财务部经理、财务总监审核并报总经理审批。

（8）财务部经理定期或不定期对筹资主管的筹资工作进行考核，并将考核意见上报总经理。

（二）筹资授权批准流程与风险控制

1.筹资授权批准流程与风险分析图

西山公司筹资授权批准流程与风险分析图如图6-2所示。

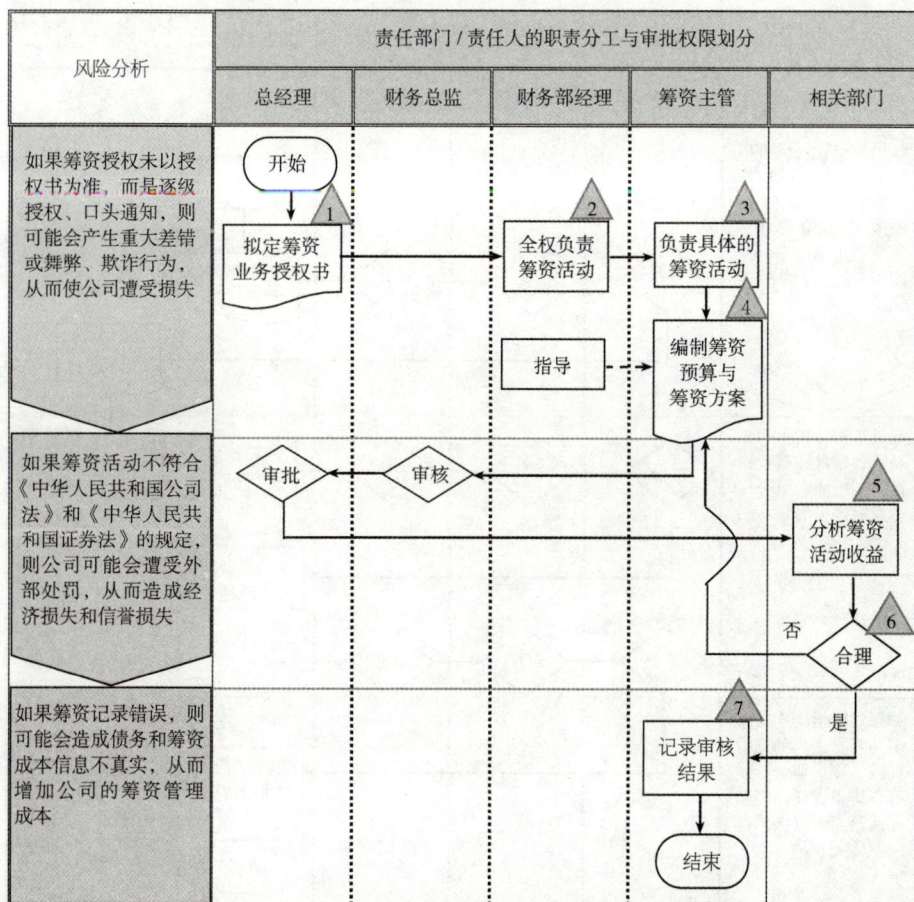

图6-2 西山公司筹资授权批准流程与风险分析图

2.筹资授权批准流程描述及说明

（1）总经理拟定筹资业务授权书。

（2）总经理授权财务部经理全权负责筹资活动。

（3）财务部经理授权筹资主管负责具体的筹资活动。

（4）筹资主管编制筹资预算，并针对具体筹资程序或筹资活动制订筹资方案，财务部经理提供相应的指导。

（5）筹资预算和筹资方案经财务总监审核和总经理审批后，公司应聘请法律顾问和财务顾问共同对该项筹资活动未来净收益增加的可能性及筹资方式的合理性进行审核。

（6）如果筹资预算和筹资方案不合理，则筹资主管应对筹资预算和筹资方案重新进行修订；如果合理，则筹资主管应及时执行。

（7）筹资主管应以书面形式记录审核结果，并特别注明筹资的执行程序及应当办理的各项手续，以便于日后修改。

（三）筹资决策管理流程与风险分析

1.筹资决策管理流程与风险分析图

西山公司筹资决策管理流程与风险分析图如图6-3所示。

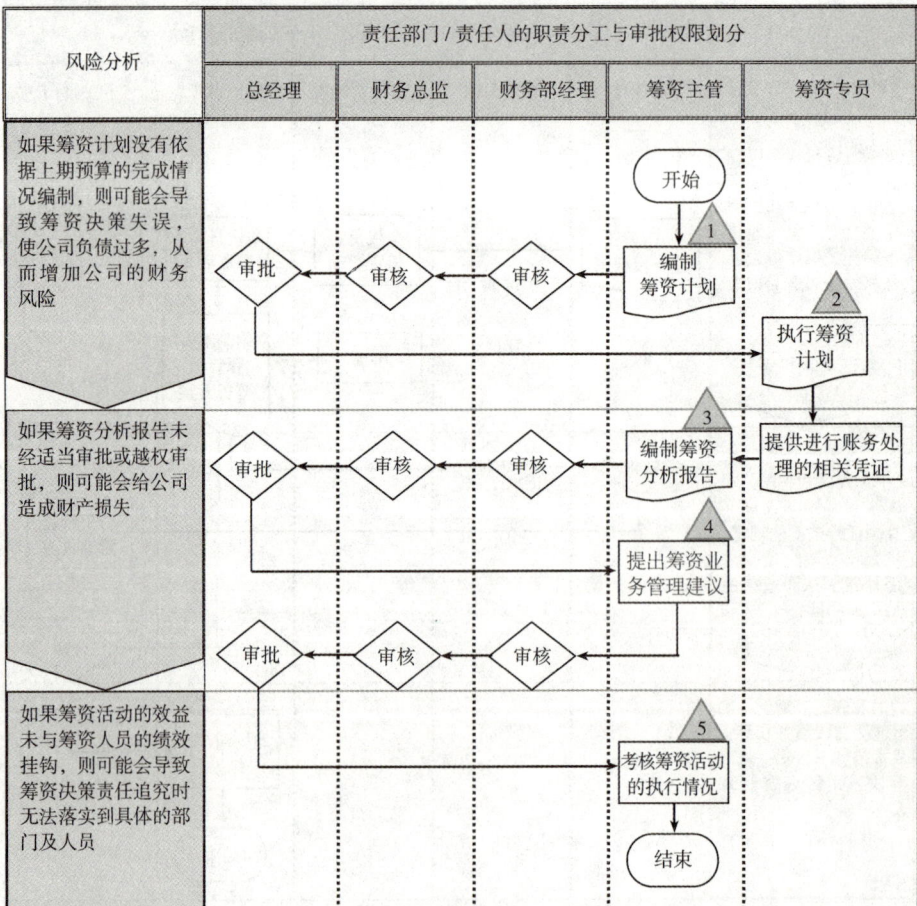

图6-3　西山公司筹资决策管理流程与风险分析图

2.筹资决策管理流程描述及说明

（1）筹资主管每年根据公司下年度的利润预算、投资计划及有关资金安排预测公司的筹资规模，编制筹资计划，并按规定权限报批。

（2）筹资专员负责执行筹资计划，并提供进行账务处理的相关凭证。

（3）筹资主管根据公司资金状况和金融业务市场的变化编制筹资分析报告，并报财务部经理、财务总监审核和总经理审批。

（4）筹资主管提出筹资业务管理建议，并报财务部经理、财务总监审核和总经理审批。

（5）筹资主管负责对筹资活动的执行情况进行考核。

（四）重大筹资方案审批流程与风险分析

1.重大筹资方案审批流程与风险分析图

西山公司重大筹资方案审批流程与风险分析图如图6-4所示。

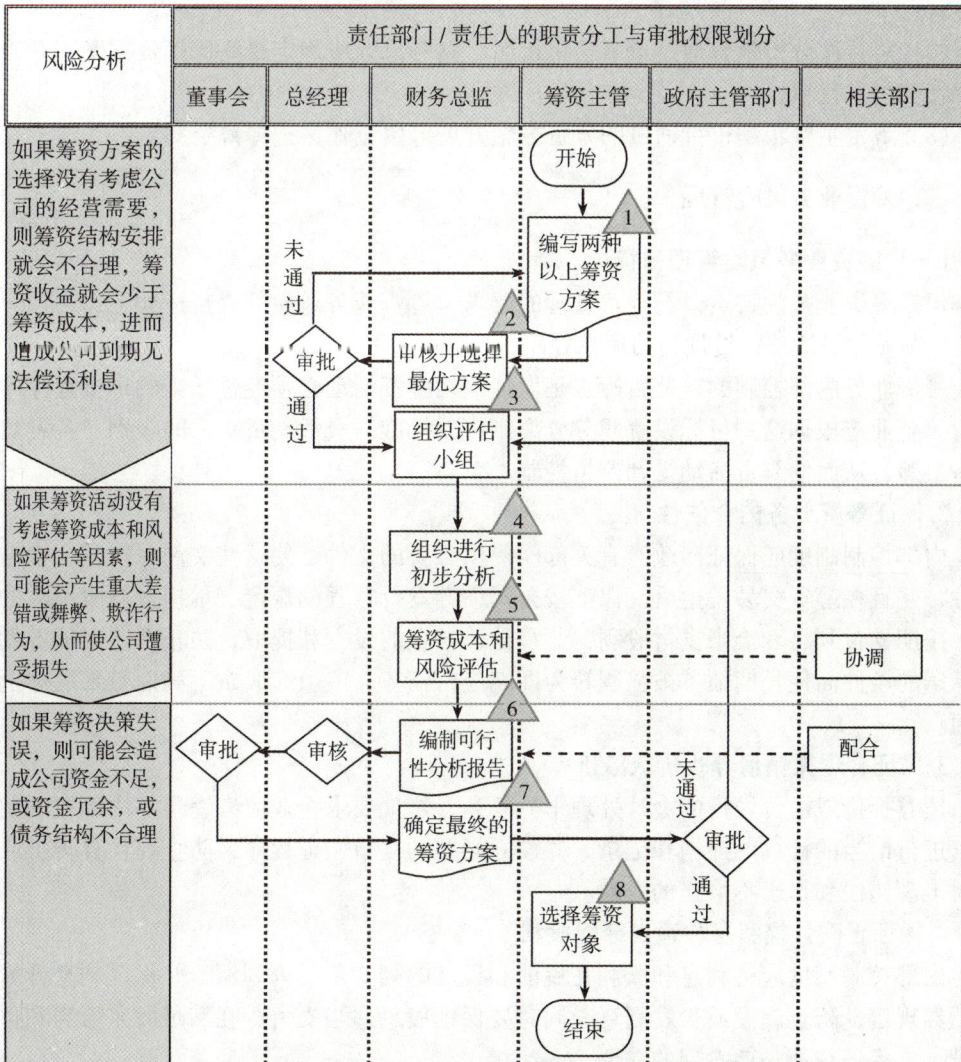

图6-4　西山公司重大筹资方案审批流程与风险分析图

2.重大筹资方案审批流程描述及说明

（1）筹资主管编写两种以上筹资方案，并报财务总监审核。

（2）财务总监审核并选择最优方案，并将选出的最优方案报总经理审批。如果审批未通过，则将筹资方案返回筹资主管，由筹资主管重新修改筹资方案。

（3）筹资方案经总经理审批通过后，财务总监应组织评估小组，对筹资方案进行评估。

（4）评估小组综合考虑筹资成本和风险评估等因素，编制筹资方案风险评估报告，并对筹资方案进行比较分析。

（5）财务总监组织评估小组对筹资方案中的筹资成本和风险进行评估，相关部门负责协调。

（6）财务总监编制可行性分析报告，并报总经理审核、董事会审批，相关部门予以配合。

（7）可行性分析报告通过董事会审批后，财务总监应确定最终的筹资方案，并报政府主管部门进行审批。

（8）筹资主管根据审批通过的筹资方案开展筹资工作，选择筹资对象。

二、筹资业务风险管理

（一）筹资业务风险管理目标

根据筹资业务的特点以及经营管理的要求，筹资业务风险管理目标如下：

1.保证筹资活动经过适当的审批程序

筹资业务内部控制的首要目标，是保证一切筹资活动必须经过适当的审批程序才能进行。企业应根据这一目标设置职务分离制度，批准筹资活动负责人的级别、各种具体的呈报等，从而使筹资活动受到严格控制。

2.保证筹资业务的合法性

内部控制制度应保证向政府有关部门提供必要的文件，使这些文件保持真实性与有效性，并且在筹资交易发生后，保证按公司债券发行章程的规定，承担发行股票时的义务，按期支付利息和恰当支付股利，监督偿债基金的设立和提取，防止因违反债券发行时承诺的条件而使长期债务被强制转为即期应付债务，或引起股东不满而带来法律上的麻烦。

3.保证合理摊销债券折价或溢价

债券折价或溢价发行的会计处理十分复杂，这就要求企业应有完善的内部控制制度对其进行恰当的计算、摊销和记录，并设立必要的复核验证程序，防止在计算折价或溢价时出现错误和作出不恰当的反映。

4.保证正确计提利息和适当分配股利

内部控制制度应将利息和股利在税前和税后的列支范围内划清，并保证利息计算符合债券规定，防止超发或少发利息，同时要保证股息适当支付，在满足股东恰当利益的基础上，保证企业长期发展的需要。

5.保证为债权人和股东提供有助于其决策的信息

良好的筹资控制制度应保证企业提供的财务报表能够反映真实、准确的财务信息，能够帮助债权人及时、有效地作出决策。

微课

筹资活动内部控制的业务目标

（二）筹资业务风险管理制度

为了保证筹资业务风险管理目标的实现，企业应建立筹资业务风险管理制度。筹资业务风险管理制度主要包括：不相容职务相互分离制度、授权批准制度、预算控制制度、债券或股票签发制度、债券或股票发行制度、债券或股票保管制度、利息支付的控制制度、股利发放的控制制度、会计系统控制制度和筹资业务监督检查制度。

1.不相容职务相互分离制度

企业应建立不相容职务相互分离制度，明确相关部门和岗位的职责和权限，确保办理筹资业务的不相容职务相互分离、制约和监督。

筹资业务不相容职务相互分离包括以下内容：

（1）筹资计划的编制人员与审批人员应适当分离，以便审批人员能够准确衡量筹资计划的优劣。

（2）筹资方式的执行人员与会计记录人员应适当分离，通常要求由独立的机构代理发行债券或股票。

（3）筹资方式的执行人员与所筹资金的保管人员应适当分离。所筹资金委托专门机构保管的，企业应制定有效的监督、控制办法，以保证所筹资金的安全性。

（4）计算股利或利息的人员及会计记录人员应与支付股利或利息的人员分离，并尽可能由独立的机构支付股利或利息。

（5）保管未发行债券或股票的人员与负责债券或股票会计记录的人员应分离。

（6）不得由同一部门或人员办理筹资业务的全过程。

2.授权批准制度

授权批准制度的内容主要包括：

（1）企业应授权批准一名总经理负责筹资业务，并应对其职责权限予以明确规定。

（2）负责筹资业务的总经理在经营活动中应不断分析企业经营活动所需的资金总量，并在认为恰当的时候编制筹资计划。筹资计划中应详细说明筹资的理由、筹资的数量、筹资前后企业财务状况的变化、筹资对企业未来收益的影响、各种筹资方式收益的比较以及对某种筹资方式的建议等。筹资计划必须经企业负责人批准方可执行。

（3）筹资计划被批准后，企业应聘请法律顾问和财务顾问共同审核该项筹资活动未来净收益增加的可能性及筹资方式的合理性。

（4）企业应授权财务部经理策划具体的筹资业务细节。例如，起草股票发行合同及其他需要呈报的有关文件、选择股票的代理发行机构等。具体细节确定以后，企业负责人应逐项详细审核。

（5）对最终的筹资计划进行审核后，应以书面形式记录审核结果，并特别注明筹资的执行程序及各项手续，以便于日后修改。

3.预算控制制度

预算控制制度应明确预算项目，建立预算标准，规范预算的编制、审定、下达和执行程序，及时分析和控制预算差异，采取改进措施，确保预算的执行。

预算控制制度应当包括以下环节：确定预算方针和预算目标；编制预算，包括明确预算原则、编制预算草案、协调预算、复议和审批等；预算执行、监控和调整；预算考评。在编制筹资预算时，编制人员必须考虑企业生产经营管理的现状，并考虑企业的发展前景，做到一切从实际出发。企业筹资一般不得突破预算，确有必要时，必须经企业高层管理者审核批准。

4.债券或股票签发制度

（1）经董事会审核批准发行的债券或股票在正式发行前，还需要经董事会指定的高级管理人员签字，且签字往往采取会签制度，即必须由两个以上高级管理人员共同签发。

（2）签发债券或股票的管理人员应仔细检查将发行的债券或股票是否和董事会核准的内容一致。

（3）签发债券或股票的管理人员应检查各种应办理的手续和文件是否齐全。在债券或股票正式发行前，强调债券或股票的签发制度，是防止发生错误或舞弊行为的最后审核环节。

5.债券或股票的发行制度

通过债券或股票筹集的资金往往比较多，发行时间也比较长，因此其推销过程有时会延续较长的时间；同时，推销债券或股票还需要专门的技巧和经验。企业在发行债券或股票时应做到：

（1）委托有一定地位并且资本雄厚的银行、信托投资公司、证券交易商代理发行债券。这些代理机构能够包销或代销发行企业的全部或大部分债券，有利于发行企业的内部控制。

（2）委托证券公司等机构代理发行股票。由独立机构负责股票的发行和过户等交易事宜，可使发行单位不相容职务相互分离的内部控制延伸到公司外部。

6.债券或股票保管制度

企业应建立健全债券或股票保管制度，其主要内容包括：

（1）对于核准后且已印刷好但尚未发行的股票或债券，应当委托独立的机构代为保管。负责债券或股票签发的人员在债券或股票签发后，应与银行或信托投资公司指派的人员一起监督对债券或股票的加封，并且由保管人员、监督人员共同在交接单上签字。

（2）企业应设置债券或股票登记簿，按照交接单上载明的名称、数量、编号、面值、交接日期和人员等内容予以记录。企业应定期根据登记簿的记录同银行或信托公司进行核对。

（3）企业自行保管未发行的债券或股票时，应指定专人将债券或股票存放于保险箱中保管，并详细记录在债券或股票登记簿中。同时，企业应定期清点在库的债券或股票，并与债券或股票登记簿进行核对。

（4）对于到期收回的债券，必须在归还本金的同时，戳盖作废记录或注销记号。在该类债券全部收回后，由财务负责人、内部审计人员、债券保管人等组成的小组，应按顺序号清点所有债券，在确认无缺号债券或对缺号债券的原因进行调查后，填写包括债券名称、数量、编号、面值、销毁日期等内容的销毁证书，并当场销毁所有债券，防止债券被再次使用。

7.利息支付的控制制度

企业应当恪守信用，按期支付融资利息。

（1）企业应指定专人将不同债券支付利息的日期记载在利息支付备忘录上，防止可能发生的违约事件。

（2）负责利息支付业务的职员应根据票据面值和利率，计算应付的利息，在得到其他职员的复核和被授权人的审核批准后，即可支付利息。当企业债券的受息人较多时，企业可开出单张支票，委托独立的机构代为发放，防止有人超发或贪污债券利息，从而达到有效控制利息支付的目的。

（3）企业应明确代理机构的控制责任，并定期获取其报告。债券发行企业应以代理机构交来的利息支付清单作为企业已支付利息的原始凭证，该凭证上记载的利息支付金额应同企业计算的利息总额及开出支票的金额一致。在法定利息支付期满后，代理机构应将差额退回发行企业，发行企业应监督该差额的退回情况。

8.股利发放的控制制度

股利发放的控制制度包括以下内容：

（1）股利的发放必须由董事会决定。董事会应根据法律的规定范围、公司章程和公司当年实现的净收益等情况，表决通过是否发放股利、股利发放的时间和形式以及每股的股利数。

（2）股利的发放有公司自行办理或委托代理机构办理两种形式。从控制的有效性来讲，选择后一种方式更为有利，因为这种方式可以减少发放股利时发生错误、舞弊或欺诈的可能性，公司可以核对代理机构发放股利后所编制的发放清单，并在会计核算方面进行控制。如果公司自行办理股利发放，首先应确定发放股利的总额；其次应编制股利发放清单，并报总经理审批；最后应根据股利发放清单填写支票，按照程序发放股利。

9.会计系统控制制度

企业应依据《会计法》和国家统一会计制度的规定，制定适合本单位的会计制度，明确会计凭证、会计账簿和财务会计报告的处理程序，建立和完善会计档案保管制度和会计工作交接办法，实行会计人员岗位责任制，充分发挥会计的监督职能。在筹资活动中，会计系统控制制度包括以下内容：

（1）凡涉及筹资业务的会计记录、授权和执行等方面的人员应明确职责分工，建立完善的账簿体系和记录制度，选用符合会计制度和会计准则的核算方法；应如实记录借款的取得、股票与债券的发行、利息费用的确认与利息的支付、股利的分配与发放、借款的归还、债券的兑付和股票的回购等业务。

（2）企业应加强相关账目的核对工作，股东明细账应定期与股本总账核对相符，记录债券持有人的明细资料应同总分类账核对相符，以保证筹资业务记录的准确性以及如实提供筹资活动的相关信息。

10.筹资业务监督检查制度

企业应当建立筹资业务监督检查制度，明确监督检查机构或人员的职责权限，定期或不定期地进行检查。一方面，对筹资业务内部控制制度的执行情况进行检查，保证控制制度的有效性;另一方面,通过检查发现内部控制制度的弱点,不断健全和完善内部控制制度。

筹资业务监督检查的内容主要包括:

(1)筹资业务相关岗位及人员的设置情况。重点检查是否存在筹资业务不相容职务混岗的现象。

(2)筹资业务授权批准制度的执行情况。重点检查授权批准手续是否健全,是否存在越权审批行为。

(3)筹资决策制度的执行情况。重点检查筹资决策是否按照规定程序进行,决策责任是否落实到位。

(4)筹资的风险控制情况。重点检查是否建立偿债基金制度,基金管理是否安全。

(5)决策执行及资产的收取情况。重点检查是否严格按照经批准的筹资方案、有关合同或协议办理筹资业务,以及是否及时、足额收取资产。

(6)各类款项的支付情况。重点检查利息、租金、股利等的支付是否符合合同或协议的规定,是否履行审批手续。

(7)会计处理和信息披露情况。重点检查会计处理是否真实、正确,信息披露是否及时、完整。

(三)筹资业务风险管理制度范例

西山公司筹资授权批准制度见表6-1。

表6-1　　　　　　　　　　　　西山公司筹资授权批准制度

制度名称	筹资授权批准制度	文件编号	内控02-03
执行部门	财务部	监督部门	法务内审部

第1章　总则

第1条　目的。

为规范公司在经营中的筹资行为,降低筹资风险,特制定本制度。

第2条　范围。

本制度适用于公司核定的与筹资行为相关的所有人员。

第3条　筹资行为的界定。

本制度所称筹资行为,是指企业为了生产经营活动的需要,通过向银行借款、发行债券或股票等手段筹集资金的过程。

第4条　本制度中筹集的资金分为长期借款与短期借款。

1.长期借款是指借款期限在一年以上的银行和非银行金融机构的借款,以及发行股票或发行一年以上的债券所筹集的资金。

2.短期借款是指借款期限在一年以内(含一年)的资金,包括商业票据、商业信用、银行和非银行金融机构的短期借款等。

第2章　授权与批准内容

第5条　筹资授权方式。

企业筹资的授权均以授权书为准,逐级授权,口头通知与越级授权视为无效授权。

第6条　筹资授权程序。

1.总经理授权财务部经理全权负责筹资活动。

2.财务部经理授权筹资主管负责具体的筹资行为，包括编制筹资预算与筹资方案。

第7条 筹资预算与筹资方案的批准程序。

1.财务部经理指导筹资主管编制好筹资预算与筹资方案后，签字并呈送财务总监。

2.财务总监对筹资预算与筹资方案进行审核，审核无误后签字呈送总经理。

3.总经理负责审批筹资预算与筹资方案。

第8条 公司短期借款的审批权。

1.财务部经理的审批限额：10万元以内。

2.财务总监的审批限额：10万（含）～50万元。

3.总经理的审批限额：50万元（含）以上。

第9条 短期借款超过限额标准的由总经理审批。

第10条 超过100万元的筹资请求应由公司高层管理者共同审批。

第11条 筹资的批准需逐级进行，禁止越级批准。

第12条 对于越级批准给公司造成损失的人员，情节轻微的由公司追究其经济责任并处理，情节严重的交由司法机关处理。

第3章 附则

第13条 本制度由财务部制定，解释权、修改权归属财务部。

第14条 本制度自总经理审批之日起实施，修改时亦同。

西山公司筹资业务风险管理制度

修订日期	2022-10-20	审核日期	2022-10-25	批准日期	2022-12-30

同步训练

1."由独立机构负责股票的发行和过户等交易事宜，可使发行单位不相容职务相互分离的内部控制延伸到公司外部"，与此相符的筹资风险管理制度是（　　）。

　　A.授权审批制度　　　　　　　　B.债券或股票的签发制度

　　C.债券或股票的发行制度　　　　D.筹资凭证的记录与保管制度

2.在企业筹资业务管理流程中，筹资主管负责（　　）。

　　A.筹资账务处理　　　　　　　　B.编制筹资预算

　　C.筹集资金的分配　　　　　　　D.签订筹资合同或协议

3.在企业筹资授权审批流程中，筹资主管负责（　　）。

　　A.编制筹资预算与筹资方案　　　B.筹集资金的使用

　　C.编制筹资计划　　　　　　　　D.签订筹资合同或协议

4.在企业筹资决策管理流程中，筹资专员负责（　　）。

　　A.编制筹资计划　　　　　　　　B.筹集资金的使用

　　C.执行筹资计划　　　　　　　　D.提出筹资管理建议

5.在重大筹资方案审批流程中，筹资主管负责（　　）。

　　A.组织评估小组　　　　　　　　B.编制筹资计划

　　C.编制可行性分析报告　　　　　D.选择筹资对象

6.企业筹资风险管理应达到的目标包括（　　　）。

　A.保证筹资业务的合法性　　　　　　B.保证筹资活动经过授权审批

　C.保证合理摊销债券折价或溢价　　　D.保证股利的合理支付

7.在筹资业务风险管理中，需要建立的管理制度包括（　　　）。

　A.授权审批制度　　　　　　　　　　B.预算管理制度

　C.债券或股票签发制度　　　　　　　D.债券或股票发行制度

8.有价证券出售业务流程包括如下几个步骤，其中错误的排列顺序是（　　　）。

① 会计人员收到证券公司转来的"证券出售通知单"后进行审核，然后交给出纳人员

② 投资业务部门根据证券市场价格及企业投资目标的实现程度，提出证券出售申请，经审批后编制"证券出售通知单"，办理证券的卖出手续

③ 出纳人员根据会计人员转来的"证券出售通知单"及银行转来的收账通知编制收款凭证，并登记银行存款日记账

④ 会计人员根据出纳人员转来的收款凭证及有关原始凭证，登记有关账簿及证券投资登记簿

　A.①②③④　　　　B.②①④③　　　　C.②①③④　　　　D.③④①②

二、判断题（正确的在括号内打"√"，错误的打"×"）

1.一般情况下，财务部经理负责筹资计划的编制，筹资主管负责筹资预算的编制。

（　　　）

2.企业的筹资主管既要负责筹资预算的编制，也要负责筹资方案的制订。（　　　）

3.筹资预算的编制与筹资计划的编制一般由同一个人负责。（　　　）

参考答案

4.筹资计划的编制与筹资计划的执行必须由两个部门来完成。

（　　　）

5.企业资金的筹集、分配、使用和考核一般由财务部负责。（　　　）

6.企业筹资活动一般由筹资主管全权负责。（　　　）

任务三　项目实训——案例分析

一、实训目标

培养学生运用所学企业筹资业务内部控制与风险管理知识进行案例分析的能力。

二、能力要求

（1）掌握企业筹资业务内部控制与风险管理的要求。

（2）能够针对具体的案例，通过分析发现问题并提出防范措施，或对案例中存在的管控风险进行解释说明。

三、实训方式

以小组为单位完成实训任务，形成实训报告，参加讨论与点评。

四、实训考核

根据各实训小组实训成果（实训报告）的质量和参与讨论的情况进行评分。项目实训成绩按百分制评定，具体公式如下：

小组项目实训成绩 = 实训成果（满分80）+ 参与讨论（满分20）

$$\text{个人项目实训成绩} = \text{小组项目实训成绩} \times \text{个人贡献系数（个人贡献系数由组长根据个人在实训中的贡献大小决定）}$$

五、实训步骤

（1）由任课教师引导学生解读实训资料，提示学生应注意哪些问题，并布置具体实训任务，规定实训时间。

（2）各实训小组根据组内分工，查找、搜集相关资料，进行初步分析比较。

（3）小组内对初步分析比较的结果进行讨论、修改，最后按照要求形成实训报告（实训报告采用 Word 文档格式，纸张大小设置为 A4，页边距设置为上 2.8 厘米、下 2.5 厘米、左 2.5 厘米、右 2.5 厘米，行距设置为 1.5 倍；页码格式设置为阿拉伯数字、居中；总标题设置为小三号、黑体、居中、空一行，一级标题设置为小四号、宋体、加粗，二级标题和正文设置为小四号、宋休；图表内文字设置为五号、宋体）。

（4）各实训小组的组长将查找、搜集的资料和形成的实训成果（电子文档）打包上传。

（5）指导老师根据学生实训成果的质量和参与讨论的情况确定实训成绩。

六、实训资料

A 公司是一家集餐饮、旅游和度假于一体的集团公司，较快的发展速度使得董事长张英受到当地政府、金融机构的重视。2021 年年初，A 公司开始实施快速扩张战略，急需资金，为此，张英决定将当地某银行行长的儿子李明聘入公司，担任副总经理，专门负责企业融资事项。

李明因其父亲的关系，为公司成功取得银行贷款，解决了公司的资金问题。此后，董事长张英更加器重李明，赋予其更大的职权，并表示今后李明的融资活动直接上报她批准即可。

李明的女友林芳也投身商海并拥有自己的公司，无奈经营数载并未换来可观的回报和健康的现金流。林芳认为，只有扩大经营规模，才能解决公司的问题，但苦于没有资金。2022 年 3 月，恰逢 A 公司对外扩张遇到资金问题，张英指示李明为公司向银行申请 2 亿元贷款。李明考虑到女友公司的资金需求，加上自己的融资事项仅需张英批准，便精心策划出了一个"两全其美"的办法：以 A 公司的名义编制了两份 2 亿元的贷款协议，李明看准张英准备开重要会议的前 5 分钟，拿出协议让张英签名，谎称按银行的要求，2 亿元需签订两份协议分两次贷出。张英听后，连协议都未过目便签上名字开会去了。李明办妥了4亿元贷款后，让银行直接把2亿元打到女友林芳公司的账上。

半年后，由于林芳的公司经营状况依旧未见好转，2亿元的巨额贷款利息无法偿还，因此贷款被挪用的事情败露。李明被A公司起诉，并受到法律制裁。

参考答案

七、实训任务

如何认识"任人唯亲"对企业的影响？如何降低企业筹资业务引发的风险？

本项目框架图

本项目框架图如图6-5所示。

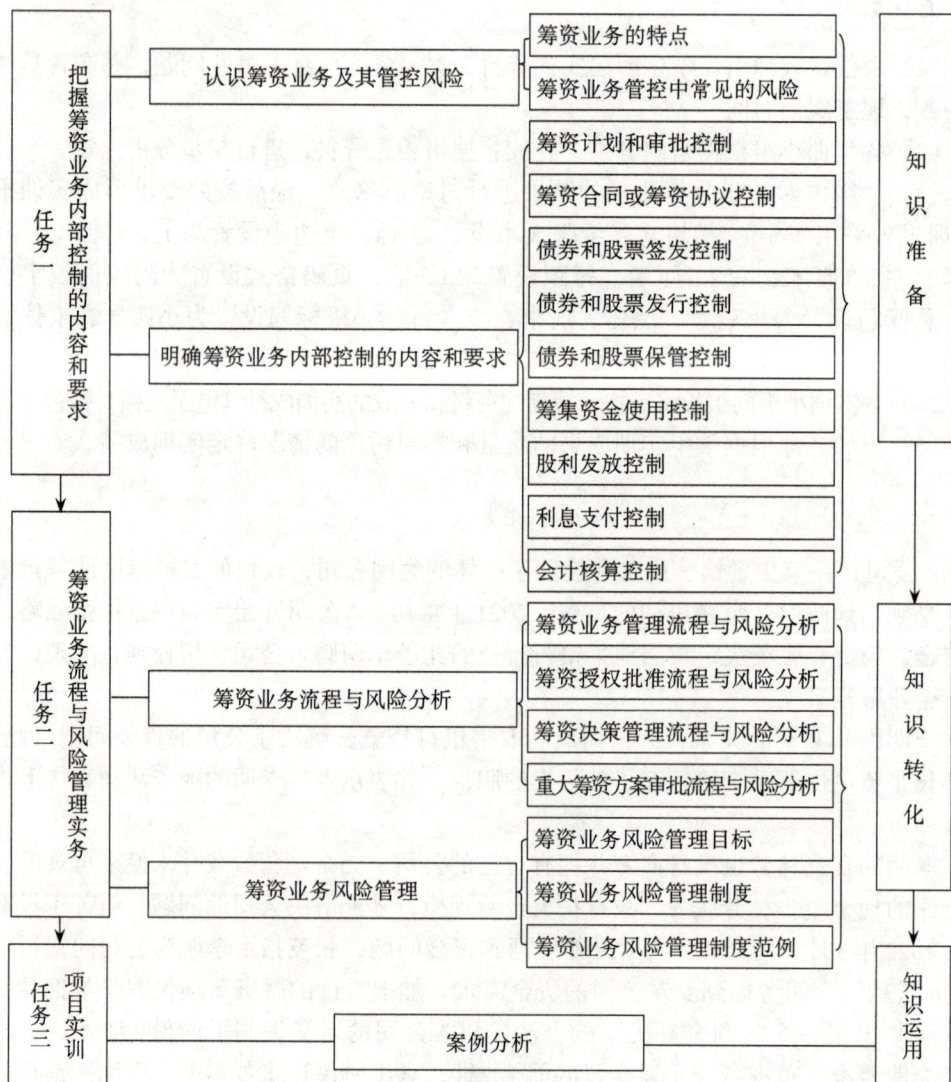

图6-5　本项目框架图

本项目参照规范

🗇《企业会计准则——基本准则》
🗇《企业内部控制应用指引第6号——资金活动》

项目七

对外投资业务内部控制与风险管理

案例导入

"贪吃蛇"——中钢集团投资扩张的兴衰路

中国中钢集团有限公司（简称中钢集团）是国务院国有资产监督管理委员会管理的中央企业，是一家为钢铁工业和钢铁生产企业提供综合配套系统集成服务的，集资源开发、贸易物流工程科技于一体的大型企业集团。

中钢集团曾创造了一家央企迅速成长的神话。2003年，中钢集团的总资产不到100亿元，2010年总资产已超过1 800亿元，居全球500强企业第352位，2011年居第354位。然而，2012年，中钢集团跌出了世界500强之列。中钢股份自2010年起盈利能力恶化，经营性现金流稳定性较差，融资性现金流在2012年至2013年均为净流出状态。截至2014年12月，中钢集团及所属72家子公司的债务达1 000多亿元，其中金融机构债务近750亿元，牵涉境内外80多家银行，还有一些信托公司、金融租赁公司。

早期的中钢集团一直从事矿石进出口以及钢铁设备制造等业务。2003年12月，黄天文任集团总经理兼党委书记，意在将集团从单纯的钢铁贸易服务商向钢铁实业中的生产供应和销售环节延伸，转型成为钢铁生产型服务商。从此，疯狂的扩张并购开始了。2005年以后，中钢集团先后在西安、洛阳、衡阳、吉林等地投资控股和设立子公司。一时间，中钢集团在各地的钢贸销售网点迅速铺开，集团旗下的子公司也多如牛毛、错综复杂。为了统一管理、减少竞争，中钢集团将所辖108家二级单位的名称统一为以中钢开头，理由是它们各自为政、业务交叉，并且相互恶性竞争。然而，名称统一以后，中钢集团在管理上并没有发生变化，因此问题依然存在，原先的混乱状态并未得到改善。2015年，中钢集团出现了"10中钢债"兑付危机，这种债务危机源自中钢集团过去十年间的疯狂扩张。资产迅速膨胀之后，钢铁和矿石市场暴跌的行情让中钢集团猝不及防，逐步陷入债务泥潭。同时，中钢集团过山车般的发展轨迹，也反映了其投资业务内部控制的混乱。

资料来源　根据网络资料整理.

思考：

（1）如何看待中钢投资扩张之举？

（2）企业对外投资应该考虑哪些因素？

任务一　把握对外投资业务内部控制的内容和要求

一、认识对外投资业务及其管控风险

（一）对外投资业务的特点

对外投资业务具有以下特点：

1.对外投资是通过让渡某项资产获得另一项资产的行为

例如，企业将拥有的现金、固定资产等让渡给其他单位使用，以换取债权或股权投资。

2.对外投资为企业带来经济利益的方式不同

对内投资，如购建固定资产等，通常能为企业带来直接的经济利益。对外投资通常是将企业的资产让渡给其他单位使用，其他单位使用并创造效益后，企业再以分配方式取得经济利益，或者通过投资改善贸易关系，达到获取利益的目的。从本质上讲，对外投资就是通过投资行为获得额外收益的行为。

（二）对外投资业务管控中常见的风险

微课

企业投资活动的风险

企业对外投资应符合国家法律、法规的规定；对外投资业务流程、职责划分、权限范围和审批程序应进行明确规范，对外投资管理部门的岗位设置、人员分工应当科学合理；对外投资业务的核算应当真实、准确。

对外投资业务管控中常见的风险主要有：

（1）如果投资行为违反国家法律、法规的规定，则企业可能会遭受外部处罚，造成经济损失和信誉损失。

（2）如果对市场的调研不详细，或对被投资企业的调查和分析不全面、不客观，或投资项目未经过科学评估和论证，或投资审查委员会审查不规范，则可能会导致企业决策失误，从而造成重大损失。

（3）如果投资业务未经适当审批或越权审批，则可能会产生重大差错、舞弊或欺诈行为，从而给企业带来损失。

（4）如果投资的收回不按规定权限和程序进行审批，或投资收回协议的签订不合理，则可能会导致企业资产的流失和浪费。

（5）如果资产减值的会计处理不规范或没有经过严格审批，则可能会导致企业资产账目混乱，从而增加管理成本。

（6）如果投资核销没有经过充分调研或没有经过严格审批，则可能会导致企业资产虚增或资产流失，造成资产浪费。

二、明确对外投资业务内部控制的内容和要求

对外投资业务内部控制的内容主要包括：对外投资预算控制、对外投资计划控制、对外投资可行性分析报告控制、对外投资取得控制、对外投资保管与变动控制、对外投资处置控制、对外投资信息披露控制。

（一）对外投资预算控制

企业的对外投资业务应实行预算控制。预算控制是企业内部控制的一个重要方面，加强投资预算控制，可以使投资计划书的编制有据可依，可以加强对各部门投资预算的控制，有助于有效实施企业的投资战略，有助于投资业务部门制定的投资决策符合企业整体资金的安排和发展战略的要求。

对外投资预算控制的内容包括：

（1）对外投资预算的编制必须适应对外投资环境的变化，符合企业的发展战略。

（2）对外投资预算是企业预算的一个分支，其内容、编制程序应符合规定。

（3）对外投资预算编制完成后，应交本部门主管检查批复，编制人员根据批复意见进行修改，直至通过本部门主管的审批签字，最后将对外投资预算交给财务部门。

【明德善思】预算控制不仅体现在企业对外投资活动中，也是政府进行财政管理的重要手段。习近平总书记在中央经济工作会议上提出要强化预算绩效管理。更加注重结果导向、强调成本效益、硬化责任约束，将绩效理念和方法深度融入预算管理全过程。将落实党中央重大决策部署作为预算绩效管理重点，加强对新出台重大政策、项目事前绩效评估，增强政策可行性和财政可持续性。严格绩效目标管理，提高绩效指标体系的系统性、精准性和实用性。完善绩效评价机制，充分运用绩效评价结果，将评价结果作为完善政策、安排预算和改进管理的重要依据。推进绩效信息公开，主动接受社会监督。

（二）对外投资计划控制

在投资预算的指导下，若财务主管认为投资机会已经成熟，则投资业务相关部门应根据投资预算初步编制投资计划，然后将投资计划送交财务部门进行审核。审核通过后，不重要的投资项目交由董事会授权的专人审批；重要的投资项目应首先进行可行性分析，然后由董事会联签批准。

对外投资计划控制的内容包括：

（1）企业应当根据对外投资预算，结合自身实际情况，初步编制对外投资计划。

（2）对外投资计划应当初步说明对外投资项目涉及的人力、物力、财力。

（3）对外投资计划由财务部门审核，并经对外投资决策机构或董事会或董事会授权的专人审批后，方可通过。

（三）对外投资可行性分析报告控制

可行性分析是在项目投资决策前，调查、研究与拟建项目有关的自然、社会、经济、技术资料，分析、比较可能的投资建设方案，预测、评价项目建成后的社会经济效益，并在此基础上综合论证投资建设的必要性、财务上的获利性、经济上的合理性、技术上的先进性和适当性，以及建设条件上的可能性和可行性，从而为投资决策提供科学依据的工作。

可行性分析是投资前期工作的重要内容，是投资程序的重要环节，是项目投资决策中必不可少的一个工作程序。

一个完整的可行性分析报告至少应包括三个方面的内容：

（1）分析论证项目投资建设的必要性，这主要是通过市场预测工作来完成的。

（2）分析论证项目投资建设的可行性，这主要是通过生产建设条件、技术分析和生产工艺论证来完成的。

（3）分析论证项目投资建设的合理性，这是可行性分析中最核心的部分。

（四）对外投资取得控制

对外投资取得控制的内容包括：

（1）对外投资项目必须经过审批人授权方可执行。

（2）对外投资项目必须经过洽谈，并签订投资协议书。投资协议书的内容应全面、合法。

（3）对外投资项目的资产交割和账务处理。

（4）对于证券投资，证券交易的结果应记录在成交通知书上。

案例

对外投资内部控制与风险管理

【思考】在财务会计中，对外投资取得分为几种情况？如何进行账务处理？

（五）对外投资保管与变动控制

对外投资保管与变动控制的内容包括：

（1）企业应将有价证券及投资协议等投资资料委托保管或存放于防护措施齐全的场所并指派专人保管。

（2）应当要求银行等机构只能允许企业专门指定的人员持有经批准的文件，才能接触证券。

（3）去银行或其他机构存取证券时，应由两个以上人员同行，不得一人单独接触证券。

（4）财务负责人或其他被授权人应当定期检查银行等机构送来的证券存放情况记录，并将这些记录同财务部经理签署的证明文件存根和企业有关证券账户的余额相核对。

（5）若需要借出或归还投资资料，则申请人员必须持经审核批准的文件同保管人员一起从保管场所取出或存入，在登记簿上记载借阅人或归还人姓名、借出或归还资料的日期，并经在场人员签字确认。

（6）接触证券的人员应与投资业务审批人、投资实物记录人、现金业务处理人、投资总分类账记账员在职责上相互独立、相互分离。

（7）证券保管人必须设立证券登记簿，根据经复核和批准的原始凭单，详细登记存取证券的名称、号码、数量、面值、存放或取出日期及经手人等内容。

（8）有价证券若需要抵押，则应按权限查核贷款合同，在审核后根据抵押程序办理，并由抵押单位签收。

（9）企业对外联营投资，每年至少应对被投资单位进行一次清查，详细清查被投资单位的财务状况、经营成果。

（六）对外投资处置控制

对外投资处置必须经过董事会或管理层的批准。以有价证券投资为例，任何有价证券的出售都必须视金额大小报单位财务部经理、企业负责人或董事会批准；企业委托的证券出售业务经纪人应受到严格的审查；企业与经纪人之间的各种通信文件都应予以记录并保存；反映经纪人处置证券结果的清单应根据处置指令进行检查。对于长期不再运作的投资项目，企业必须进行清理，核清债权、债务，撤销有关的担保、抵押，并妥善保管所有账簿、传票、财务会计报告等材料及一切法律文件。

【思考】在财务会计中，对外投资处置分为几种情况？如何进行账务处理？

（七）对外投资信息披露控制

企业应披露的投资活动信息主要有：

（1）当年提取的投资损失准备。企业应在财务报表附注中披露当年计提的短期投资跌价准备和长期投资减值准备的金额。

（2）投资的计价方法。企业应在财务报表附注中披露投资的计价方法，如短期投资的计价采用成本与市价孰低法等。

（3）短期投资的期末市价。企业应在资产负债表短期投资项目中或财务报表附注中单独披露短期投资的期末市价。

（4）投资总额占净资产的比例。企业应在财务报表附注中披露期末短期投资和长期投资的账面价值合计占净资产的比例。

（5）投资企业与被投资单位会计政策的重大差异。企业应在财务报表附注中披露本企业与被投资单位会计政策的重大差异。

（6）投资变现及投资收益汇回的重大限制。企业应在财务报表附注中披露投资变现及投资收益汇回的重大限制，如被投资单位在境外，受被投资单位所在地外汇管制的影响，投资收益的汇回受到限制等。企业以实物、无形资产方式对外投资的，其资产重估确认价值与其账面净值的差额计入资本公积。

同步训练

一、不定项选择题（每题至少有一个正确答案，请将正确答案填在括号内）

1.对外投资与对内投资的最大区别在于（　　）。

    A.投资方式不同　　　　　　　　B.投资标的不同

    C.投资风险不同　　　　　　　　D.获取利益的方式不同

2.企业应当编制对外投资（　　），它一般包括项目的必要性和依据、投资条件的初步分析、投资估算和资金筹措设想、经济效益和社会效益初步估算等内容。

    A.可行性分析报告　　　　　　　B.计划书

    C.评估报告　　　　　　　　　　D.决策建议书

3.企业应当由相关部门和人员或委托具有相应资质的专业机构对投资项目进行（　　），通过对与投资项目有关的经济、社会、技术等方面情况进行全面的调查研究，对各种投资方案进行分析，对投资后的经济效益和社会效益进行预测，从而为投资决策提供依据。

    A.可行性分析　　　　　　　　　B.计划

    C.评估　　　　　　　　　　　　D.决策

4.对外投资应由（　　）决策，决策过程应有完整的书面记录。

    A.小组　　　　　　　　　　　　B.主要领导

    C.主管部门　　　　　　　　　　D.集体

5.对外投资控制的内容主要包括（　　）。

    A.对外投资预算与计划控制　　　B.对外投资可行性分析报告控制

    C.对外投资取得与保控制管　　　D.对外投资变动与处置控制

6.办理对外投资业务的人员应当具备良好的职业道德，掌握（　　）等方面的专业知识。

    A.金融　　　　　　　　　　　　B.投资

    C.财会　　　　　　　　　　　　D.法律

7.对外投资监督检查的重点内容包括（　　）。

    A.是否存在不相容职务混岗的现象

    B.决策过程是否符合规定的程序

C.处置是否经过集体决策并符合授权批准程序

D.会计记录是否真实、完整

8.对外投资取得控制包括（　　　）。

A.对外投资的授权审批　　　　　　　B.对外投资协议的签订

C.对外投资交割凭证　　　　　　　　D.对外投资账务处理

9.根据我国企业会计准则的规定，下列各项应采用成本法核算的是（　　　）。

A.投资企业对被投资单位无控制、无共同控制且无重大影响

B.不准备长期持有被投资单位的股份

C.准备长期持有被投资单位的股份

D.被投资单位在严格的限制条件下经营，其向投资企业转移资金的能力受到限制

10.对外投资处置控制包括（　　　）。

A.对外投资处置的审批

B.对外投资处置的相关记录或协议

C.对外投资处置的核算

D.对外投资清查结果的处理

二、判断题（正确的在括号内打"√"，错误的打"×"）

1.对外投资涉及的主要业务环节包括：编制对外投资建议书、对外投资可行性分析、投资项目的跟踪管理，以及对外投资的收回、转让、核销等。　　　　（　　）

2.企业应当加强对外投资有关权益证书的管理，由财务部门保管权益证书，并建立详细的记录。　　　　　　　　　　　　　　　　　　　　　　　　　　（　　）

3.投资购入的股票、债券，或核准后并且已印刷好但尚未发行的股票、债券，一般需要企业自行保管。　　　　　　　　　　　　　　　　　　　　　　　　（　　）

参考答案

4.公司购回股票支付的价款低于面值总额的部分，可增加资本公积。

（　　）

5.核销对外投资，应取得因被投资单位破产等原因不能收回投资的法律文书和证明文件。　　　　　　　　　　　　　　　　　　　　　　　　　　（　　）

任务二　对外投资业务流程与风险管理实务

一、对外投资业务流程与风险分析

（一）长期股权投资管理流程与风险分析

1.长期股权投资管理流程与风险分析图

西山公司长期股权投资管理流程与风险分析图如图7-1所示。

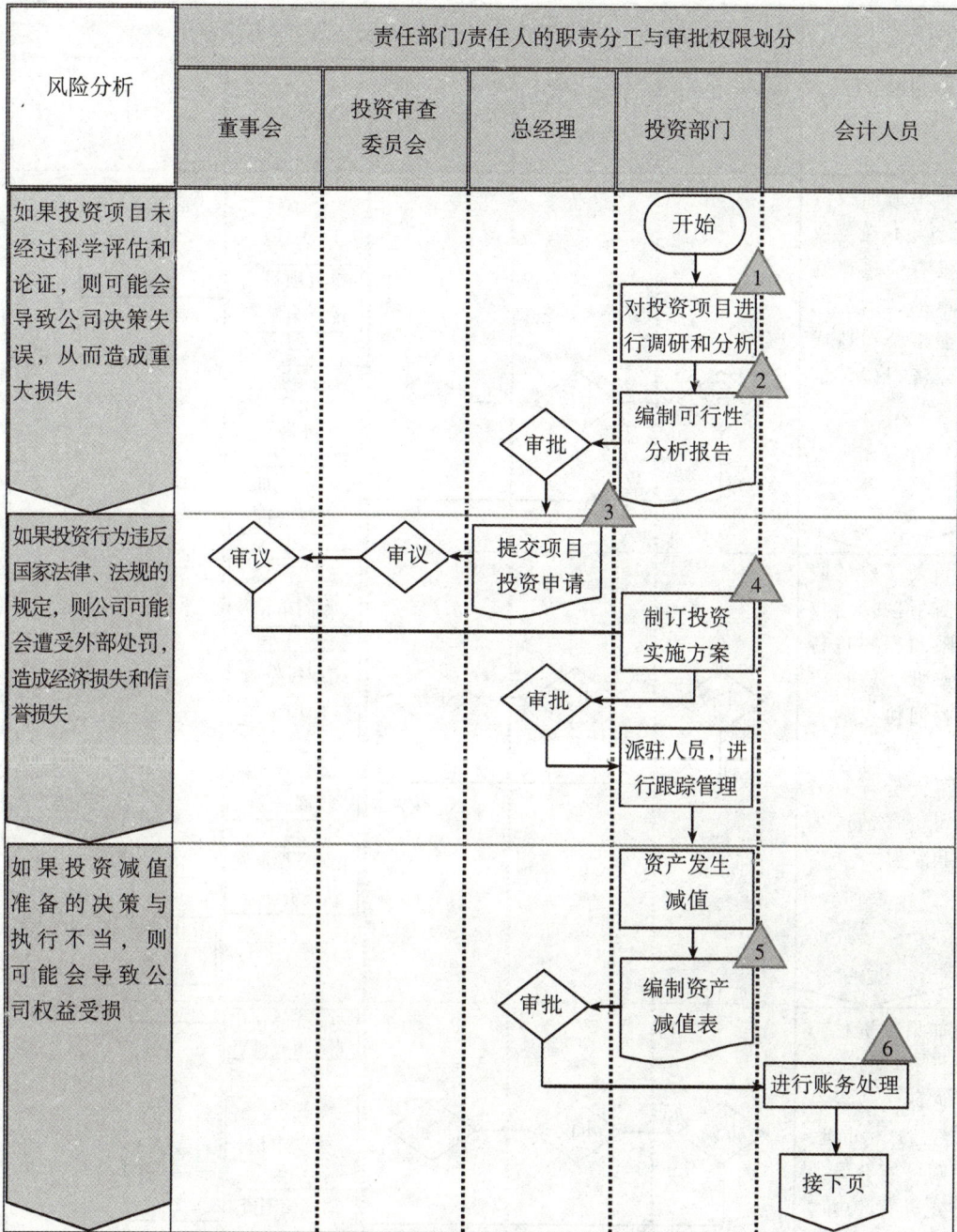

风险分析	责任部门/责任人的职责分工与审批权限划分				
	董事会	投资审查委员会	总经理	投资部门	会计人员
如果投资项目未经过科学评估和论证，则可能会导致公司决策失误，从而造成重大损失			审批	开始　①　对投资项目进行调研和分析　②　编制可行性分析报告	
如果投资行为违反国家法律、法规的规定，则公司可能会遭受外部处罚，造成经济损失和信誉损失	审议	审议	③提交项目投资申请　审批	④制订投资实施方案　派驻人员，进行跟踪管理	
如果投资减值准备的决策与执行不当，则可能会导致公司权益受损			审批	资产发生减值　⑤编制资产减值表	⑥进行账务处理　接下页

风险分析	责任部门/责任人的职责分工与审批权限划分				
	董事会	投资审查委员会	总经理	投资部门	会计人员
如果追加投资行为不规范或没有经过严格审批，则可能会给公司造成经济损失和信誉损失	◇审议	◇审议	◇审核	投资项目出现资金缺口 ▽7 编制追加投资申请报告 ▽8 签订追加投资合同	承上页
如果投资的收回不按规定权限和程序进行审批，或投资收回协议的签订不合理，则可能会导致公司资产的流失和浪费	◇审议	◇审议	◇审核	提出投资收回申请 ▽9 编制投资收回申请 ▽10 签订投资收回合同 收回资金，确认投资损益	进行账务处理
如果投资核销没有经过充分调研，或没有经过严格审批，则可能会导致公司资产虚增或资产流失，造成资产浪费	◇审议	◇审议	◇审批	被投资公司出现问题或破产 ▽11 编制资产核销申请 ▽12 清理核销资产，确认损失	进行账务处理 结束

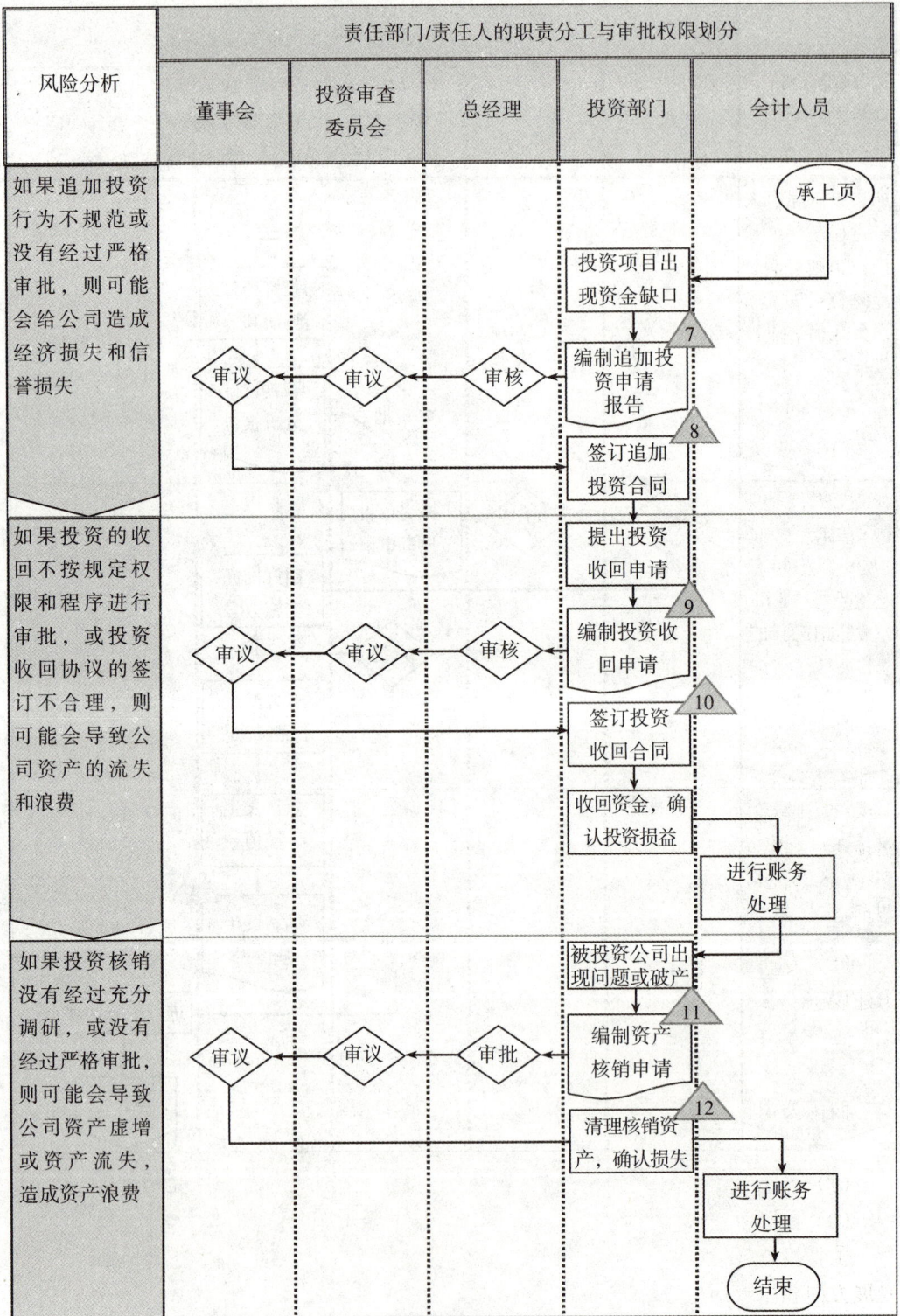

图7-1　西山公司长期股权投资管理流程与风险分析图

2.长期股权投资管理流程描述及说明

（1）投资部门负责对投资项目进行调研和分析，并对被投资公司的资信情况进行调查。

（2）投资部门对投资项目进行可行性分析，编制可行性分析报告，重点对投资项目的规模、投资方式、投资风险与收益等方面作出评价。

（3）总经理向投资审查委员会和董事会提交项目投资申请。

（4）项目投资申请审议批准后，投资部门负责制订投资实施方案。

（5）投资项目资产发生减值，投资部门负责编制资产减值表。

（6）会计人员计提减值准备，调整折旧和摊销数额。

（7）投资部门负责编制追加投资申请报告。

（8）追加投资申请报告经审议批准后，投资部门负责与被投资公司签订追加投资合同。

（9）投资部门负责编制投资收回申请。

（10）投资收回申请经审议批准后，投资部门负责与被投资公司签订投资收回合同。

（11）投资部门负责编制资产核销申请。

（12）资产核销申请经审议批准后，投资部门负责清理核销资产，确认损失。

（二）投资评估分析流程与风险分析

1.投资评估分析流程与风险分析图

西山公司投资评估分析流程与风险分析图如图7-2所示。

2.投资评估分析流程描述及说明

（1）投资部门负责调查被投资公司的资信情况。

（2）投资部门应调查被投资公司管理层或实际控制人的能力、资信等情况；投资项目如有其他投资者，投资部门还应当对其他投资者的资信情况进行了解或调查。

（3）投资部门对投资项目进行可行性分析，编制可行性分析报告，重点对投资项目的规模、投资方式、投资风险与收益等方面作出评价。

（4）总经理委托具有相应资质的专业机构对可行性分析报告进行评估，形成评估报告。

（5）专业机构提交评估报告后，总经理对可行性分析报告和评估报告进行评价，提出建议。

（三）投资决策审批流程与风险分析

1.投资决策审批流程与风险分析图

西山公司投资决策审批流程与风险分析图如图7-3所示。

2.投资决策审批流程描述及说明

（1）总经理提交项目投资申请，其中应包括可行性分析报告和评估报告。

（2）投资审查委员会组织人员进行初审。初审过程中应当审查下列内容：

①拟投资项目是否符合国家有关法律、法规和相关调控政策，是否符合公司主业的发展方向和投资的总体要求，是否有利于公司的长远发展。

风险分析	责任部门/责任人的职责分工与审批权限划分			
	总经理	财务总监	投资部门	专业机构
如果投资项目未经过科学评估和论证，或没有经过专业机构的独立评估，则可能会导致公司决策失误，从而造成重大损失			开始 ↓ 对拟定的投资项目进行市场调研 ①↓ 调查被投资公司的资信情况 ②↓ 调查被投资公司管理层的情况 ↓ 进行可行性分析 ③↓	
如果对市场的调研不详细，或对被投资公司的调查和分析不全面、不客观，则可能会导致公司获取的信息不充分，从而造成公司投资决策失误	审核 ← ↓④ 委托专业机构对可行性分析报告进行评估 ↓⑤ 对可行性分析报告和评估报告进行评价，提出建议 →	提出修改意见和建议 →	编制可行性分析报告 ← 根据意见修改可行性分析报告 ↓ 结束	进行独立评估 ↓ 形成评估报告 ←

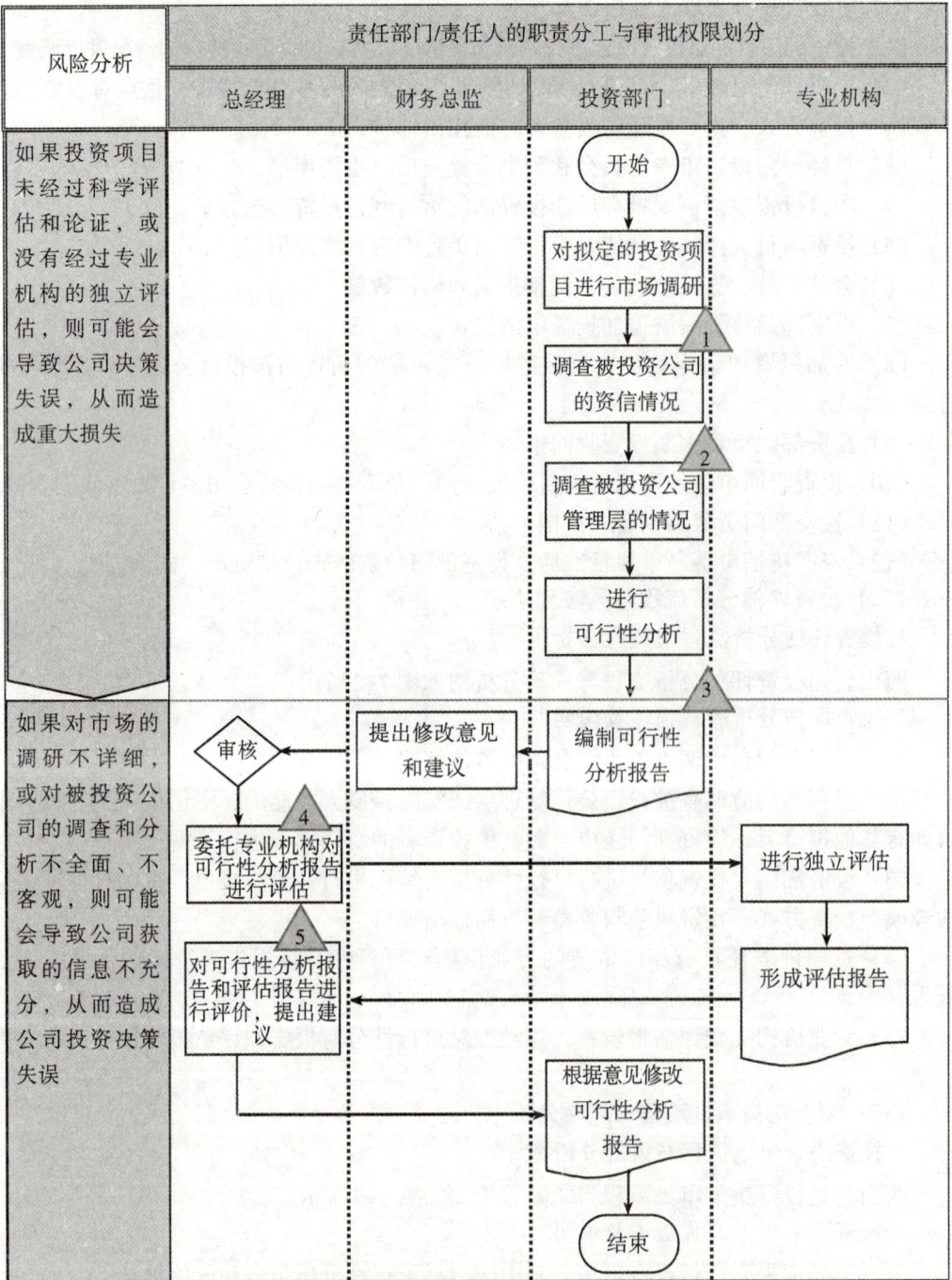

图7-2 西山公司投资评估分析流程与风险分析图

风险分析	责任部门/责任人的职责分工与审批权限划分			
	董事长	董事会	投资审查委员会	总经理
如果投资审查委员会的审查不规范，则可能会导致投资决策失误，从而给公司造成经济损失			组织人员进行初审 ② 审议 ——未通过——	开始 ① 提交项目投资申请 进行可行性研究或改换投资项目
如果投资业务未经适当审批或越权审批，则可能会产生重大差错或舞弊、欺诈行为，从而给公司造成经济损失	审批 ←通过—	进行讨论、分析 ③ 审议 ——未通过——	←通过— 提交董事会审议	 实施投资计划 结束

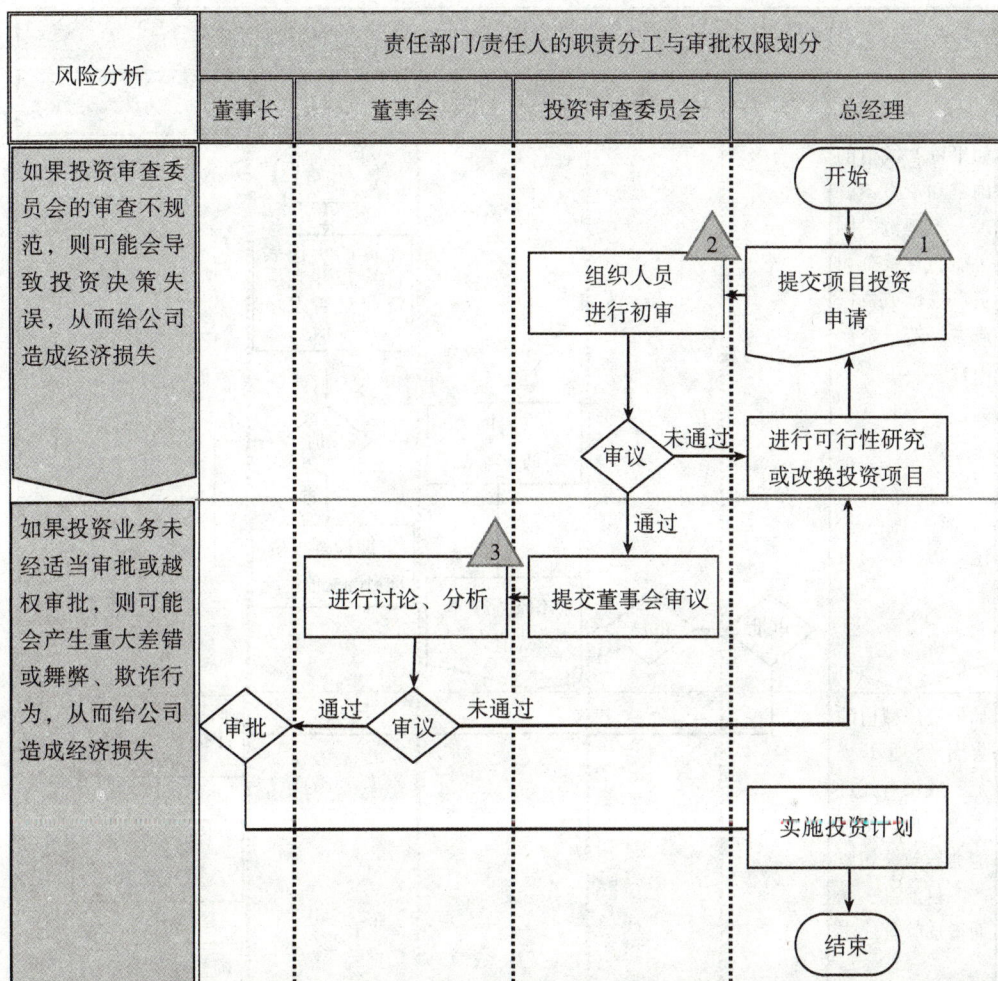

图7-3　西山公司投资决策审批流程与风险分析图

②拟订的投资方案是否可行，主要风险是否可控，是否采取了相应的防范措施。

③企业是否具有相应的资金能力和项目监管能力。

④拟投资项目的预计经营目标、收益目标等是否能够实现，公司的投资利益能否确保，所投入的资金能否按时收回。

（3）董事会对投资审查委员会的审议结果进行讨论、分析。

（四）投资项目减值准备审批流程与风险分析

1.投资项目减值准备审批流程与风险分析图

西山公司投资项目减值准备审批流程与风险分析图如图7-4所示。

2.投资项目减值准备审批流程描述及说明

（1）投资部专员在资产负债表日检查并判断投资项目的资产是否发生减值。

（2）如果没有发生减值，则投资部专员应定期检查投资项目的减值情况。

（3）如果发生减值，则投资部主管应估计可收回金额。可收回金额应根据资产的公允价值减去处置费用后的净额与资产预计未来现金流量的现值两者之间的较高者确定。

风险分析	责任部门/责任人的职责分工与审批权限划分				
	总经理	财务总监	投资部主管	投资部专员	会计人员
如果资产减值的确定和审批不合理、不规范，则可能会导致公司资产虚增或资产流失，造成资产浪费				开始 ① 在资产负债表日检查并判断资产是否发生减值	
			③ 估计可收回金额	是 ← 减值 → 否 ② 定期检查投资项目的减值情况	
	审批 ← 审核 ←		编制资产减值表		
如果资产减值的会计处理不规范，或没有经过严格审批，则可能会导致公司资产账目混乱，从而增加管理成本					④ 确认减值损失，计提资产减值准备
					到有关部门进行备案
					⑤ 调整减值资产的折旧或摊销费用
	审批 ← 审核 ←				⑥ 确定应在财务报表附注中披露的与资产减值有关的信息
					在财务报表附注中披露
					结束

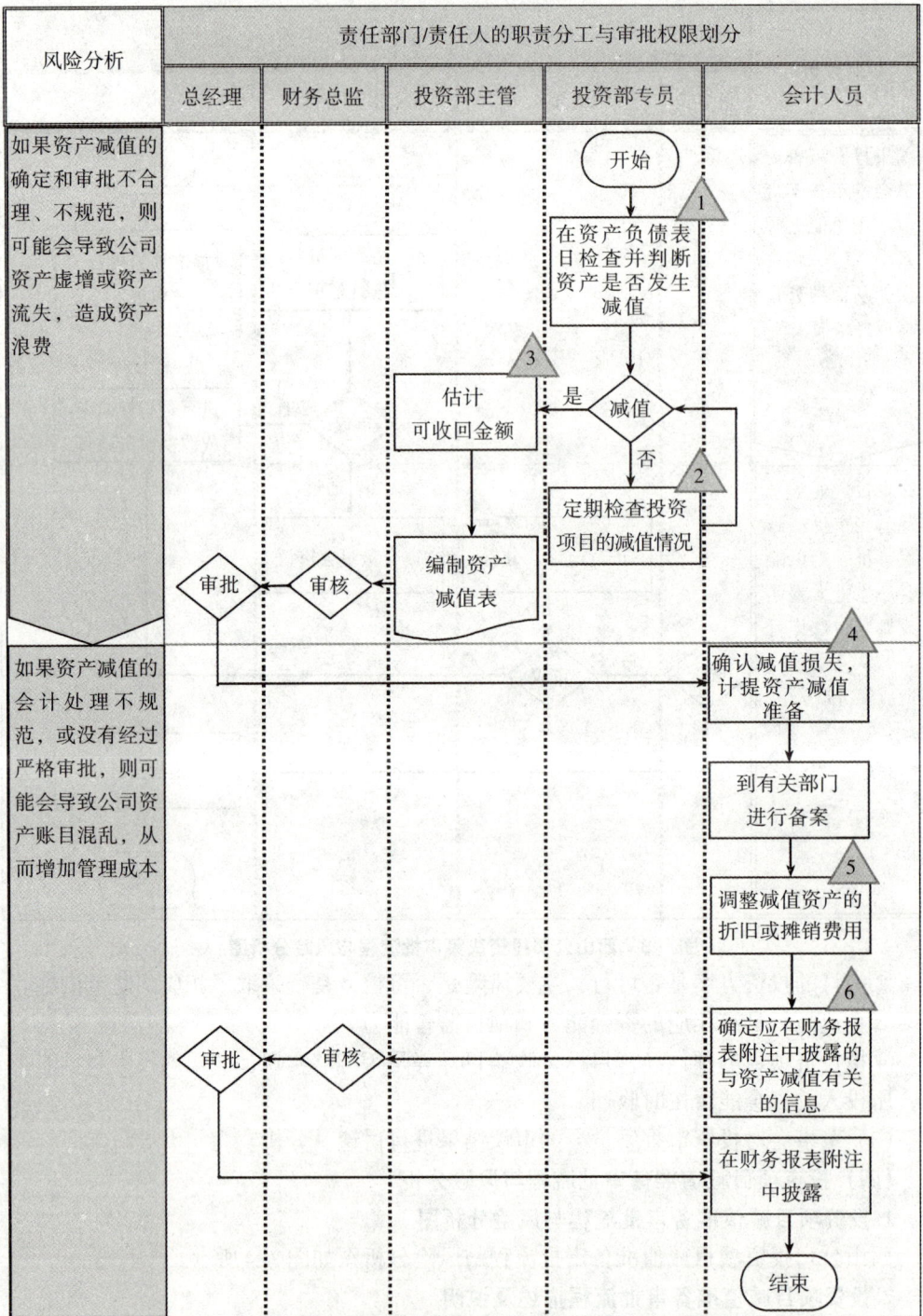

图7-4 西山公司投资项目减值准备审批流程与风险分析图

（4）会计人员确认减值损失，计提资产减值准备。

（5）资产减值损失确认后，会计人员应调整减值资产的折旧或摊销费用，使该资产在剩余的使用寿命内系统分摊调整后的资产账面价值。

（6）会计人员负责确定应在财务报表附注中披露的与资产减值有关的信息。财务报表附注中应披露的与资产减值有关的信息包括：当期确认的各项资产减值损失金额；计提的各项资产减值准备累计金额等。

二、对外投资业务风险管理

（一）对外投资业务风险管理目标

根据对外投资业务的特点以及经营管理的要求，对外投资业务风险管理目标如下：

微课

投资活动内部控制的业务目标

1. 保证投资资产安全完整

有价证券资产的流动性仅次于现金，有价证券也是不法分子挪用或盗窃的对象。此外，有价证券在不同日期还会存在一定的利息或股利收入。因此，预防有价证券被冒领或转移是投资业务风险管理的一个重要目标。

2. 保证投资业务合规合法

投资活动的成败对企业未来的发展会产生重大影响。因此，投资业务必须经过适当的审批程序才能进行。企业在投资时的各种交易手续、程序，各种文件记录及账面数据的反映和财务报告信息的披露等，均需符合政府的投资法规，以保护投资者的利益。

3. 保证投资业务记录准确

企业要想使财务报表使用人员相信其提供的财务会计信息，就必须对投资的计价和反映进行有效的控制，防止计价方法使用不当及账务处理出现错误与弊端等情况的发生，以保证投资业务记录的准确性。

4. 保证投资收益揭示合理

投资收益是企业整个经营活动成果的一部分，投资者出于对自身利益的关心，自然要求企业合理揭示投资收益。政府机构考虑到税收因素，也会特别关注企业是否合理揭示投资收益。因此，企业应通过投资控制制度，为合理确定投资收益的入账时间和计算方法提供保证，从而取得投资者和政府机构对其投资收益揭示的信赖。

（二）对外投资业务风险管理制度

根据《企业内部控制应用指引第6号——资金活动》的相关规定，企业为了实现对外投资业务风险管理目标，应建立以下控制制度：

1. 对外投资业务岗位分工制度

企业应当建立对外投资业务岗位分工制度，明确相关部门和岗位的职责和权限，确保办理对外投资业务的不相容职务相互分离、制约和监督。

对外投资业务不相容职务相互分离包括以下内容：对外投资项目可行性分析与投资计划编制职务相分离；对外投资计划编制与审批职务相分离；负责证券购入、出售业务的人员应与负责对外投资会计记录工作的人员相分离；证券保管人员必须同负责投资交易账务处理的人员相分离；参与投资交易活动的人员应与负责有价证券盘点工作的人员相分离；不得由同一部门或个人负责投资业务的全过程。

2. 对外投资授权批准制度

对外投资授权批准制度要明确授权批准的方式、程序和相关控制措施，规定审批人的权限、责任以及经办人的职责范围和工作要求。严禁未经授权的部门或人员办理对外投资业务。

审批人员应根据对外投资授权批准制度的规定，在授权范围内进行审批，不得越权审批。经办人员应在职责范围内，按审批人员的批准意见办理对外投资业务。对于审批人员超越授权范围审批的对外投资业务，经办人员有权拒绝办理，并及时向审批人员的上级授权部门报告。

企业还应建立对外投资责任追究制度，对于在对外投资中出现重大决策失误、未履行集体审批程序和不按规定执行对外投资业务的部门及人员，应追究相应的责任。

3.证券投资取得与保管制度

投资计划的正式实施，必须以经过总经理和财务总监联签或董事会审批的文件作为执行指令。负责投资业务的人员在得到进行证券投资的授权指令后，通常应选择从事证券交易的证券经纪人或交易商。证券经纪人或交易商为企业购置证券，必须取得经投资企业总经理或财务总监联合签署的书面投资文件，经纪人不能超越投资文件允许的范围为企业购置证券。

购入的证券最好存放在银行、信托公司或保险公司中。这些机构拥有丰富的经验和专业的设备，能够有效保护证券实物的安全。同时，这些机构能够帮助企业记录证券实物的数量，避免了企业的证券实物记录被篡改。

4.投资资产处置制度

投资资产处置控制的程序基本上和投资资产取得控制的程序相同，即对外投资出售必须以经过总经理和财务总监联签或董事会审批的文件作为执行指令；代理买卖有价证券的经纪人应受到严格的审定；经纪人同投资企业之间的各种文件应予以记录保存；经纪人处置证券必须按董事会的指令进行；如果处置结果涉及现金，还应按现金收入的控制方法对投资资产处置进行控制。

5.投资账务处理制度

对投资业务进行完整记录，一方面，可以使投资交易活动中每个人的职权和责任、授权和被授权情况得到反映，从而便于监督检查投资业务是否按照内部控制制度的要求进行；另一方面，也是保护证券实物、确定企业投资资产的价值、计算投资收益的需要。

6.对外投资期末计价制度

在资产负债表日，企业应对对外投资的账面价值逐项进行检查，按照企业会计准则的要求进行会计处理。如果市价持续下跌或被投资单位经营状况发生变化导致企业可收回金额低于投资账面价值，则应当计提减值准备，并计入当期损益。

7.对外投资业务监督检查制度

对外投资业务监督检查制度要求明确监督检查机构或人员的职责权限，定期或不定期地进行检查。监督检查部门应按照企业内部管理权限，报告对外投资业务内部控制监督检查的情况和有关部门的整改情况。

对外投资业务监督检查的内容主要包括：

（1）对外投资业务相关岗位设置及人员配备情况。重点检查岗位设置是否科学、合理，是否存在不相容职务混岗的现象，以及人员配备是否合理。

（2）对外投资业务授权审批制度的执行情况。重点检查分级授权是否合理；检查对外投资项目的审批制度是否健全，是否存在越权审批行为；检查对外投资的联签制度；检查对外投资处置的授权批准手续是否健全，是否存在越权审批等违反规定的行为。

（3）对外投资业务的决策情况。重点检查对外投资决策过程是否符合规定的程序。

（4）对外投资业务的执行情况。重点检查各项资产是否按照投资方案投出，投资期间获得的投资收益是否及时进行会计处理，以及对外投资权益证书和有关凭证的保管与记录情况。

（5）对外投资的处置情况。重点检查资产的处置是否经过集体决策并符合授权批准程序，资产的回收是否完整、及时，资产的作价是否合理。

（6）对外投资业务的会计处理情况。重点检查会计记录是否真实、完整。

（三）对外投资业务风险管理制度范例

1.西山公司长期股权投资执行管理制度（见表7-1）

表7-1　　　　　　　　　　西山公司长期股权投资执行管理制度

制度名称	长期股权投资执行管理制度		文件编号	内控03-03
执行部门	财务部、投资部		监督部门	法务内审部

第1章　总则

第1条　为了加强公司对长期股权投资行为的管理、防范投资风险、保证投资安全、提高投资效益，特制定本制度。

第2条　本制度适用于涉及长期股权投资的所有人员。

第3条　本制度中的长期股权投资包括公司持有的对联营企业的投资和对合营企业的投资，以及公司持有的对被投资单位不具有共同控制或重大影响，并且在活跃市场中没有报价、公允价值不能可靠计量的权益性投资。

第2章　长期股权投资的方案、合同与权益证书

第4条　投资部人员所编制的投资方案应明确公司的出资时间、金额、出资方式、责任人及利润收回方式、时间等内容。

第5条　投资实施方案发生变更时，必须重新根据审批程序进行审批。

第6条　投资合同的签订由公司法定代表人通过书面授权书委托的代表签订，其他人无权签订。

第7条　公司以现金或其他方式出资后，投资部需及时取得长期股权投资的权益证书，进行记录后交财务人员保管。

第8条　权益证书由财务部的财务文员保管，财务文员将投资部交来的权益证书详细记录后，放入保险柜中，未经授权，任何人不得接触权益证书。

第9条　财务部经理定期或不定期与投资部经理及权益证书的保管人员、经手人员核对有关的权益证书。

第3章　长期股权投资执行过程中人员与财务的管理

第10条　投资部需指派专员对投资项目进行跟踪管理，投资部指派人员需与公司指派的其他人员配合，定期分析投资质量，分析被投资公司的财务状况、经营状况、现金流量等重要指标，并撰写分析报告。

第11条　公司对派往被投资公司的董事、监事、财务负责人或其他管理人员及投资部指派人员实行年度或任期内的绩效考评与轮岗制度，这些人员在年度或任期内需向公司提交述职报告。

第12条　投资部应将被投资公司发生的重大事项及时上报财务总监与总经理，以方便公司对长期股权投资的处置，保证长期股权投资业务的安全与效益。

第13条　被投资公司的重大事项主要包括但不限于下列10项内容：

1.更换本公司指派的人员。

2.被投资公司的经营方向、经营方式发生重大改变或调整。

3.被投资公司的主要股东发生了变化。

4.被投资公司的注册资本发生了变化。

5.被投资公司期望本公司为其提供任何形式的贷款性融资或债权担保。

6.被投资公司合并、分立、上市、变更公司形式、解散或清算等。

7.涉及上述事项的章程或合同的修改。

8.被投资公司的长期投资项目。

9.被投资公司解聘或聘任高级管理人员。

10.公司管理层认为重要的其他事项。

第14条　投资部应定期收集被投资公司的财务报表并交予财务部，财务部根据国家统一的会计制度和公司的相关会计制度对长期股权投资的收益进行核算，编制财务报表。

第15条　被投资公司如果以股票形式发放股利，财务部应及时更新账面股份数量。

第16条　财务部应定期或不定期与被投资公司核对相关投资账目，以保证投资的安全、可靠。

第17条　会计人员在确定长期股权投资项目减值准备的计提标准后，需要报财务部经理与财务总监审核、审批。

第18条　审计人员应定期审计长期股权投资项目的减值情况。

第19条　投资部应制定投资备查登记簿，以便公司随时掌握长期股权投资的状况。

第20条　投资备查登记簿的内容包括但不限于下列4项：

1.被投资公司的基本状况、动态信息。

2.取得投资时被投资公司各项资产、负债的公允价值信息。

3.本公司历年与被投资公司发生的关联交易情况。

4.被投资公司发放股票股利的情况。

第4章　附则

第21条　本制度由总经理办公室制定，解释权、修改权归总经理办公室所有。

第22条　本制度自董事会审批之日起实施，修改时亦同。

修订日期	2022-10-18	审核日期	2022-10-28	批准日期	2022-12-30

2.西山公司长期股权投资处置管理制度（见表7-2）

表7-2　　　　　　　　　　西山公司长期股权投资处置管理制度

制度名称	长期股权投资处置管理制度	文件编号	内控03-04
执行部门	财务部、投资部	监督部门	法务内审部

第1章　总则

第1条　为了加强公司对长期股权投资行为的管理、防范投资风险、保证投资安全、提高投资效益，特制定本制度。

第2条　本制度适用于涉及长期股权投资处置的所有人员。

第3条　本制度中所指的投资处置是指因各种原因公司将长期股权投资作出收回、转让或核销等相关处置。

第2章　投资状况分析与投资处置审批

第4条　投资部相关人员在编制投资处置报告前要对投资项目进行仔细的分析，财务人员应将对投资项目的财务分析提供给投资部的相关项目负责人员作为参考。

第5条　投资处置报告中有关投资项目状况的记录必须真实可靠，论证必须充足，依据必须经得起推敲。

第6条　对投资资产的处置必须按照程序与权限逐级审批，每级审批人员都必须签署意见并盖章，禁止越级审批。

第7条　投资处置的审批程序如下：

投资部　→　财务总监　→　总经理　→　董事会

第8条　投资处置时，若长期股权投资超过100万元或占公司上一会计年度末净资产的10%以上，则必须经过董事会的审批。

第9条　投资资产评估方的选择必须得到各级领导的审批。

第3章　投资资产评估与处置

第10条　负责投资的相关人员对投资资产的评估必须公正、客观，禁止营私舞弊。对于重大投资项目，公司必须聘请具有相应资质的专业机构对投资项目进行评估，专业机构需要出示能够证明其专业资质的材料或证书及负责过的项目等，财务总监负责审核备案。

第11条　投资资产回收、转让、核销的处置标准。

1.需要收回的投资资产应及时、足额回收。

2.投资资产应由专业机构或财务人员、投资管理人员等合理确定转让价格。

3.核销投资应当取得因被投资企业破产等原因不能收回投资的法律文书和证明文件。

第12条　有下列情形之一者，公司应对长期股权投资作出收回处理：

1.按照公司相关规定，公司对投资项目的经营期满。

2.对投资项目经营不善导致无法到偿还债务，依法实施破产。

3.发生不可抗力，投资项目无法继续经营。

4.投资合同中规定的投资终止的情况出现或发生时。

第13条　有下列情形之一者，公司应对长期股权投资作出转让处理：

1.投资项目已经明显违背公司经营方向。

2.投资项目出现连续亏损并且扭亏无望，没有市场前景。

3.公司由于经营资金不足需要补充资金。

4.公司认为没有必要继续投资的其他情形。

第4章　投资处置存档与惩罚

第14条　投资部指定专人对与投资处置有关的审批文件、会议记录、资产回收清单等资料进行编号建档，以备随时审核。若资料丢失，后果由投资部经理与保管人员共同承担。

第15条　在投资处置行为中，具有以下情形的任何单位和个人，公司都会追查到底，并视公司资产损失的多少进行处理，情节严重的将移交司法机关处理：

1.投资项目管理人员对投资项目管理不善，给公司带来损失的。

2.因故意或严重过失，造成重大经济损失的。

3.故意拖延时间或隐瞒投资项目状况，造成投资项目损失不可挽回的。

4.与外方故意勾结，造成公司投资损失的。

5.未按投资审批程序审批或越级审批，给公司带来损失的。

6.提供虚假材料或报告，玩忽职守，给公司带来损失的。

第5章　附则

第16条　本制度由总经理办公室制定，解释权、修改权归总经理办公室所有。

第17条　本制度自董事会审批之日起实施，修改时亦同。

西山公司对外投资业务风险管理制度

| 修订日期 | 2022-10-18 | 审核日期 | 2022-10-28 | 批准日期 | 2022-12-30 |

同步训练

1.投资业务操作人员与会计人员相分离是为了保证（   ）。

　A.对有价证券的安全进行有效监控

　B.业务运行和会计记录的相互核对与控制

　C.防范投资决策风险

　D.审批人员客观分析投资的可行性、合理性

2.在长期股权投资管理流程中，财务部门一般只负责（   ）。

　A.制订投资实施方案　　　　　　　B.编制资产减值表

　C.账务处理　　　　　　　　　　　D.签订投资协议

3.在收回长期股权投资的过程中，财务部门一般只负责（   ）。

　A.编制投资收回申请　　　　　　　B.收回资金，确认投资收益

　C.账务处理　　　　　　　　　　　D.签订投资收回合同

4.因被投资企业出现问题或破产而核销投资的过程中，财务部门一般只负责（   ）。

　A.编制资产核销申请　　　　　　　B.账务处理

　C.清理核销资产，确认损失　　　　D.解除投资合同

5.在投资评估分析流程中，财务部门一般（   ）。

　A.负责调查被投资企业的资信情况　B.负责进行可行性分析

　C.负责编制可行性分析报告　　　　D.不参与

6.在投资项目减值审批流程中，财务部门一般负责（   ）。

　A.定期检查投资项目减值情况　　　B.编制资产减值表

　C.确认减值损失　　　　　　　　　D.估计可收回金额

7.对外投资的执行应与（   ）岗位相分离。

　A.决策　　　　　B.审批　　　　　C.绩效评估　　　　D.会计记录

8.对外投资风险管理应保证（   ）。

　A.投资资产安全完整　　　　　　　B.投资业务合法合规

　C.投资业务记录准确　　　　　　　D.投资收益揭示合理

9.对外投资风险管理制度包括（   ）。

　A.职务分离制度　　　　　　　　　B.授权审批制度

　C.账务处理制度　　　　　　　　　D.投资取得、保管和处置控制制度

10.在长期股权投资管理流程中，投资部门一般负责（   ）。

　A.制订投资实施方案　　　　　　　B.编制资产减值表

　C.账务处理　　　　　　　　　　　D.签订投资协议

11.在收回长期股权投资的过程中，投资部门一般负责（   ）。

　A.提出投资收回申请　　　　　　　B.收回资金，确认投资收益

　　　　C.账务处理　　　　　　　　　　D.签订投资收回合同

　　12.因被投资企业出现问题或破产而核销投资的过程中，投资部门一般负责（　　　）。

　　　　A.编制资产核销申请　　　　　　B.账务处理

　　　　C.清理核销资产，确认损失　　　D.解除投资合同

　　13.在投资评估分析流程中，投资部门一般负责（　　　）。

　　　　A.调查被投资企业的资信情况　　B.进行可行性分析

　　　　C.编制可行性分析报告　　　　　D.账务处理

　　14.在投资项目减值审批流程中，投资部门一般负责（　　　）。

　　　　A.定期检查投资项目减值情况　　B.编制资产减值表

　　　　C.账务处理　　　　　　　　　　D.估计资产可收回金额

二、判断题（正确的在括号内打"√"，错误的打"×"）

　　1.对外投资与对内投资都是为了获取利润。　　　　　　　　　　（　　）

　　2.一般情况下，对外投资活动应由专门的部门负责，财务部门只负责账务处理。

　　　　　　　　　　　　　　　　　　　　　　　　　　　　　　（　　）

　　3.对外投资形成的资产与对内投资形成的资产在管理上是一样的。

　　　　　　　　　　　　　　　　　　　　　　　　　　（　　）

　　4.对外投资资产的处置一般由投资管理部门全权负责。　　（　　）

　　5.核销对外资产投资，应取得因被投资单位破产等原因不能收回投资
的法律文书和证明文件。　　　　　　　　　　　　　　　（　　）

参考答案

任务三　项目实训——案例分析

一、实训目标

　　培养学生运用所学企业对外投资业务内部控制与风险管理知识进行案例分析的能力。

二、能力要求

　　（1）掌握企业对外投资业务内部控制与风险管理的要求。

　　（2）能够针对具体的案例，通过分析发现问题并提出防范措施，或对案例中存在的
管控风险进行解释说明。

三、实训方式

　　以小组为单位完成实训任务，形成实训报告，参加讨论与点评。

四、实训考核

根据各实训小组实训成果（实训报告）的质量和参与讨论的情况进行评分。项目实训成绩按百分制评定，具体公式如下：

小组项目实训成绩 = 实训成果（满分80）+ 参与讨论（满分20）

$$\text{个人项目实训成绩} = \text{小组项目实训成绩} \times \text{个人贡献系数（个人贡献系数由组长根据个人在实训中的贡献大小决定）}$$

五、实训步骤

（1）由任课教师引导学生解读实训资料，提示学生应注意哪些问题，并布置具体实训任务，规定实训时间。

（2）各实训小组根据组内分工，查找、搜集相关资料，进行初步分析比较。

（3）小组内对初步分析比较的结果进行讨论、修改，最后按照要求形成实训报告（实训报告采用Word文档格式，纸张大小设置为A4，页边距设置为上2.8厘米、下2.5厘米、左2.5厘米、右2.5厘米，行距设置为1.5倍；页码格式设置为阿拉伯数字、居中；总标题设置为小三号、黑体、居中、空一行，一级标题设置为小四号、宋体、加粗，二级标题和正文设置为小四号、宋体；图表内文字设置为五号、宋体）。

（4）各实训小组的组长将查找、搜集的资料和形成的实训成果（电子文档）打包上传。

（5）指导老师根据学生实训成果的质量和参与讨论的情况确定实训成绩。

六、实训资料

深圳市海普瑞药业集团股份有限公司（简称海普瑞）主营高品质的肝素钠原料药，其产品全部出口。2010年，海普瑞以148元/股的价格在中小板市场募集资金总额达到59.35亿元，超募50.70亿元，成为"中国股王"。然而，截至2012年，海普瑞所募集资金的使用额仅有12.44亿元，包括投资肝素钠原料药生产建设项目1.58亿元，收购成都市海通药业有限公司等股权投资0.95亿元，归还银行贷款0.8亿元，补充流动资金8.89亿元，购买土地0.22亿元。2012年年末，海普瑞募集的资金中仍有44.73亿元存在银行。海普瑞对剩余资金的使用并没有明确的规划，企业一直在寻找可投资的项目，但并没有进行具体的投资。

如果除去用于偿还银行贷款和补充流动资金的那部分资金，海普瑞募集资金的使用额仅有2.75亿元，大量资金被闲置。其原因主要有两个方面：一是超募，海普瑞IPO计划募集资金8.65亿元，但实际募集资金总额达到59.35亿元，是计划募集的6.86倍；二是面对大量的可用资金，海普瑞缺乏相应的投资战略，不知该将资金投向何处。

参考答案

七、实训任务

（1）投资战略需要从哪些方面进行考虑？

（2）如果你是该公司财务主管，你将如何提高公司资金的投资效率？

本项目框架图

本项目框架图如图7-5所示。

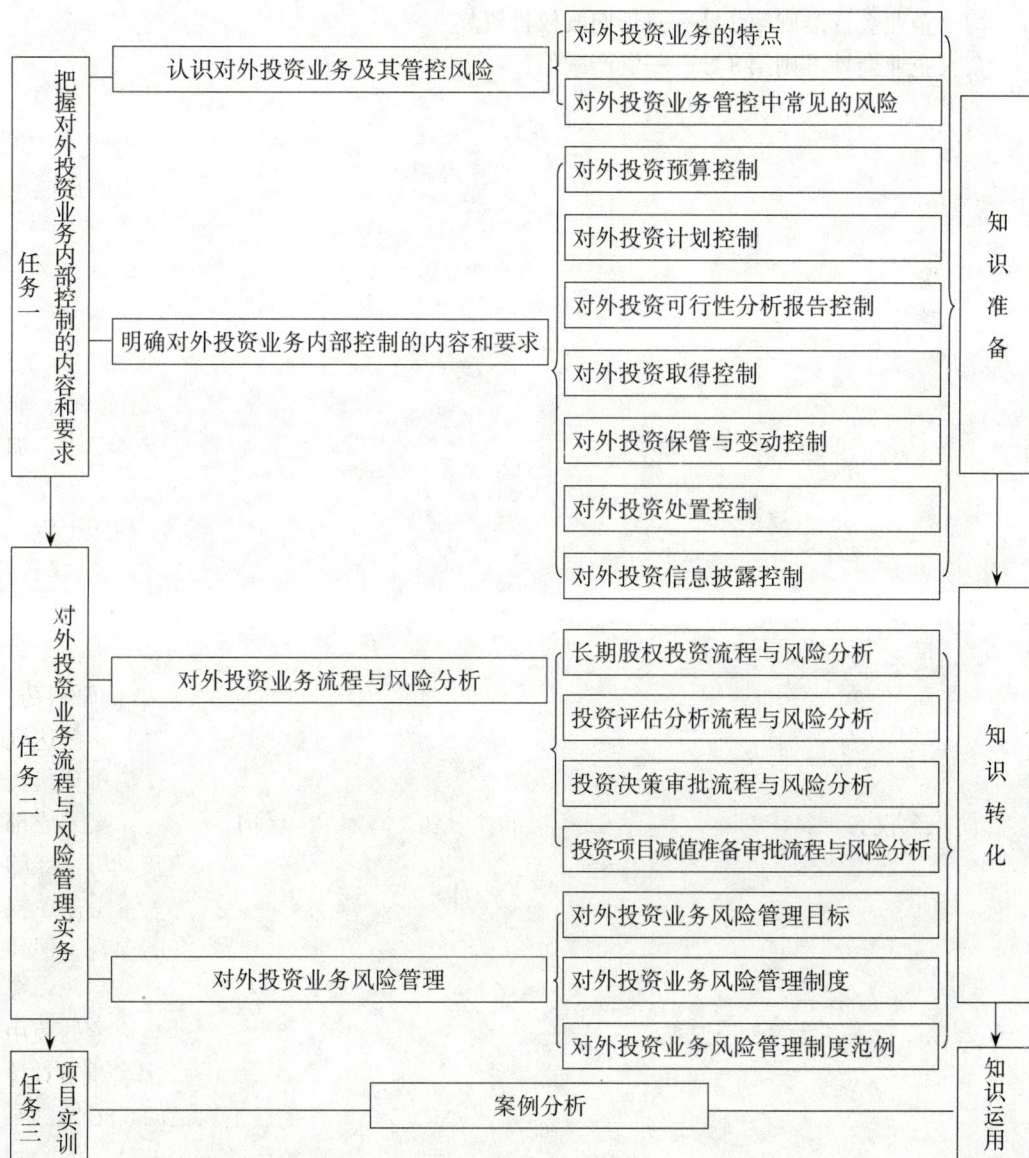

图7-5　本项目框架图

本项目参照规范

- 《企业内部控制应用指引第6号——资金活动》
- 《企业会计准则第2号——长期股权投资》
- 《企业会计准则第8号——资产减值》

项目八

成本费用业务内部控制与风险管理

【学习目标】 1. 了解成本费用的特点，理解成本费用管控面临的风险；

2. 熟悉成本费用业务内部控制的内容；

3. 熟悉成本费用业务流程和风险控制点；

4. 理解成本费用业务风险管理目标；

5. 熟悉成本费用业务风险管理制度；

6. 能够针对具体的案例，通过分析发现问题并提出防范措施，或对案例中存在的管控风险进行解释说明。

【素养目标】 1. 掌握成本费用控制方法，提高成本费用管理水平，增加企业效益和社会财富；

2. 加强成本费用风险管理，防止虚报冒领，维护社会公正。

【知 识 点】 1. 成本费用业务内部控制的内容与要求；

2. 成本费用业务流程与风险分析。

【技 能 点】 1. 能找出成本费用业务控制关键点；

2. 能制定成本费用业务风险管控措施。

案例导入

企业费用报销十个智能应用黑科技

费用报销，几乎每家企业每天都在发生，看起来简单，却蕴含着复杂的管理思维和系统逻辑，包括企业预算管理、标准控制、税务、核算、资金、档案管理等流程上的控制。长期以来，企业的费用报销，流程复杂、冗长，即便会计将报销流程解释多遍，照样会出现许多千奇百怪的问题，如员工报销周期长、财务审核累、领导审批烦……针对这些问题，用友公司从费用解决方案到产品实现上，综合近600万家企业的需求，打通了从解决方案到产品完整的链路，在商旅、费用报销、差旅报销、对公报销、预付款、借还款等多业务场景中植入了大量的智能应用黑科技。

1. 智慧商旅

企业员工出差时，将行程与住宿等申请信息与商旅服务链接，用友公司商旅服务聚合机票、酒店、出行（高铁动车、公务用车）等多方资源，实现企业员工商务出行报销的事前、事中、事后完整信息流。员工在出差申请过程中，通过内部报销系统直接链接TMC系统，完成商旅预定，在预定过程中，引用企业的差旅标准控制，对出差行程时间，交通工具与标准、住宿标准及其他消费标准进行控制，将管理重心前移，通过系统控制将差旅超标行为进行智能控制，杜绝不合理的超标支出。

2. 智能采集

企业员工在报销过程中，最烦琐的事项之一就是贴票、整理票据。在新的数字化技术背景下，OCR图片识别、二维码提取技术、OFD、PDF等电子票据采集或导入的技术，将发票类、票据类业务进行结构化采集与存储，在后台分别记录发票信息和票据明细，对非结构化单据（如住宿水单、海外发票）通过模板定义后，AI机器逐步学习后识别提取结构化发票，在采集后的存储校验过程中，以"发票号码+发票代码"进行智能化唯一性校验，避免数据重复采集、重复报销。

3. 智能验证

票据验证主要是将采集的发票信息与税务局金税系统进行对接，完成票据的真伪验证，用友公司智能费用报销服务对真伪、重复、连号等场景提供验证能力，同时，结合进项税抵扣规则，提供进项税转出服务，财务人员在月底，对已验证的票据进行认证与抵扣。

4. 智能报销

在实际的报销业务中，很多用户反映报销系统不好用，重点是报销数据填报上要花费太多时间，一旦出现审核错误，反复驳回处理。用友公司总结了大部分企业的共性需求后，在票据与报销数据间通过大量的算法与规则，实现了票据与报销数据之间的完美转换。企业在采集完发票后，可以根据发票信息、票据明细与生成规则（如费用规则与账单规则、申请规则、抵扣规则、分摊规则、核销规则）等，自动生成报销类数据；对应的报销基本信息则由报销人、制单人关联数据智能获取，如报销人组织、入账组织、支付组织、收款人收款账户等。通过智能规则配置后，可将境内发票与境外发票的结构化数据，合并或拆分的方式生成报销数据，减少人工填写、核对的误差，同时，在智能填报过程中，将税务信息、申请信息、核销信息、分摊信息全部按既定的规则分入不同的业务维度，减少人工二次干预。

5. 智能审核

智能审核是对业务的报销数据进行智能化的校验，在业务发起、业务审批、财务审核、出纳支付、质量稽核环节进行审核。在审核过程中，基于系统数据，影像数据、附件数据、发票数据、关联的数据可以通过智能引擎去判断。例如，开票信息与系统数据的一致性，火车、飞机票据明细（如姓名）与系统数据的一致性，住宿水单姓名与系统数据的一致性等。用友公司费用管理系统预置了近200多项常规的智能审核引擎规则，为报销人、业务审批人、财务审核人及出纳人员、质量运营监控人员审核提供更多便捷，节省出大量时间，减少人为审核误差。

6. 智能核销

在报销发起、业务审批、财务审核过程中，可根据企业管理特点对历史的借款、预付款进行智能核销控制或提醒。如有预付款或借款未清理，可按企业管理模式，灵活配置核销方式，如强制核销、柔性提醒等。在核销过程中，针对集团性公司跨组织、跨法人、跨币种、跨期间核销等场景，都具备完整的系统解决方案，如在跨核算主体核销过程中，自动记录双方核算主体往来科目，对币种、汇率产生的汇兑损益进行智能化处理等。

7. 智能收单

报销人审批完的报销数据，实物单据转交给财务人员，财务人员往往需要核对实物票据与电子数据的一致性，但进行人工二次核对会大大降低财务人员的工作效率，因此，用友公司提供智能收单硬件机器人和二次扫描收单稽核服务。财务通过二次扫描，将实物单据的结构化数据与单据关联的结构化数据进行比对，如一致，则记录标识，如不一致，则反馈不一致信息，减少财务人员人工二次核对与校验，提高财务人员实物单据签收与核对效率。

8. 智能核算

企业通过采集与规则生成的数据，记录了大量的业务信息与财务信息，如报销人组织、入账组织、承担部门、报销等经济业务事项信息，以及结算方式、结算账户等信息。在核算上，可按企业的实际情况在各个环节完成核算，如以支付结果为核算生成条件；以审核结果+支付结果为核算生成条件；以审核结果+出纳确认结果+支付结果为核算生成条件。

9. 智能结算

报销业务在经过业务审批、财务审核完毕后，进入结算支付环节，企业在支付时，根据资金统筹安排，进行资金付款排程与安排，对报销对应的结算请求，进行结算方式或结算批次的修改，如金额拆分与合并，结算方式与结算账户的调整，在遇到重大风险时可进行紧急智能停付等。

10. 自动归档

随着国家电子发票与会计电子档案的逐步推进，费用报销业务所关联的档案工作已基本实现自动化。在报销过程中，已经将原始的票据信息全面采集；在归档时，根据业务类型，可自动将报销信息、发票信息、上游数据信息、审批信息、附件信息、核算凭证数据信息、回单信息自动一键归档。

资料来源：吕华新.企业费用报销十个智能应用黑科技 [J].新理财，2021（10）：70-72.

思考：

（1）用友公司在智能费用报销流程设计中体现了哪些内部控制关键点？

（2）你认为企业采用上述智能费用报销流程会带来哪些好处？

任务一　把握成本费用业务内部控制的内容和要求

一、认识成本费用及其管控风险

（一）成本费用的特点

成本费用是企业生产经营过程中各种耗费的总和。成本费用具有以下特点：

（1）成本费用的范围广泛、项目繁多。成本费用几乎贯穿于企业生产经营活动的所有环节。

（2）成本费用最终会减少企业的利润。

（3）成本费用最终会减少企业所有者的权益。

（二）成本费用管控中常见的风险

成本费用管控涉及企业整个生产经营过程，由计划、控制、核算、分析和考核等工作环节组成。加强成本费用管理，既是提高企业经营管理水平的重要举措，也是提高企业盈利的内在要求。

成本费用管控中常见的风险主要有：

（1）如果成本费用的确认和计量不符合国家会计制度的规定，则企业可能会遭受外部处罚，造成经济损失和信誉损失。

（2）如果成本费用预算不符合实际或预算编制基础不准确，则企业可能会因成本费用支出超预算而导致权益受损。

（3）如果成本费用支出未经适当审批或超越授权审批，则可能会产生重大差错或舞弊、欺诈行为，导致企业资源浪费或资产流失。

（4）如果成本费用的核算和相关会计信息不合法、不真实，则可能会导致企业财务报告失真并带来风险。

【明德善思】企业的成本费用控制不只体现在其经营内部，更受国家政策和营商环境的影响。在习近平总书记经济思想的指引下，党中央、国务院围绕优化营商环境从多个方面作出重大部署，出台了一系列重大政策举措。各级政府不断深化简政放权，大幅减少行政审批事项、大力减税降费、实施商事制度改革，为优化企业的成本费用管理提供了政策支持，为企业的健康发展提供了良好的营商环境。

二、明确成本费用业务内部控制的内容和要求

成本费用业务内部控制是按照既定的成本费用控制目标，对成本费用形成过程中的一切耗费进行严格的计算、调节和监督，从而保证成本费用控制目标实现的过程。成本费用

业务内部控制是一项系统工程，包括事前控制、事中控制、事后控制，如图8-1所示。

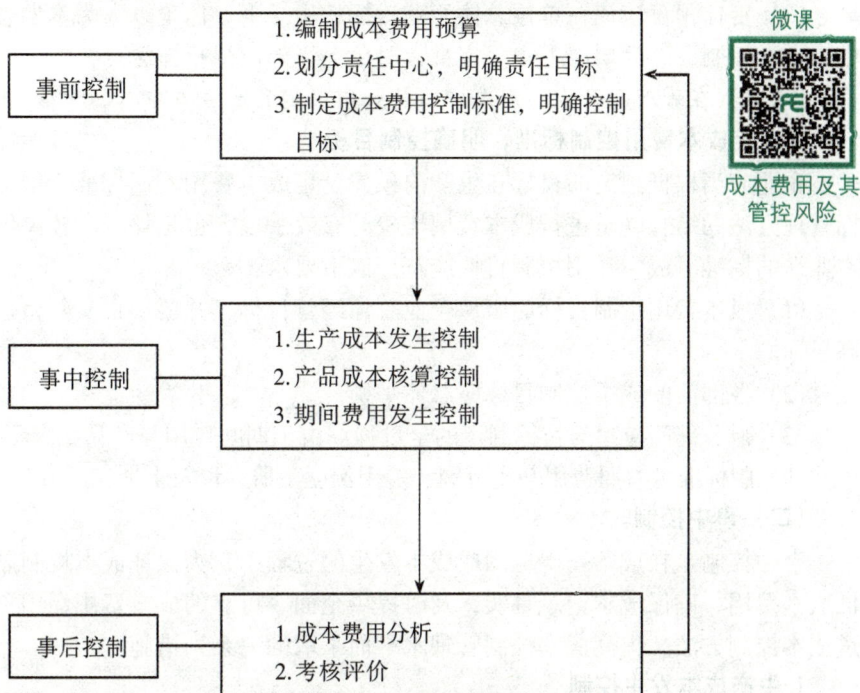

图8-1　成本费用业务内部控制的内容

（一）事前控制

1.编制成本费用预算

成本费用预算以销售预算为基础，由成本费用消耗部门根据成本费用预测结果进行编制。成本费用预测是根据企业经营总目标和预测期可能发生的各种影响因素，采用定量和定性的分析方法，确定标准成本和费用、预计成本和费用水平的一种管理活动，它是成本费用预算的核心。成本费用预测应符合以下要求：

（1）预测必须建立在充分的历史成本资料的基础上，会计人员应为此提供真实、完整的资料。

（2）应当结合本企业的实际情况，选择适合本企业的成本费用预测方法。

（3）避免直接把过去的成本费用水平略加修改就形成预测。

（4）预测必须切合实际，必须结合市场以及本企业的成本费用控制水平。

【思考】在管理会计中，成本预测需要经过哪些程序？成本预测的方法有哪些？

2.划分责任中心，明确责任目标

责任中心是企业内部在一定范围内控制成本发生、收益实现和资金使用的组织单位，是全面预算的执行主题。根据责任和控制范围的大小，这些责任中心可以分为成本中心、利润中心和投资中心。在划分责任中心、明确责任目标时，应符合以下要求：

（1）责任中心的划分必须建立在广泛细致调查的基础上，深入分析企业成本费用的开支状况以及部门的设置特点。

（2）责任中心的划分必须有明确的依据和原则。

（3）责任预算应该在单位总体经营目标的指导下，体现以人为本的思想，由各责任中心自行编制，然后层层上报、审批，避免上级部门强行摊派。

【思考】在管理会计中，成本中心是如何确定的？成本中心的考核指标有哪些？

3.制定成本费用控制标准，明确控制目标

企业应当根据预定的目标在生产前预先制定成本费用控制标准。预计成本费用与目标管理方法的结合既是进行成本费用比较的有效手段，也是评价考核单位及责任中心成本业绩的标准。成本费用控制目标应符合以下要求：

（1）成本费用控制目标应服从企业总体经营目标，并要切合实际，避免不切实际的高目标。

（2）各部门的成本控制目标应总体平衡。

（3）财务部门应参与目标制定的全过程。由于期间费用与产品生产不是直接相关的，因此其控制标准可参照费用开支范围、费用额度手册，以及上期实际发生的费用来制定。

（二）事中控制

事中控制是在成本发生期间或成本发生的过程中，为保证成本控制制度的落实，降低成本费用，确保成本记录真实，及时提供全面、可靠的成本费用耗用资料，为企业改进成本控制方法、提高成本控制管理水平而采取的一系列措施。

1.生产成本发生控制

企业应建立相应的生产成本控制制度，以加强对生产成本的控制，降低生产成本；同时，企业应保证生产成本信息的准确可靠，为企业改进成本控制方法、进行成本控制决策提供信息。生产成本业务主要由生产部门负责，还涉及计划、劳资及财务等部门。具体控制要求包括：

（1）生产成本业务应符合授权要求，以保证生产费用支出经济合理。企业各车间和职能部门需要支出的各项费用，在由专人填制有关凭证后，还要经过车间或部门负责人的审查批准；对于超出限额或预算的费用开支，应由上级主管人员审查批准。

（2）生产成本业务应合法合规，以保证生产成本业务核算准确。企业仓库保管人员应检查经过批准的领料数量是否超过限额、手续是否齐全，然后在领料单上签章，并据以发放材料；劳资部门应检查车间和其他职能部门转来的考勤记录、产量记录等原始记录，然后签发由财务部门提供的工资结算单；财务部门检查以货币资金形式支付的各种综合性费用支出是否超过限额或预算、手续是否齐全，然后办理货币资金结算。对于超过计划或预算的费用开支，企业应检查是否有适当的批准手续。

（3）企业应做到证证、证表相符，以保证生产成本业务记录的完整性及账务处理的正确性。企业在记账前，稽核人员应审核材料发出汇总表、工资结算汇总表、固定资产折旧计算表及其他费用支出原始凭证基本内容的完整性，处理手续的完备性，经济内容的合法性，计算内容的正确性；审核转账凭证基本内容的完整性，处理手续的完备性，其所反映的费用归集内容和金额与原始凭证的一致性，并签字盖章以示稽核。

（4）生产成本业务应有据可查，以保证生产成本业务账簿之间相互制约，及时提供准确的生产成本核算信息。

（5）企业应做到账账相符，以保证生产成本业务的账务处理正确及会计资料准确。

2.产品成本核算控制

产品成本核算控制是指将一定期间的生产费用，按各种产品进行归集，并在产成品和在产品之间进行分配，以求得各种产成品的总成本和单位成本的活动。具体控制要求包括：

（1）确定成本计算对象。确定产品成本计算对象时，应考虑生产类型的特点和成本管理的要求。

（2）设置成本核算项目。产品成本核算项目一般包括直接材料、直接人工和制造费用。企业也可根据自身情况进行调整，增减一些项目。

（3）确定成本计算方法。产品成本计算方法要根据成本计算对象、成本计算期间和生产费用在完工和在产品之间分配的特点加以选择。常用的成本计算方法主要有品种法、分批法和分步法。

（4）确定生产费用分配标准。生产费用归集后要进行分配，合理分配生产费用是正确计算产成品成本的必要条件。

【思考】在成本会计中，产品成本核算的基本程序包括哪些？

3.期间费用发生控制

期间费用包括管理费用、销售费用和财务费用等。企业的管理体制不同，可以采取的期间费用控制方法也不同。控制方法主要有预算控制法、定额控制法、审批控制法和归口分级管理法。

（1）期间费用的预算控制。这是指依据企业成本费用计划的要求编制期间费用预算，以此控制日常期间费用开支。预算控制的关键是各部门必须严格按照预算执行，不得突破预算标准。企业年终应根据预算进行考核，并给予相应的奖惩。

（2）期间费用的定额控制。这是指事先依照一定条件或经济环境，为生产某种产品或零部件，或为完成某项业务而需要耗费的人力、物力、财力的数量标准确定一个额度，作为费用开支的标准。定额控制的关键是定额以内的部分可予以报销，有节约的还可以给予一定的奖励，超过定额的部分则不能予以报销。定额标准一旦确定，就要严格执行，不能随意更改，但定额标准应随着技术条件和经济环境的变化定期进行修改，使之能够适应新的环境和条件。

（3）期间费用的审批控制。这是指依据费用审批制度对各项费用的发生，按照有计划、有审批的原则进行控制管理。审批控制应当明确审批的人员及其权限。分层审批可以有效监督期间费用预算的执行情况，减少期间费用超额度、超标准、乱开口子和造假贪污等不正常现象的发生。

（4）期间费用的归口与分级控制。这既是企业必须做好的功课，也是企业控费增效的普遍做法。具体要求包括：

一是归口管理。企业应按照管理权限和管理责任相结合的原则，合理安排内部各部门在期间费用上的权责，调动各部门管理好相关费用的积极性。

二是分级管理。各管理部门应当根据各项费用的具体情况，将费用控制责任层层分解、层层落实，让归口管理部门的所属单位和个人都对相关费用的控制和管理负有责任，从而加强对期间费用的控制。

案例

成本费用内部控制与风险管理

三是由财务部门对期间费用实行统一管理。财务部门作为企业的综合管理部门，应对期间费用进行统一管理。所有期间费用开支都应由财务部门统一办理借款报销手续。财务部门按照企业的有关费用开支范围和开支标准，严格执行企业制定的费用预算、费用定额和费用审批制度，对每一笔期间费用支出都要认真进行审核，凡是符合规定的都予以报销，违反规定的则不予报销。

（三）事后控制

1.成本费用分析

财务部门应按照成本费用归口与分级管理的原则，采用专门的方法，进行成本费用分析，通过分析，及时掌握成本费用增加或减少的原因，采取纠正措施或修订成本费用标准，以使今后的成本费用内部控制工作有效进行。

成本费用分析过程中应注意以下两个方面：

（1）应当结合成本费用标准和成本费用控制目标，联系企业的实际情况，分析成本费用变化的深层次原因，是内因还是外因，是人为可控的还是不可控的。

（2）要通过分析找出差距，提出改进措施。

2.考核评价

企业必须建立一套完善的成本费用考核评价制度，从而使成本费用控制系统发挥积极作用，维持系统的长期、有效运行。同时，企业应通过定期比较成本费用的实际执行情况与成本费用标准，对目标成本的实现情况和成本计划指标的完成结果进行全面的审核和评价，并把考核评价结果同利益奖惩相结合，利用奖惩机制激发成本中心完成目标的积极性。

同步训练

一、不定项选择题（每题至少有一个正确答案，请将正确答案填在括号内）

1.下列各项属于成本费用事前控制内容的是（　　　）。

　A.成本费用预算控制　　　　　　　　B.产品成本核算控制

　C.成本费用分析　　　　　　　　　　D.成本费用报告

2.下列各项属于成本费用事中控制内容的是（　　　）。

　A.制定成本费用控制目标　　　　　　B.产品成本核算控制

　C.成本费用分析　　　　　　　　　　D.成本费用报告

3.成本费用分析属于成本费用的（　　　）。

　A.事前控制　　　　B.事中控制　　　　C.事后控制　　　　D.预算控制

4.成本费用预算以企业的（　　　）为基础，由成本费用消耗部门根据成本费用预测结果进行编制。

　A.生产经营预算　　　　　　　　　　B.销售预算

　C.现金预算　　　　　　　　　　　　D.投资预算

5.责任中心按照责任和控制范围的大小可以分为（　　　）。

A.成本中心　　　　B.利润中心　　　　　C.管理中心　　　　　D.投资中心

6.下列各项属于成本费用事后控制内容的是（　　　）。

A.制定成本费用控制目标　　　　B.产品成本核算控制

C.期间费用发生控制　　　　　　D.成本费用分析

7.成本费用预算是会计核算与控制的依据，其内容包括（　　　）。

A.确定标准成本和费用　　　　　B.制定定额管理制度

C.确定成本费用计划　　　　　　D.制定内部计划价格制度

8.下列各项属于产品成本核算控制的是（　　　）。

A.确定成本计算对象　　　　　　B.设置成本核算项目

C.确定成本计算方法　　　　　　D.确定生产费用分配标准

9.期间费用发生控制的方法主要有（　　　）。

A.预算控制法　　　　　　　　　B.定额控制法

C.归口与分级管理法　　　　　　D.审批控制法

二、判断题（正确的在括号内打"√"，错误的打"×"）

1.成本开支范围一经确定，就要保持相对稳定，以保证成本计算口径的一致。

（　　　）

2.企业的成本费用预算是以企业的利润预算为基础的。　　　　　（　　　）

3.成本费用预测必须建立在充分的历史成本资料的基础上，通过分析并结合相关调研来进行。　　　　　　　　　　　　　　　　　　　　　　　（　　　）

4.成本费用预算以企业的生产预算为基础，由成本费用消耗部门根据成本费用预测结果进行编制。　　　　　　　　　　　　　　　　　　　　（　　　）

5.责任中心是直接负责产品成本管理的生产部门。　　　（　　　）

6.企业的成本控制目标与经营目标是两回事，各定各的。　　（　　　）

7.各部门的成本控制目标应总体平衡，尽量避免松紧不一。　（　　　）

参考答案

任务二　成本费用业务流程与风险管理实务

一、成本费用业务流程与风险分析

（一）成本费用核算流程与风险分析

1.成本费用核算流程与风险分析图

西山公司成本费用核算流程与风险分析图如图8-2所示。

2.成本费用核算流程描述及说明

（1）财务部经理制定成本费用核算制度，并报财务总监审核、总经理审批。

（2）成本费用核算制度经过总经理审批后，各相关部门应严格执行。

（3）各成本费用产生部门应收集、分类、整理并汇总成本费用原始凭证。

风险分析	责任部门/责任人的职责分工与审批权限划分				
	总经理	财务总监	财务部经理	会计人员	相关部门
如果成本费用的确认和计量不符合国家会计制度的规定，则公司可能会遭受外部处罚，从而造成经济损失和信誉损失					
如果成本费用支出未经适当审批或超越授权审批，则可能会产生重大差错、舞弊或欺诈行为，使公司遭受经济损失					
如果成本费用核算与客观经济事项不符，产生人为降低成本的现象，则可能会导致公司的权益受损					

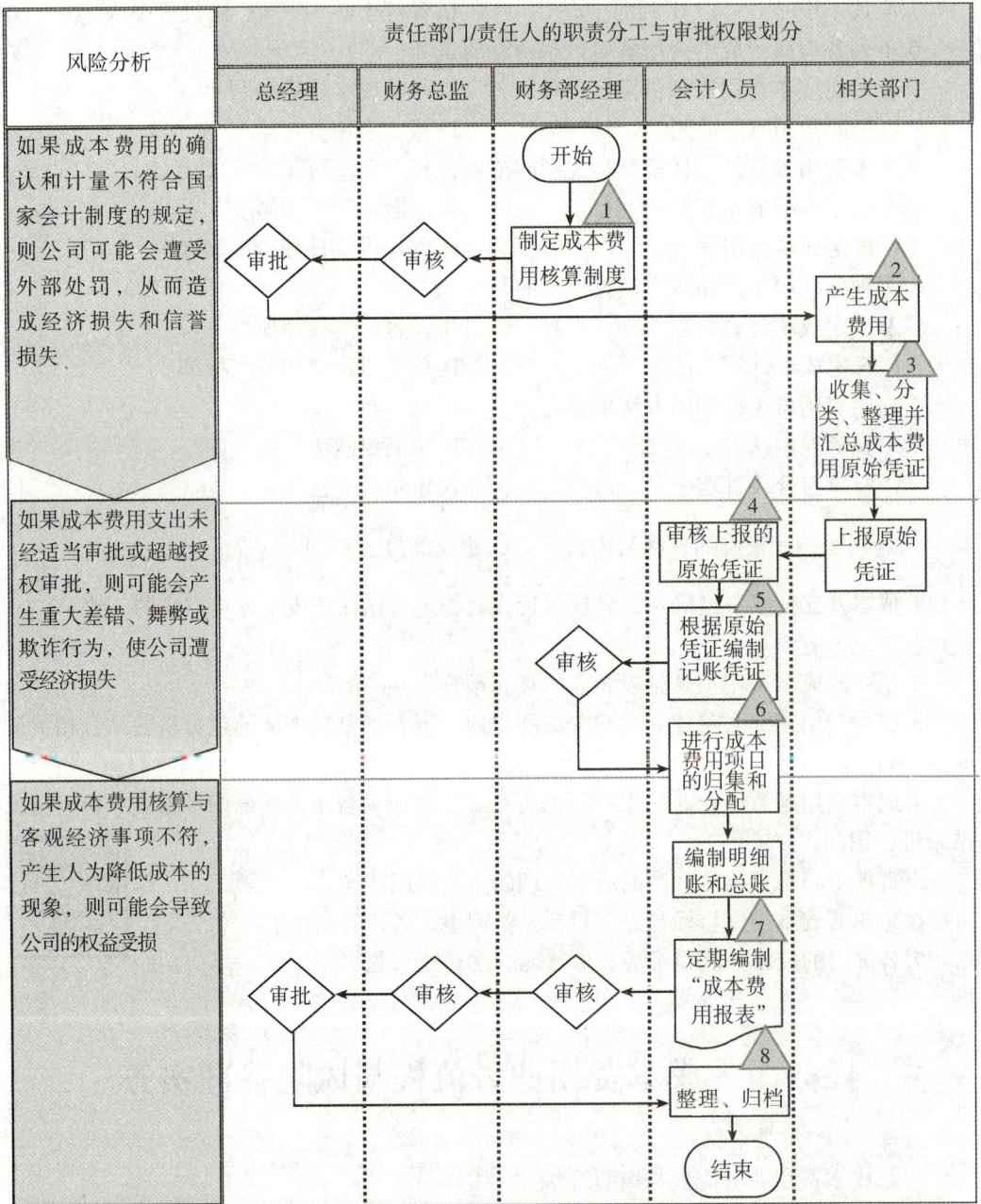

图8-2 西山公司成本费用核算流程与风险分析图

（4）会计人员负责审核成本费用产生部门上报的原始凭证。

（5）会计人员审核原始凭证无误后编制记账凭证，并报财务部经理审核。

（6）记账凭证经财务部经理审核通过后，会计人员应进行成本费用项目的归集和分配。

（7）会计人员定期编制"成本费用报表"，并报财务部经理和财务总监审核、总经理审批。

（8）会计人员对成本费用核算中的各类文件进行整理、归档。

（二）成本费用控制流程与风险分析

1.成本费用控制流程与风险分析图

西山公司成本费用控制流程与风险分析图如图8-3所示。

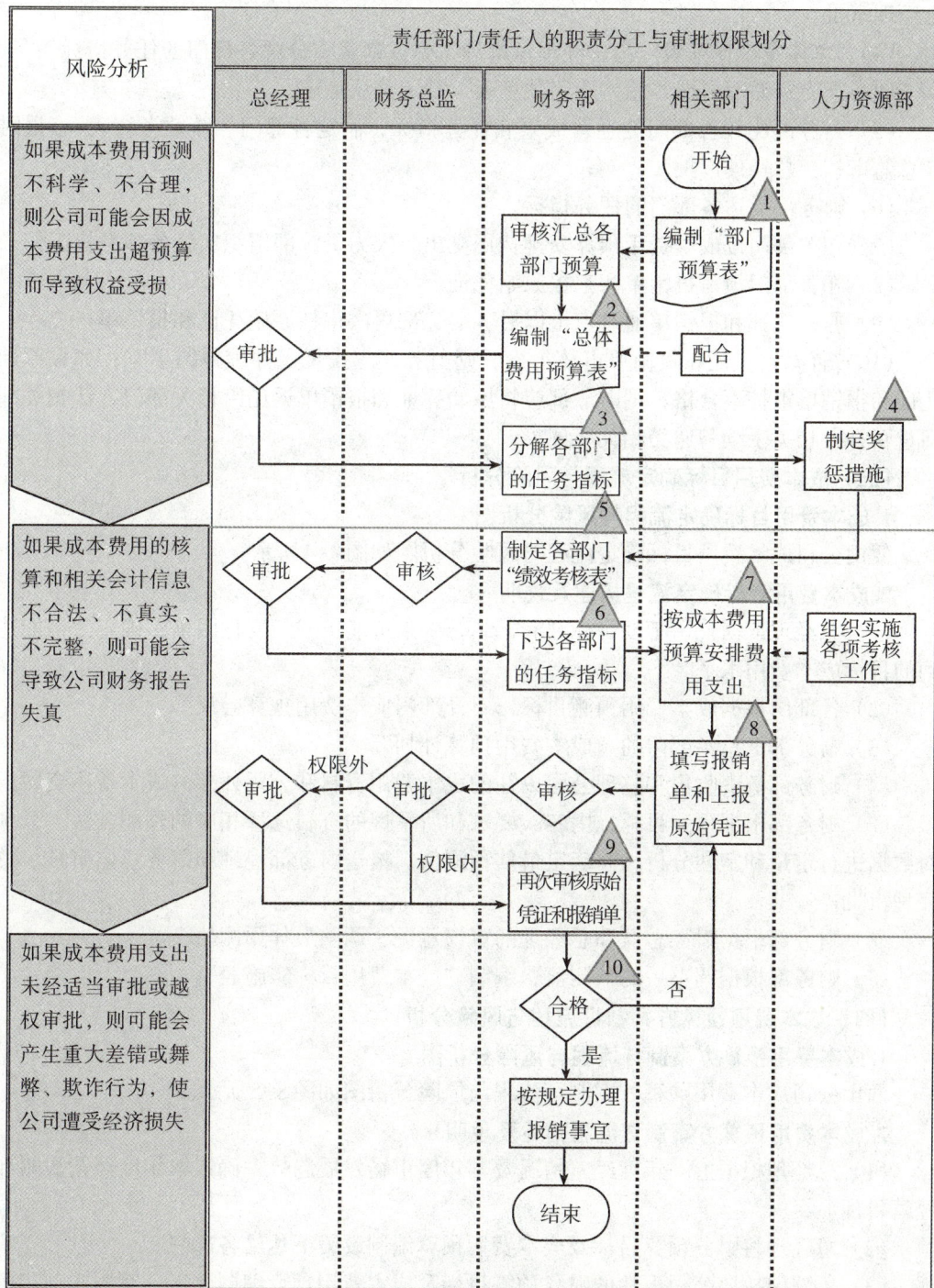

风险分析	责任部门/责任人的职责分工与审批权限划分				
	总经理	财务总监	财务部	相关部门	人力资源部
如果成本费用预测不科学、不合理，则公司可能会因成本费用支出超预算而导致权益受损	审批		审核汇总各部门预算 / 编制"总体费用预算表"2 / 分解各部门的任务指标3	开始 / 编制"部门预算表"1 / 配合	制定奖惩措施4
如果成本费用的核算和相关会计信息不合法、不真实、不完整，则可能会导致公司财务报告失真	审批	审核	制定各部门"绩效考核表"5 / 下达各部门的任务指标6	按成本费用预算安排费用支出7 / 填写报销单和上报原始凭证8	组织实施各项考核工作
如果成本费用支出未经适当审批或越权审批，则可能会产生重大差错或舞弊、欺诈行为，使公司遭受经济损失	审批（权限外）	审批	审核 / 再次审核原始凭证和报销单9（权限内） / 合格10（否/是） / 按规定办理报销事宜 / 结束		

图8-3　西山公司成本费用控制流程与风险分析图

2.成本费用控制流程描述及说明

（1）各个部门编制"部门预算表"，并报送给财务部相关人员进行审核。

（2）财务部根据各个部门提供的资料和各类数据，编制"总体费用预算表"，报送总经理审批。

（3）"总体费用预算表"经总经理审批后，财务部负责分解各部门的任务指标。

（4）人力资源部根据"总体费用预算表"制定奖惩措施。

（5）财务部比较各部门的经营成果和任务指标，制定各部门"绩效考核表"，报财务总监审核、总经理审批。

（6）财务部下达各部门的任务指标。

（7）相关部门按成本费用预算安排费用支出，人力资源部组织实施各项考核工作。

（8）相关部门填写报销单和上报原始凭证。

（9）原始凭证和报销单通过审批以后，财务部再次审核原始凭证和报销单。

（10）若原始凭证和报销单审核合格，则财务部应按规定办理报销事宜；如果原始凭证和报销单审核不合格，则财务部应将原始凭证和报销单返还给相关部门，让相关部门重新补办相关手续和递交相关凭证。

（三）成本费用目标确定流程与风险分析

1.成本费用目标确定流程与风险分析图

西山公司成本费用目标确定流程与风险分析图如图8-4所示。

2.成本费用目标确定流程描述及说明

（1）总经理依据公司年度目标利润，结合未来可能出现的变化因素，确定公司能达到的目标成本费用水平。

（2）各部门根据成本费用预测目标，召开部门成本费用预算会议。

（3）财务部汇总各部门的"成本费用预算计划"。

（4）财务部负责收集和整理公司以往的成本费用资料和公司外部的成本费用资料。

（5）财务部根据预测目标、内容、要求和所掌握的资料选择相应的预测方法，分别对数据进行定量和定性分析，并确定最佳预测值，报送财务部经理和财务总监审核、总经理审批。

（6）财务部根据财务总监和总经理的审议意见，调整最佳预测值。

（7）财务部根据调整后的预测值，编制"成本费用目标实施表"。

（四）成本费用预算方案制订流程与风险分析

1.成本费用预算方案制订流程与风险分析图

西山公司成本费用预算方案制订流程与风险分析图如图8-5所示。

2.成本费用预算方案制订流程描述及说明

（1）总经理根据上一年度经营情况及本年度市场发展趋势，确定本年度经营战略和经营目标。

（2）总经理将财务预算目标及成本费用预算编制政策下达给各部门。

（3）各部门按照公司下达的财务预算目标及成本费用预算编制政策，编制本部门的成本费用预算方案，并上报公司财务部。

风险分析	责任部门/责任人的职责分工与审批权限划分				
	总经理	财务总监	财务部经理	财务部	相关部门
如果成本费用预算不符合实际或预算编制基础不准确，则公司可能会因成本费用支出超预算而导致权益受损	开始 → 下达公司年度目标利润 → ①确定能达到的目标成本费用水平				②召开部门成本费用预算会议
如果成本费用的核算和相关会计信息不合法、不真实，则可能会导致公司财务报告失真				③汇总各部门的"成本费用预算计划" ④收集和整理有关资料	编制部门"成本费用预算计划" 提供成本费用资料
如果成本费用预测不科学、不合理，则公司可能会因成本费用支出超预算而导致权益受损	审批	审核	审核	⑤综合分析预测，确定最佳预测值 ⑥调整最佳预测值 ⑦编制"成本费用目标实施表" 结束	

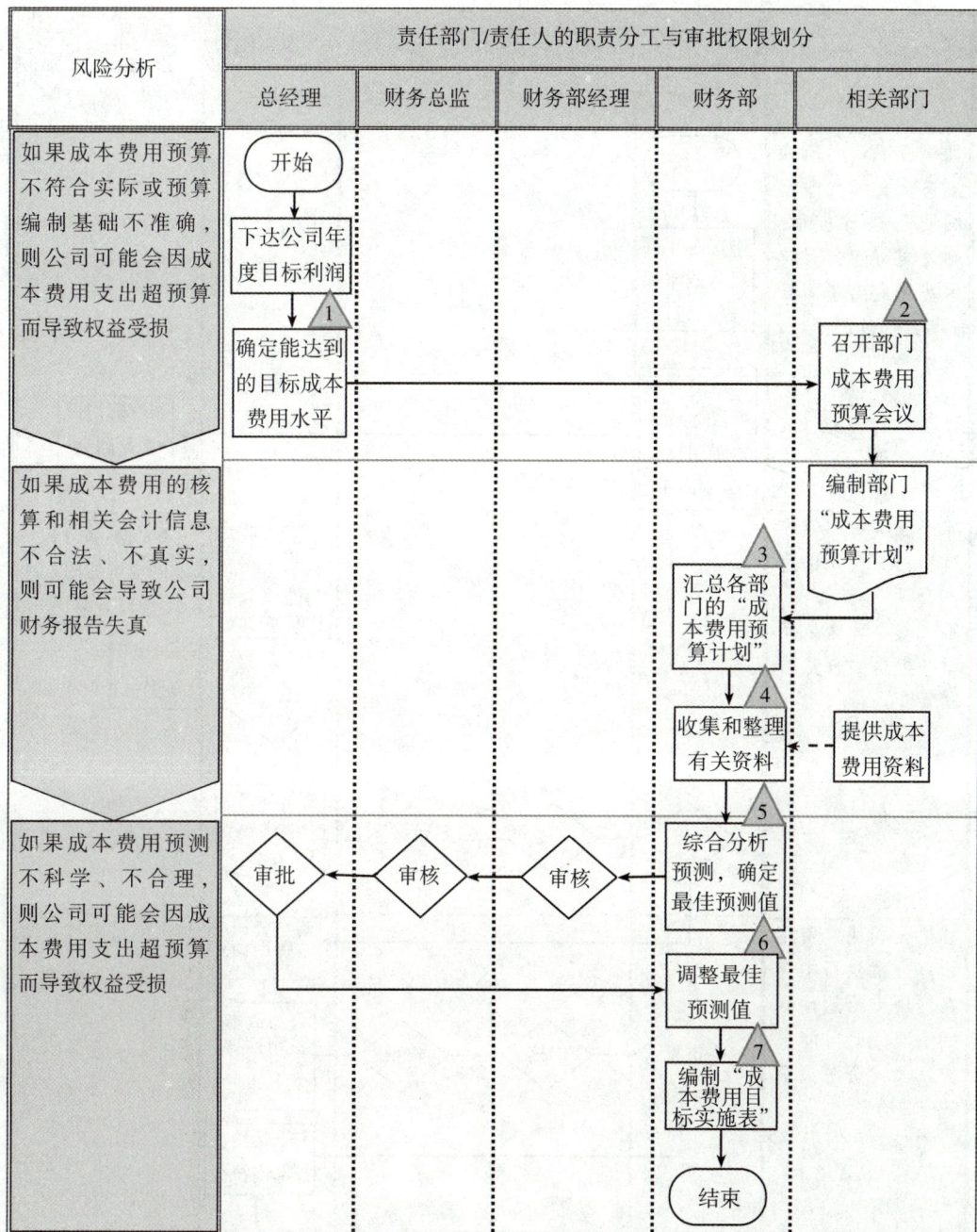

图8-4　西山公司成本费用目标确定流程与风险分析图

（4）财务部对各部门上报的成本费用预算方案进行审查、汇总和平衡。

（5）审查过程中，财务部对发现的问题提出调整意见，并反馈给相应部门进行相应的调整。

（6）财务部在各部门修正调整的基础上重新进行汇总，编制公司成本费用预算方案，并上报财务部经理和财务总监审核、总经理审批。

风险分析	责任部门/责任人的职责分工与审批权限划分				
	总经理	财务总监	财务部经理	财务部	相关部门
如果成本费用预算不符合实际或预算编制基础不准确，则公司可能会因成本费用支出超预算而导致权益受损	开始 ① 确定本年度经营战略和经营目标 ② 下达财务预算目标及成本费用预算编制政策				召开部门成本预测会
如果成本费用的核算和相关会计信息不合法、不真实，则可能会导致公司财务报告失真并带来风险				④ 审查、汇总和平衡各部门的成本费用预算方案 ⑤ 调整 否 ⑥ 编制公司成本费用预算方案	③ 编制本部门的成本费用预算方案 是
	审批	审核	审核		
如果公司成本费用预算方案执行中存在费用支出超预算的情况，则可能会导致公司资源浪费或资产流失	审批	审核	审核	⑦ 调整公司成本费用预算方案 ⑧ 公司成本费用预算方案定稿 ⑨ 下达给各部门执行 结束	

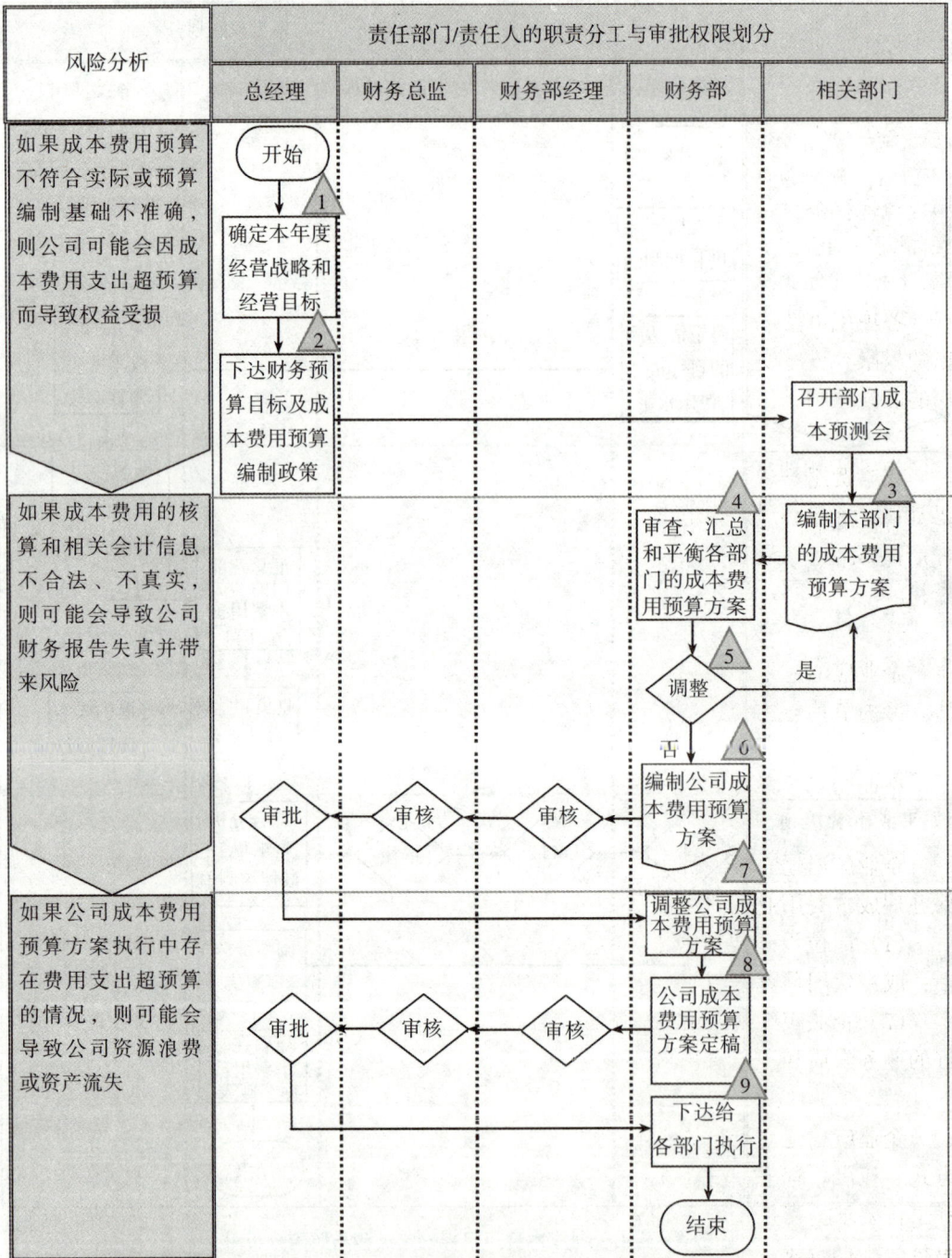

图8-5　西山公司成本费用预算方案制订流程与风险分析图

（7）财务部根据总经理审批的意见调整公司成本费用预算方案。

（8）公司成本费用预算方案定稿，并报财务部经理和财务总监审核、总经理审批。

（9）财务部将经总经理批准的公司成本费用预算方案下达给各部门执行。

二、成本费用业务风险管理

（一）成本费用业务风险管理目标

成本费用业务风险管理目标如下：

1.保证各项成本费用的合法性

各项成本费用要符合国家有关财经法规的要求，严格遵守国家规定的开支范围和开支标准。

2.保证各项成本费用的合理性

各项成本费用必须符合企业生产经营活动的需要，正确划分资本性支出与收益性支出的界限、成本支出与期间费用的界限、成本支出与营业外支出的界限，体现收入与费用的匹配原则，做到经济合理。

3.保证成本费用正确核算，及时提供真实、可靠的成本费用信息资料

成本费用信息资料既是国家进行宏观管理的重要资料，也是企业进行内部管理的重要资料。企业必须严密组织成本费用核算，采用科学的成本费用核算方法，正确计算各种产品成本、劳务成本，及时提供经济管理所需要的实际成本及其他成本费用信息资料。

4.加强成本费用管理，提高经济效益

企业应通过采用目标成本、标准成本、定额成本以及责任成本控制等科学的控制方法，努力节约费用开支，减少损失、浪费，从而降低成本，提高经济效益。

（二）成本费用业务风险管理制度

企业为了实现成本费用业务风险管理目标，应建立以下风险管理制度：

1.成本费用业务岗位分工制度

企业应当建立成本费用业务岗位分工制度，明确相关部门和岗位的职责、权限，确保办理成本费用业务的不相容岗位相互分离、制约和监督。

（1）岗位设置要体现不相容岗位相分离。成本费用业务需要分离的不相容岗位包括：成本费用预算编制与审批；成本费用审批与执行；成本费用执行与相关会计记录。

（2）企业应配备合格的人员办理成本费用业务。办理成本费用业务的人员应具备良好的业务素质和职业道德。

2.成本费用业务授权批准制度

企业应当建立严格的成本费用业务授权批准制度，明确审批人员对成本费用的授权方式、权限、程序、责任和相关控制措施，规定经办人员办理成本费用业务的职责范围和工作要求。审批人员应当根据成本费用业务授权批准制度的规定，在授权范围内进行审批，不得越权审批。经办人员应当在职责范围内，按照审批人员的批准意见办理成本费用业务。对于审批人员超越授权范围审批的成本费用业务，经办人员有权拒绝办理，并及时向审批人员的上级授权部门报告。

3.成本费用支出控制制度

成本费用控制主要是支出控制。从事生产经营活动的单位应当采用标准成本法、定额成本法或作业成本法等成本控制方法，利用现代信息技术，结合生产工艺的特点，实

施对成本费用的控制。成本费用支出控制制度的内容包括：

（1）成本费用预算制度。企业应当建立严格的成本费用预算制度。成本费用预算应当符合企业的发展目标和成本效益原则。标准成本、定额成本、作业成本都可以作为成本预算和成本控制的基础。企业应根据成本费用预算的内容，分解成本费用指标，落实成本费用责任主体，同时按照成本费用指标的完成情况，制定奖惩措施，实行成本费用责任追究制度。

（2）材料成本控制制度。企业应加强对材料采购和耗用的成本控制，将材料成本控制在预算范围内。

（3）人工成本控制制度。企业应建立人工成本控制制度，合理设置工作岗位，以岗定责、以岗定员、以岗定酬，通过实施严格的绩效考评与激励机制控制人工成本。

（4）制造费用控制制度。企业应明确制造费用支出范围和标准，加强对制造费用的控制。

（5）其他费用控制制度。企业应制定费用开支的范围、标准以及费用支出的申请、审核、审批、支付程序，严格控制各项费用开支。根据费用、预算和经济业务的性质，按照授权批准制度规定的权限，对其他费用支出申请进行审批。财务部门或人员在办理其他费用支出业务时，应根据经批准的费用支出申请，对发票、结算凭证等相关凭据的真实性、完整性、合法性以及合规性进行严格审核。

4.成本费用核算与报告制度

企业应建立成本费用核算与报告制度，及时对各项成本费用进行核算与披露。

首先，企业应建立合理的成本费用核算制度。成本费用核算制度应符合国家统一会计制度的规定，不得随意改变成本费用确认标准或者计量方法，不得虚列、多列、不列或者少列成本费用。其次，企业应建立成本费用报告制度，实时监控成本费用支出情况，对于实际发生的成本费用与成本费用预算的差异，应及时查明原因，并作出相应的处理。

5.成本费用业务监督检查制度

企业应建立成本费用业务监督检查制度，明确监督检查人员的职责权限，定期或不定期地进行检查。监督检查机构或人员应通过实施符合性测试和实质性测试，检查成本费用内部控制制度是否健全，各项规定是否得到有效执行。

成本费用业务监督检查的内容主要包括：

（1）成本费用业务相关岗位及人员的设置情况。重点检查是否存在成本费用业务不相容职务混岗现象。

（2）成本费用业务授权批准制度的执行情况。重点检查成本费用业务授权批准手续是否健全，是否存在越权审批行为。

（3）成本费用预算制度执行情况。重点检查成本费用支出的真实性、合理性、合法性，以及是否超出预算范围。

（4）成本费用核算制度执行情况。重点检查成本费用记录、报告的真实性和完整性。

对于在监督检查过程中发现的成本费用内部控制中的薄弱环节，企业应采取措施，及时加以纠正。

（三）成本费用业务风险管理制度范例

1.西山公司成本费用预算编制制度（见表8-1）

表8-1　　　　　　　　　　　西山公司成本费用预算编制制度

制度名称	成本费用预算编制制度	文件编号	内控15-03
执行部门	财务部、生产部、仓储部	监督部门	法务内审部

第1章　总则

第1条　编制成本费用预算的目的。

降低成本费用是编制成本费用预算的基本目的。

第2条　成本费用预算的范围。

预算年度内的一切成本费用，包括预算期内商品生产（含根据预算安排和管理上的需要，在预算年度内期初在产品、期末在产品、自制半成品数量的增加或减少）和非商品生产所需的成本费用，都应纳入年度成本费用预算。

第3条　成本费用预算管理的基本要求。

成本费用预算管理必须遵循"事前预算、事中控制、事后分析、期末考核"四项原则。各分公司及各部门应建立完善成本费用的预算、控制、分析、考核体系。

第4条　成本费用预算的编制依据。

1.年度、月度成本费用预算应根据公司的综合经济计划和各项要求编制。

2.本公司的经营目标、生产经营预算、成本降低率，以及产品质量、品种。

3.各项消耗定额和费用压缩指标的要求，以及当年技改、技措、大修计划和其他增产节约措施。

第5条　责权单位。

1.财务部负责本制度的制定、修改、废除等工作。

2.总经理负责本制度制定、修改、废除等工作的审批。

第2章　成本费用预算编制程序

第6条　成本费用预算的编制按照"上下结合、分级编制、逐级汇总"的程序进行。

第7条　下达目标。

公司根据上一年度经营情况及本年度市场环境发展趋势，确定本年度的经营战略和经营目标，将财务预算目标及成本费用预算编制政策下达到各部门。

第8条　编制上报。

各部门按照公司下达的财务预算目标及成本费用预算编制政策，结合自身情况以及预测的执行条件，编制本部门的成本费用预算方案，并按规定时间上报公司财务部。

第9条　审查汇总。

公司财务部对各部门上报的成本费用预算方案进行审查、汇总。在审查过程中，财务部应当进行充分协调，针对发现的问题提出调整意见，并将意见反馈给相应部门。

第10条　审议批准。

财务部在各部门修正调整的基础上重新汇总，编制公司的成本费用预算方案，并上报公司总经理审核。财务部根据总经理审批的意见调整公司的成本费用预算方案，并将定稿后的成本费用预算方案提交总经理审议批准。

第11条　下达执行。

财务部将总经理批准的成本费用预算方案下达给各部门执行。

第12条　在预算执行过程中，当预算的基础发生重大变动，且该变动将导致预算结果产生重大偏差时，相关部门应及时上报财务部和总经理，在取得总经理同意后，对预算进行调整。

续表

<table>
<tr><td colspan="5">第3章　成本费用预算编制方法</td></tr>
<tr><td colspan="5">　　第13条　成本费用预算的编制由财务部牵头，生产计划、人力资源、采购、营销、安全环保等部门参与编制。
　　第14条　各部门根据不同的成本费用项目，参照标准成本，按照量价分离的原则，采用滚动预算、零基预算等方法编制成本费用预算。
　　第15条　月度预算是根据月度生产经营计划等资料编制的，具体步骤和程序参照年度预算执行。</td></tr>
<tr><td colspan="5">第4章　附则</td></tr>
<tr><td colspan="5">　　第16条　本制度由财务部负责解释。
　　第17条　本制度经总经理审批，自颁布之日起执行。</td></tr>
<tr><td>修订日期</td><td>2022-10-15</td><td>审核日期</td><td>2022-10-20</td><td>批准日期　2022-12-30</td></tr>
</table>

2.西山公司成本费用执行控制制度（见表8-2）

表8-2　　　　　　　　　　　　西山公司成本费用执行控制制度

制度名称	成本费用执行控制制度	文件编号	内控15-04
执行部门	财务部、生产部、仓储部	监督部门	法务内审部

第1章　总则

　　第1条　目的。

　　为了保证成本费用预算的有效执行，特制定本制度。

　　第2条　责权单位。

　　1.财务部负责本制度的制定、修改、废除等工作。

　　2.总经理负责本制度制定、修改、废除等工作的审批。

第2章　成本费用预算分解

　　第3条　公司根据成本费用预算、定额和支出标准，分解成本费用预算指标。

　　第4条　成本费用预算指标一经批复下达，各部门必须认真执行。

　　第5条　各部门应将成本费用预算指标层层分解，横向到边、纵向到底，落实到部门的各单位、各环节和各岗位，形成全方位的成本费用预算执行责任体系。

　　第6条　在分解预算指标时，应考虑内部产品和劳务互供的影响，做到指标与措施同步，责、权、利相统一。

　　第7条　各部门应以年度预算作为指导，编制月度预算，以确保年度财务预算目标的实现。

　　第8条　各部门应当结合年度预算的完成进度，按照规定格式编制月度预算报表，经本部门负责人确认后，按照公司全面预算管理办法的规定上报财务部和总经理，由总经理审核批准。

　　第9条　月度预算下达后，各部门应严格按照批复，将完成月度预算的各项生产经营指标落实到责任单位和个人。

第3章　成本费用预算控制

　　第10条　各部门在日常控制中，应当健全凭证记录，完善各项管理规章制度，严格执行生产消耗、费用定额标准，加强实施监控。对于预算执行中出现的异常情况，应及时查明原因，予以解决。

　　第11条　财务部与采购、生产、计划、营销等部门应加强沟通，充分发挥牵头和监控作用，及时发现成本费用预算执行过程中的问题，督促有关部门解决预算执行过程中暴露的问题，自觉进行成本费用控制。

续表

第12条　采购部控制。

1.原材料及各种辅料等物资的采购，是生产经营环节的源头，其成本在产品成本中占有较大比重，采购部及其他对采购成本有影响的部门应负责采购成本的控制。

2.采购部应适应市场经济的变化，货比三家，提高采购率、大厂直供率和合同订货率，减少中间环节，减少公司库存，防止重复采购，避免物资积压，降低采购成本，节约采购资金。

第13条　生产技术部控制。

1.生产技术部要加强生产装置物耗、能耗和加工损失管理，降低生产消耗，提高产品产量。

2.生产技术部要推进科技进步，开发高附加值产品，改进工艺和操作，对技术投入的产出负责，提高产出率。

第14条　设备部控制。

1.设备部要加强维修费用和设备更新费用的预算控制，通过对设备的精心操作、日常维护和保养，确保设备的长周期运转。

2.维修工程和更新项目必须纳入正常的工程预算及决算管理，对于超过规定标准的维修工程和更新项目，应由工程审计机构进行必要的审核，以防效益流失。

第15条　安全环保部控制。

1.安全环保部要抓好安全生产，减少因安全事故和非计划停工造成的损失。

2.消除、减少环保责任事故，本着"高效、节约"的原则，控制安全环保费用。

第16条　各责任单位要加强对原材料、产成品、半成品、在产品的计量验收工作，从接货、装卸、运输、进厂、入库、发货出库等环节入手，做到专人负责、准确计量、严格统计，努力减少途耗、库耗。

第17条　制造费用和期间费用各项目要按照"谁发生，谁控制，谁负责"的原则，责任到人，从严从紧，精打细算。

第18条　各部门应建立成本预测制度，将成本费用管理的重点放到事前预测和过程控制上。

1.公司应事先对生产计划、生产工艺方案进行成本预测，根据预测数据进行决策，从而优化生产方案、合理配置资源，使成本费用得到事前控制。

2.公司应定期对生产过程中的生产经营情况进行成本预测，根据预测结果，及时采取控制措施，使成本费用得到事中控制。

第4章　附则

第19条　本制度由财务部负责解释。

第20条　本制度经总经理审批后，自颁布之日起执行。

西山公司成本费用管理制度

修订日期	2022-10-15	审核日期	2022-10-20	批准日期	2022-12-30

同步训练

一、不定项选择题（每题至少有一个正确答案，请将正确答案填在括号内）

1.在成本费用核算流程中，一般应由财务主管负责的是（　　　）。

A.制定成本费用核算制度　　　　　　B.编制成本费用报表

C.编制成本费用预算　　　　　　　　D.审批成本费用预算

2.在成本费用控制流程中，一般应由财务部门负责的是（　　　）。

A.编制部门预算　　　　　　　　　　B.审核汇总部门预算

C.制定各部门绩效考核表　　　　　　D.下达各部门的任务指标

3.在成本费用目标确定流程中，一般应由财务部门负责的是（　　　）。

A.收集和整理有关资料　　　　　　　B.编制部门的成本费用预算方案

C.审核汇总部门预算　　　　　　　　D.确定成本费用目标

4.在成本费用预算方案制订流程中，一般应由财务部门负责的是（　　　）。

A.编制部门的成本费用预算方案　　　B.编制企业的成本费用预算方案

C.调整成本费用预算方案　　　　　　D.下达成本费用预算方案

5.原始记录管理制度属于（　　　）。

A.定额管理制度　　　　　　　　　　B.生产计划控制制度

C.成本责任控制制度　　　　　　　　D.成本核算的基础工作控制制度

6.成本费用核算业务主要由企业的（　　　）负责。

A.综合部门　　　　　　　　　　　　B.生产部门

C.财务部门　　　　　　　　　　　　D.销售部门

7.成本费用风险管理应保证（　　　）。

A.各项成本费用的合法性　　　　　　B.各项成本费用的合理性

C.成本费用的正确核算和报告　　　　D.有利于加强成本管理

8.成本费用业务风险管理制度包括（　　　）。

A.成本费用业务岗位分工制度　　　　B.成本费用业务授权批准制度

C.成本费用支出控制制度　　　　　　D.成本费用核算与报告制度

9.产品成本核算控制制度的作用是对各种生产耗费进行准确归集和有效控制，它一般包括（　　　）。

A.产品质量保障制度　　　　　　　　B.成本核算的基础工作控制制度

C.成本责任控制制度　　　　　　　　D.成本核算方法控制制度

二、判断题（正确的在括号内打"√"，错误的打"×"）

1.成本费用预算与审批必须分离，但预算的编制与执行部门是统一的。　（　　　）

2.成本费用审批与执行必须分离，但执行与记录是可以统一的。　　　（　　　）

3.企业的成本费用业务主要由财务部门负责。　　　　　　　　　　　（　　　）

4.在成本费用业务的管控中，财务部门处于中心地位。　　　　　　　（　　　）

5.在成本费用业务的分配核算管理中，强调的是合理性，不强求准确性。　　　　　　　　　　　　　　　　　　　　　　　　　（　　　）

参考答案

任务三　项目实训——案例分析

一、实训目标

培养学生运用所学企业成本费用业务内部控制与风险管理的知识进行案例分析的能力。

二、能力要求

（1）掌握企业成本费用业务内部控制与风险管理的要求。

（2）能够针对具体的案例，通过分析发现问题并提出防范措施，或对案例中存在的管控风险进行解释说明。

三、实训方式

以小组为单位完成实训任务，形成实训报告，参加讨论与点评。

四、实训考核

根据各实训小组实训成果（实训报告）的质量和参与讨论的情况进行评分。项目实训成绩按百分制评定，具体公式如下：

小组项目实训成绩 = 实训成果（满分80）+ 参与讨论（满分20）

$$\frac{\text{个人项目}}{\text{实训成绩}} = \frac{\text{小组项目}}{\text{实训成绩}} \times \frac{\text{个人贡献系数(个人贡献系数由组长}}{\text{根据个人在实训中的贡献大小决定)}}$$

五、实训步骤

（1）由任课教师引导学生解读实训资料，提示学生应注意哪些问题，并布置具体实训任务，规定实训时间。

（2）各实训小组根据组内分工，查找、搜集相关资料，进行初步分析比较。

（3）小组内对初步分析比较的结果进行讨论、修改，最后按照要求形成实训报告（实训报告采用 Word 文档格式，纸张大小设置为 A4，页边距设置为上 2.8 厘米、下 2.5 厘米、左 2.5 厘米、右 2.5 厘米，行距设置为 1.5 倍；页码格式设置为阿拉伯数字、居中；总标题设置为小三号、黑体、居中、空一行，一级标题设置为小四号、宋体、加粗，二级标题和正文设置为小四号、宋体；图表内文字设置为五号、宋体）。

（4）各实训小组的组长将查找、搜集的资料和形成的实训成果（电子文档）打包上传。

（5）指导老师根据学生实训成果的质量和参与讨论的情况确定实训成绩。

六、实训资料

20世纪90年代初，全国钢铁行业进入下行周期。邯钢对二级分厂仍然实行计划经济管理模式，这仿佛是一堵无形的"墙"，割断了二级分厂和市场之间的联系。墙外是波涛汹涌的市场经济大潮，总厂被市场风浪吹得难以招架，墙内分厂和职工却感受不到来自市场的巨大压力。面对这种形势，邯钢于1992年开始实施"模拟市场核算，实行成本否决"的经营机制，以企业效益为中心，大胆拆除了市场与分厂之间的"隔墙"，"推墙入海"，将市场机制引入企业内部的经营管理中。邯钢从市场接受的价格开始，用倒推的方法，通过挖掘潜力，测算出主导工序的目标成本，层层分解落实，直到每一名职工。

2012年，下游市场需求不足、燃料成本上升、钢材价格低位运行……"受国内外宏观经济环境的影响，我国钢铁工业进入世界金融危机爆发以来的第二个困难时期。"河北钢铁集团董事长、总经理王义芳如此判断。

"企业最大的危机并不是来自市场，而是来自企业内部。"面对严峻的市场形势，邯钢实施了"铁前系统挖潜、钢后品质增效"的经营战略，深入推进6S精益管理工程，"邯钢经验"又被赋予了新的内涵。

"我们把吨钢降本增效的目标锁定在350元，这个数据是根据市场成本倒推计算得出的盈利点。"邯钢董事长李贵阳解释说。围绕"350元"目标，邯钢细化分解降本增效指标，从原料、焦化、烧结、炼铁、炼钢、轧钢等方面进行全方位、深层次的工序优化，制定了38项重点保证措施，同时，以6S为基础，通过单元和系统的持续改善，追求卓越绩效，建设覆盖全员、全过程、全系统的精益管理模式。

2012年第一季度，邯钢靠技术降本、创新增效取得了显著成绩。新区炼铁厂通过优化炉料结构配比、推行低硅冶炼技术等手段，降低成本6 400余万元；三炼钢厂通过加大转炉配吃量等措施，实现降本增效3 800余万元；储运中心通过优化卸车和含铁物料回收利用等方法，降低成本1亿元……如果把38项重点保证措施全部计算在内，第一季度邯钢累计降本增效7亿元。

参考答案

七、实训任务

分析"邯钢管理"体现了哪些成本费用控制要求。

本项目框架图

本项目框架图如图8-6所示。

```
┌──────┐    ┌──────────────────┐    ┌──────────────────┐    ┌────┐
│把握成本│    │认识成本费用及其管控风险│    │成本费用的特点        │    │知  │
│费用业务│────│                  │────│                  │    │识  │
│内部控制│    └──────────────────┘    ├──────────────────┤    │准  │
│的内容和│                            │成本费用管控中常见的风险│    │备  │
│要求    │                            └──────────────────┘    │    │
│        │                                                    │    │
│任务一  │    ┌──────────────────┐    ┌──────────────────┐    │    │
│        │    │明确成本费用业务内部控制│    │事前控制            │    │    │
│        │    │的内容和要求        │────│                  │    │    │
│        │────│                  │    ├──────────────────┤    │    │
│        │    └──────────────────┘    │事中控制            │    │    │
│        │                            ├──────────────────┤    │    │
│        │                            │事后控制            │    │    │
└──────┘                            └──────────────────┘    └────┘
```

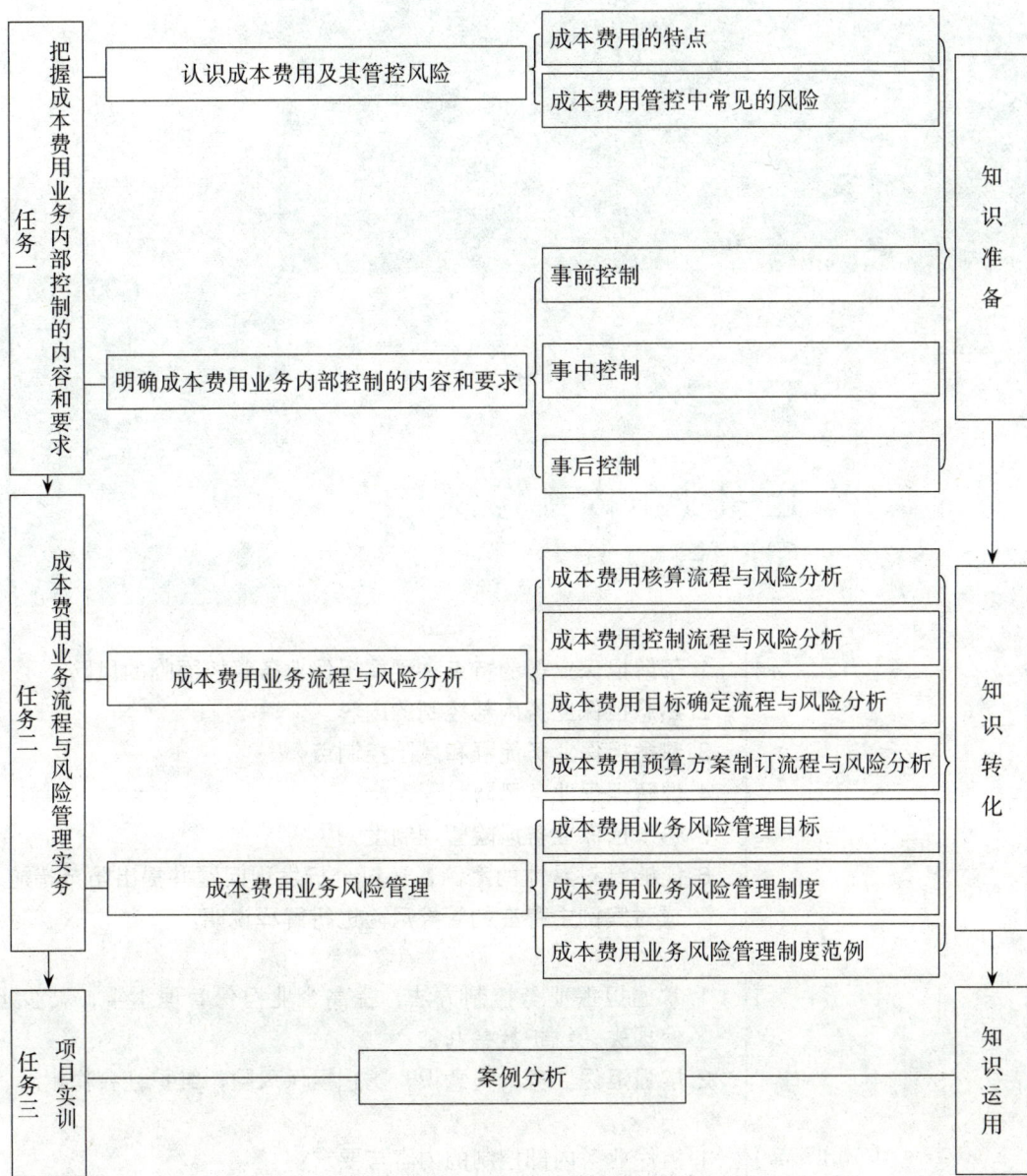

图8-6　本项目框架图

本项目参照规范

- 《企业内部控制应用指引第15号——全面预算》
- 《企业会计准则——基本准则》
- 《小企业会计准则》

项目九

担保业务内部控制与风险管理

【学习目标】
1. 了解担保业务的特点，理解担保业务管控面临的风险；
2. 熟悉担保业务内部控制的内容；
3. 熟悉担保业务流程和风险控制点；
4. 理解担保业务风险管理目标；
5. 熟悉担保业务风险管理制度；
6. 能够针对具体的案例，通过分析发现问题并提出防范措施，或对案例中存在的管控风险进行解释说明。

【素养目标】
1. 掌握担保业务控制方法，提高企业担保管理水平，减少担保损失，维护社会利益；
2. 增强担保业务风险意识，防止担保风险，维护社会稳定。

【知识点】
1. 担保业务内部控制的内容与要求；
2. 担保业务流程与风险分析。

【技能点】
1. 能找出担保业务控制的关键点；
2. 能制定担保业务风险管控措施。

案例导入

董事长为高利贷违规担保

2020年1月14日，东方网力股价跌至每股4.61元。国资背景的川投信息从2019年6月28日正式入主，已直接浮亏达4.54亿元，加上此前受让东方网力原董事长刘光、股东蒋宗联股权的7.47亿元，川投信息共计12亿元国有资金被套牢。

公开资料显示，东方网力前期自查中，发现上市公司与董事长刘光共同为其他债务人提供担保金额7.7亿元，共同为其他债务人的应收账款保理融资提供担保金额3亿元，共同承担的回购义务金额3.8亿元，金额总计14.5亿元。

上述担保事项发生时，东方网力和刘光并未履行法律法规及公司章程规定的审议或披露程序，属于违规担保。同时，东方网力自查发现，公司还存在资金被占用情形，涉及金额达2.51亿元。

因此，2019年12月12日，东方网力及董事长刘光因为违规担保等事项分别收到北京监管局行政监管警示函、整改函。

此外，上述巨额担保、资金被占用事项是东方网力自查暴雷，此前并没有任何信息披露，同时违反了信息披露规定，东方网力可能还将面临进一步的监管处罚。

东方网力违规担保、资金占用问题持续发酵，监管利剑直指公司内控缺失，或将面临巨额处罚，同时上百名股民已发起索赔，东方网力的资本黑洞远没有见底。

值得注意的是，东方网力的巨额违规担保事项远可追溯至2018年，但是一直没有暴露，直至部分银行账号陆续被冻结，现任董事会才察觉。

2019年9月20日，东方网力公告称，现任公司董事会发现公司银行账户被冻结，进行自查核实，察觉到公司此前可能存在未按有关规定履行审批及披露程序的相关担保事项。

经现任公司董事会自查，并向公司原控股股东、董事长刘光核实，发现此前公司确实存在相关违规对外担保、资金占用的情形，公司内控存在重大执行缺陷。

资料来源：韩永先. 董事长为高利贷违规担保：东方网力面临上百股民索赔［EB/OL］.［2020-01-18］. https：//mp.weixin.qq.com/s/3CUw3m3I1ExllD-plOUWow.

思考：

（1）东方网力违规担保案暴露了该公司在对外担保内部控制中存在哪些问题？

（2）你认为公司对外担保应该注意哪些问题？

任务一　把握担保业务内部控制的内容和要求

一、认识担保业务及其管控风险

担保是按法律规定或当事人的约定，为确保合同履行、保障债权人利益实现的一种法律行为。

【明德善思】担保制度起源于商品交易活动，但早期的简单商品交易，往往是以物易物，或者是钱货两清的即时交易，交易主体间失信问题不突出，也就没有担保的必要。随着商品交换形式不断发展，非即时交易大量出现，商品和货币的交付有了时间差，债权债务应运而生，随之而来的问题就是，在对债务人没有百分之百信赖的情形下，债权人需要通过某种方式确保债权的实现，而担保制度正好满足了这种需要。习近平总书记在党的二十大报告中强调，要构建高水平社会主义市场经济体制，构建全国统一大市场，深化要素市场化改革。完善产权保护、市场准入、公平竞争、社会信用等市场经济基础制度，建设高标准市场体系。

（一）担保业务的分类

1.按担保设定是否基于当事人的意愿分类

按担保设定是否基于当事人的意愿，担保可以分为法定担保与约定担保。

（1）法定担保。法定担保是基于法律规定而直接成立并发生效力的担保方式。法定担保的方式主要有优先权及留置权等。

（2）约定担保。约定担保是法定担保以外的担保方式。约定担保的方式主要有保证、抵押、质押、定金等。

2.按担保标的分类

按担保标的的不同，担保可以分为人的担保和物的担保。

（1）人的担保。人的担保是指以债务人以外的第三人的信用为标的而设定的担保。典型的人的担保为保证担保。

（2）物的担保。物的担保是指以特定财产为标的而设定的担保，如抵押、质押、留置等。

3.按担保设定的目的分类

按担保设定的目的的不同，担保可以分为本担保与反担保。

（1）本担保。本担保是指以保障主债权的实现为目的而设定的担保。

（2）反担保。反担保是指在本担保设定后，为了保障担保人在承担担保责任后，其对被担保人的追偿权得以实现而设定的担保。反担保是相对于本担保而言的。

（二）担保业务的特点

与企业购销等业务相比较，担保业务具有风险性、被动性、合法性等特点。

1.担保业务的风险性

担保业务的风险性是指企业为他人提供担保，一旦被担保人不履行付款责任，则担保人必须承担连带责任，从而给自身带来了严重的后果。同时，由于担保业务通常涉及的担保额较大、当事人较多，因此其风险较高。

【思考】在期末会计处理中，企业因担保可能会形成什么负债？有相应的账务处理吗？

2.担保业务的被动性

担保业务的被动性是指企业一旦签订了对外担保合同或协议，那么担保企业的担保责任是否履行，被动地取决于被担保企业是否履行偿债义务。

3.担保业务的合法性

担保业务的合法性是指担保业务必须符合《中华人民共和国民法典》等相关法律、法规的规定。对外担保的直接后果是形成企业的一项或有负债，企业承担着履行担保责任的潜在风险。

（三）担保业务管控中常见的风险

担保作为一种法律行为，涉及担保人、被担保人和反担保人三方，担保一旦成立，担保人就将承担连带责任。因此，企业对外提供担保，必须慎之又慎。

担保业务管控中常见的风险主要有：

（1）如果担保违反了国家法律、法规的规定，则可能会使企业遭受外部处罚，造成经济损失和信誉损失。

（2）如果担保业务未经适当审批或越权审批，由此会产生重大差错或舞弊、欺诈行为，导致企业遭受经济损失；如果担保业务在执行过程中监控不当，则可能会导致企业经营效率低下，使资产遭受损失。

（3）如果企业对担保申请人的资信状况调查不够，审批不严或越权审批，则可能会产生重大差错或舞弊、欺诈行为，给企业带来损失。

（4）如果被担保人和提供担保人在担保中存在舞弊行为，则可能会导致经办审批等相关人员涉案或企业利益受损。

（5）如果企业不能及时了解被担保企业担保项目的执行情况、资金使用情况、贷款归还情况、财务运行及风险情况，则可能会导致企业担保风险增加。

（6）如果企业对被担保企业在担保期内出现财务困难或经营陷入困境等状况监控不力、应对措施不当，则可能会导致企业承担不必要的代偿责任。

二、明确担保业务内部控制的内容和要求

担保业务内部控制的内容应与担保业务流程相一致。担保业务流程包括担保业务的受理、调查了解被担保企业的经营和财务状况、担保业务的审批、签订担保合同、担保监控、担保合同的履行、垫付款项的支付及催收等。

（一）担保业务受理控制

企业在受理担保业务时，必须要求被担保企业提供以下资料：

（1）被担保企业出具的担保申请书。

（2）担保事项的经济合同、协议及相关文件资料。

（3）有关反担保的资料。

被担保企业提供的资料是否完整、合法是受理担保的依据。只有被担保企业符合担保企业规定的担保原则、标准和条件，担保企业才能考虑提供担保。

（二）担保前的调查控制

担保企业在提供担保前，应通过有关渠道调查了解被担保企业的经营和财务状况，具体内容如下：

（1）被担保企业的性质、所属行业、主管部门、注册实收资本、经营期限、经营范围及主营业务。

（2）被担保企业的资金运作情况如何、资金流量有多大。

（3）被担保企业有哪些负债、有哪些或有负债、向哪些银行借款、是否发行债券。

（4）被担保企业主要的产品或服务有哪些，竞争的主要方式是什么，价格、产品质量、售后服务如何，原材料来自哪里。

（5）被担保企业对本年销售额和利润的预测值是多少。

（6）被担保企业的资信程度如何。

企业应根据调查了解的情况，对比担保政策，对担保业务进行科学、合理的评估，撰写调查评估报告。调查评估报告是进行担保业务审批的主要依据。

（三）担保业务审批控制

担保业务审查人员应通过对调查评估报告及相关材料的审查，分析被担保企业的履约能力、反担保情况及本企业的相关效益，对照本企业的担保责任、担保标准和条件等政策规定，决定是否办理该担保业务。

企业各项经济活动担保由财务部门、法务部门统一办理，并报企业分管领导审核，再由企业领导集体决策审批。任何个人都不能单独批准、办理对外担保事项。对于越权办理的，无论该担保行为是否给企业造成经济损失，都应追究责任。

（四）担保合同签订控制

担保事项通过审批后，企业就可以与被担保企业签订担保合同。担保合同一式三份，一份交受益人，一份由财务部门作为登记的附件，一份由经办部门存查。担保合同签订后，担保经办人员应及时登记担保业务台账。担保合同一般包括以下内容：

（1）被担保的主债权种类、数额。

（2）债务人履行债务的期限。

（3）担保的方式。

（4）担保的范围。

（5）担保的期间。

（6）双方认为需要约定的其他事项。

严密有效的担保合同对于维护合同双方的正当权益具有重要的作用。担保企业要十分注意合同中的各种"陷阱"，对担保合同中的每个条款和细节都应反复研究，防止陷入被动。对于模糊不清、似是而非的条款，担保企业应要求对方予以澄清并明确化。必要时，担保企业应要求被担保企业提供以财产物资为抵押的反担保协议书或保证书。

（五）担保有效期控制

担保形成了企业的或有负债，给企业增加了风险，企业应在担保有效期内对担保风险进行实时监控，具体包括：对被担保项目资金流向的日常监控，要定期了解被担保企业的经营管理情况，了解担保事项的进展情况，促使被担保企业按时履约；要求被担保企业定期提供担保期间财务会计报告，必要时可参加被担保企业的相关会议，对被担保工程项目的施工进度和财务状况进行审核，也可派员进驻被担保企业工作；若发现异常情况，应及时要求被担保企业采取有效措施化解风险。

（六）担保合同履行控制

担保合同的履行是指担保合同签订后，担保企业应被担保企业和受益人的要求对担保合同进行修改，或应受益人的要求履行担保责任，或在担保期满时注销担保合同的过程。担保合同履行控制具体包括合同的修改、展期、终止、垫款、收回垫付款项等环节。

1.担保合同的修改

担保期间因主合同条款发生变更，被担保企业和受益人需要变更担保合同内容时，担保企业应按要求办理。经办部门应就担保合同的变更内容进行审查，然后形成调查报告，同时要求被担保企业提出修改担保合同的意向文件。经批准后，经办部门再重新与被担保企业签订担保合同。

2.担保合同的展期

担保合同的展期应视同新担保业务进行处理，重新签订担保合同。

3.担保合同的终止和注销

当出现以下情况时，经办部门应及时通知被担保企业担保合同终止：

（1）担保有效期届满。

（2）修改担保合同。

（3）本企业替被担保企业垫付款项。

（4）被担保企业和受益人要求终止担保合同。

企业已经承担担保责任的，虽然合同已终止，但在垫付款项未获得全部清偿前，经办部门不得注销担保合同，同时要向被担保企业和反担保企业发送催收通知书，通知被担保企业还款。

（七）垫付款项的支付及催收控制

1.垫付款项的支付

在担保期间，担保业务执行部门收到担保受益人的书面索赔通知后，应核对书面索赔通知是否有有效签字、盖章，索赔是否在担保的有效期内，索赔金额、索赔证据是否与担保合同的规定一致等。核对无误后，经有权签字人同意后对外支付垫付款项。

垫付款项应依照以下顺序支付：被担保企业与本企业有往来款项的，先以往来款项支付垫付款项；没有往来款项或往来款项不足支付的，由本企业替被担保企业垫付款项，并向被担保企业和反担保企业催收垫付款项。

2.垫付款项的催收

担保业务经办人员要在垫款当日或第二个工作日内，向被担保企业发出垫款通知书，向反担保企业发送履行担保责任通知书，并加强检查力度，以及时、全额收回垫付款项。

【思考】企业因担保而垫付的款项，怎样进行账务处理？

同步训练

一、不定项选择题（每题至少有一个正确答案，请将正确答案填在括号内）

1.（　　）是在本担保设定后，为了保障担保人在承担担保责任后，其对被担保人的追偿权得以实现而设定的担保。

　　A.人的担保　　　　B.物的担保　　　　C.约定担保　　　　D.反担保

2.下列各项表述正确的是（　　）。

　　A.企业的经济活动担保应由财务部门和法务部门统一办理

B.企业的经济活动担保应由法务部门负责办理

C.企业的经济活动担保应由财务部门负责办理

D.企业的经济活动担保由董事会决定

3.下列各项表述正确的是（　　）。

A.担保形成了或有负债，需要进行账务处理

B.担保形成了或有负债，在期末必须进行账务处理

C.担保形成了或有负债，不需要进行账务处理，但需要在年报中说明

D.担保形成了或有负债，需要在资产负债表中单独反映

4.下列各项表述正确的是（　　）。

A.担保合同一经签订，不能更改

B.担保期因主合同条款发生变更，应对担保合同进行修改

C.担保合同不允许展期

D.担保合同有效期不得超过3年

5.下列各项表述正确的是（　　）。

A.担保垫付款在担保合同成立时支付

B.担保垫付款在收到担保受益人书面索赔后才能支付

C.担保垫付款一经支付就是担保企业的损失

D.担保垫付款必须通过银行转账支付

6.担保企业应当建立（　　），详细记录担保对象、金额、期限、用于抵押和质押的物品、权利和其他有关事项。

A.担保事项明细账 　　　　　　　　B.担保事项台账

C.担保事项登记簿 　　　　　　　　D.担保事项总账

7.按担保标的的不同，担保可以分为（　　）。

A.人的担保　　　　B.物的担保　　　　C.法定担保　　　　D.约定担保

8.与企业购销等业务比较，担保业务具有的特点包括（　　）。

A.风险性　　　　B.被动性　　　　C.主动性　　　　D.合法性

9.担保管控中常见的问题有（　　）。

A.缺乏风险意识 　　　　　　　　　B.担保评估与评价机制缺失

C.越权行事 　　　　　　　　　　　D.决策审批与责任制度不健全

10.担保控制的内容包括（　　）。

A.担保业务受理控制 　　　　　　　B.担保前的调查控制

C.担保业务审批控制 　　　　　　　D.担保合同签订与履行控制

11.担保合同的履行大致可以分为（　　）。

A.担保期满，担保注销 　　　　　　B.担保期未满，担保注销

C.应受益人要求履行担保责任 　　　D.应被担保企业要求履行担保责任

12.担保合同终止的情形包括（　　）。

A.担保有效期满 　　　　　　　　　B.修改担保期合同

C.担保企业已经履行担保责任 　　　D.被担保方和受益方要求终止担保合同

二、判断题（正确的在括号内打"√"，错误的打"×"）

1. 受理担保业务申请的人员不能同时负责最后核准担保业务。　　（　　）

2. 签订担保合同的人员可以同时担任担保合同的复核工作。　　（　　）

3. 参与评估工作的人员不得参与担保项目的审批。　　（　　）

4. 担保项目评估的结论是担保企业决定是否提供对外担保的依据。　（　　）

5. 企业的担保合同必须由总经理审批。　　（　　）

6. 经多方确认不能追回的代偿权，可确认为企业的损失，经批准予以核销。　　（　　）

参考答案

任务二　担保业务流程与风险管理实务

一、担保业务流程与风险分析

担保合同的履行大致可以分为两类：一是担保期满，担保注销；二是应受益人要求履行担保责任。因此，我们将担保业务流程分为两部分：一是担保责任履行前的业务流程，即围绕担保合同订立的业务流程；二是当受益人要求担保企业履行担保责任时的业务流程。

（一）担保业务管理流程与风险分析

1. 担保业务管理流程与风险分析图

西山公司担保业务管理流程与风险分析图如图9-1所示。

2. 担保业务管理流程描述及说明

（1）为了防范担保业务风险，确保担保业务符合国家法律、法规的规定，财务部需要制定担保业务管理制度，从而对担保业务的开展进行规范。

（2）公司各项担保业务必须经过董事会或股东大会批准，或由总经理在董事会授权范围内审批，公司任何部门或个人均无权代表公司提供担保服务。

（3）财务部应审查担保业务的内容是否符合国家法律、法规的规定及公司的发展战略和经营需要。

（4）法务内审部参与对担保业务内容的审查。

（5）财务部提交担保风险评估报告。担保风险评估报告的主要内容包括：被担保企业提出担保的经济背景、接受担保业务的利弊分析、拒绝担保业务的利弊分析、担保业务的评估结论及建议等。

（6）财务部负责设定担保业务限额。

（二）担保业务风险评估流程与风险分析

1. 担保业务风险评估流程与风险分析图

西山公司担保业务风险评估流程与风险分析图如图9-2所示。

风险分析	责任部门/责任人的职责分工与审批权限划分					
	总经理	财务总监	财务部	法务内审部	担保经办人	被担保企业
如果担保违反了国家法律、法规的规定，则可能会使公司遭受外部处罚，造成经济损失和信誉损失	审批	审核	开始 →1 制定担保业务管理制度			
如果担保业务未经适当审批或越权审批，由此会产生重大差错或舞弊、欺诈行为，导致公司遭受经济损失	审批 2	审核	审核 ← 3 审查担保业务的内容 → 参与 4　政策法规 不符合 →		受理担保业务申请 ← 退回担保业务申请	提出担保业务申请
如果担保评估不适当，则公司可能因诉讼、代偿等而遭受损失	审批	审核	符合 评估担保业务风险 5 提交担保风险评估报告			提供相关资料
如果担保业务未经适当审批或越权审批，由此会产生重大差错或舞弊、欺诈行为，导致企业遭受经济损失；如果担保业务在执行过程中监控不当，则可能会导致企业经营效率低下，使资产遭受损失			6 设定担保业务限额 执行担保业务 结束			签订担保合同

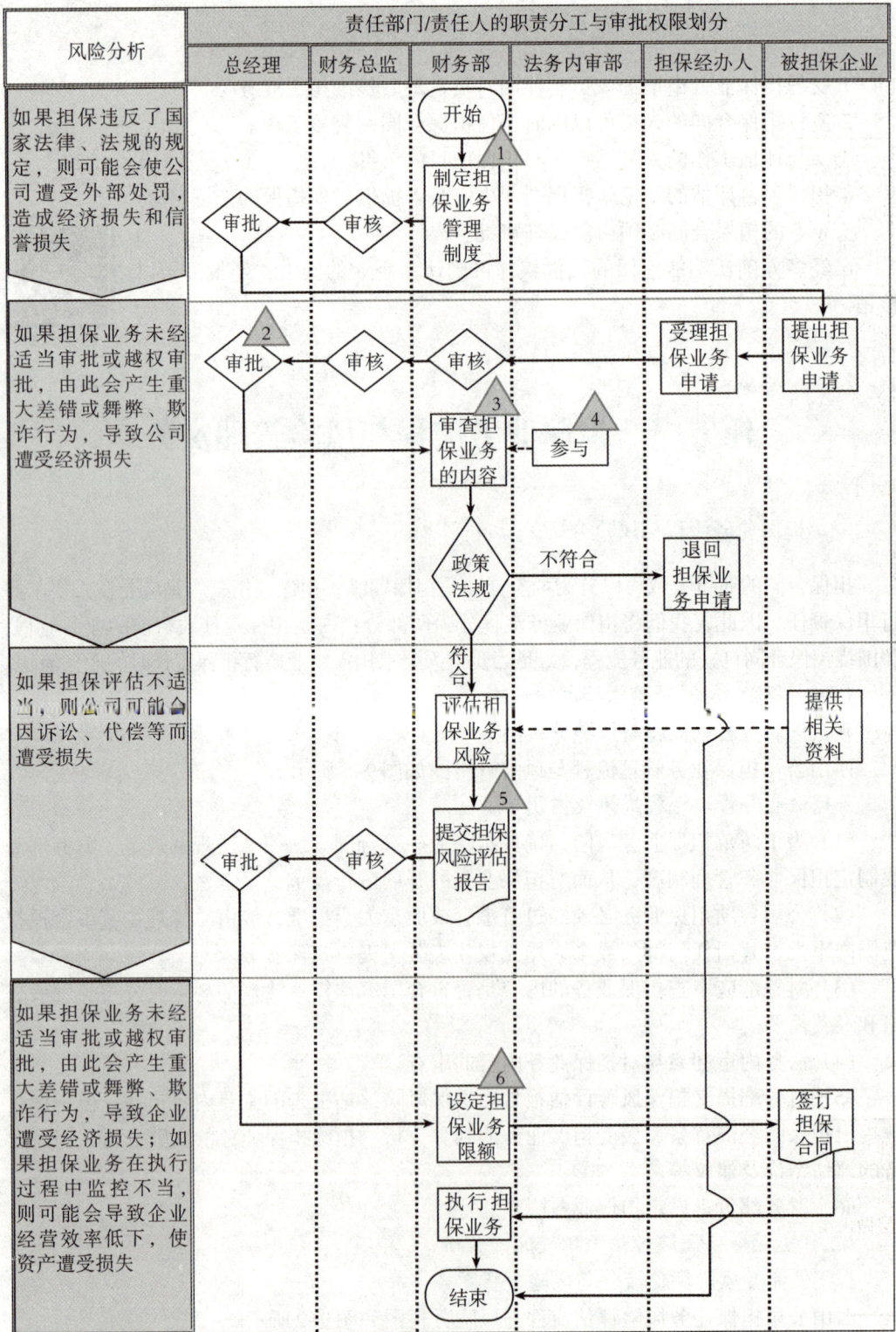

图9-1　西山公司担保业务管理流程与风险分析图

风险分析	责任部门/责任人的职责分工与审批权限划分					
	总经理	财务总监	财务部	法务内审部	担保经办人	被担保企业
如果担保业务未经适当审批或越权审批，则可能会给公司带来风险	△1 审批	审核	开始		受理担保业务申请	提出担保业务申请
如果审查后发现担保业务不符合国家有关法律的规定及本公司的发展战略和经营需要，则可能会导致担保业务不具有可行性，风险过高			△2 成立风险评估小组　参与　审查担保业务内容　政策法规	不符合	退回担保业务申请	
如果担保评估不适当，则公司可能会因诉讼、代偿等而遭受损失			△3 评估被担保企业的资信状况　反担保　评估反担保资产状况　综合评估担保风险			提供相关资产及财务资料
如果风险评估报告的参考价值不高，则可能会导致决策层做出错误的决定			△4 提交担保业务风险评估报告　结束			

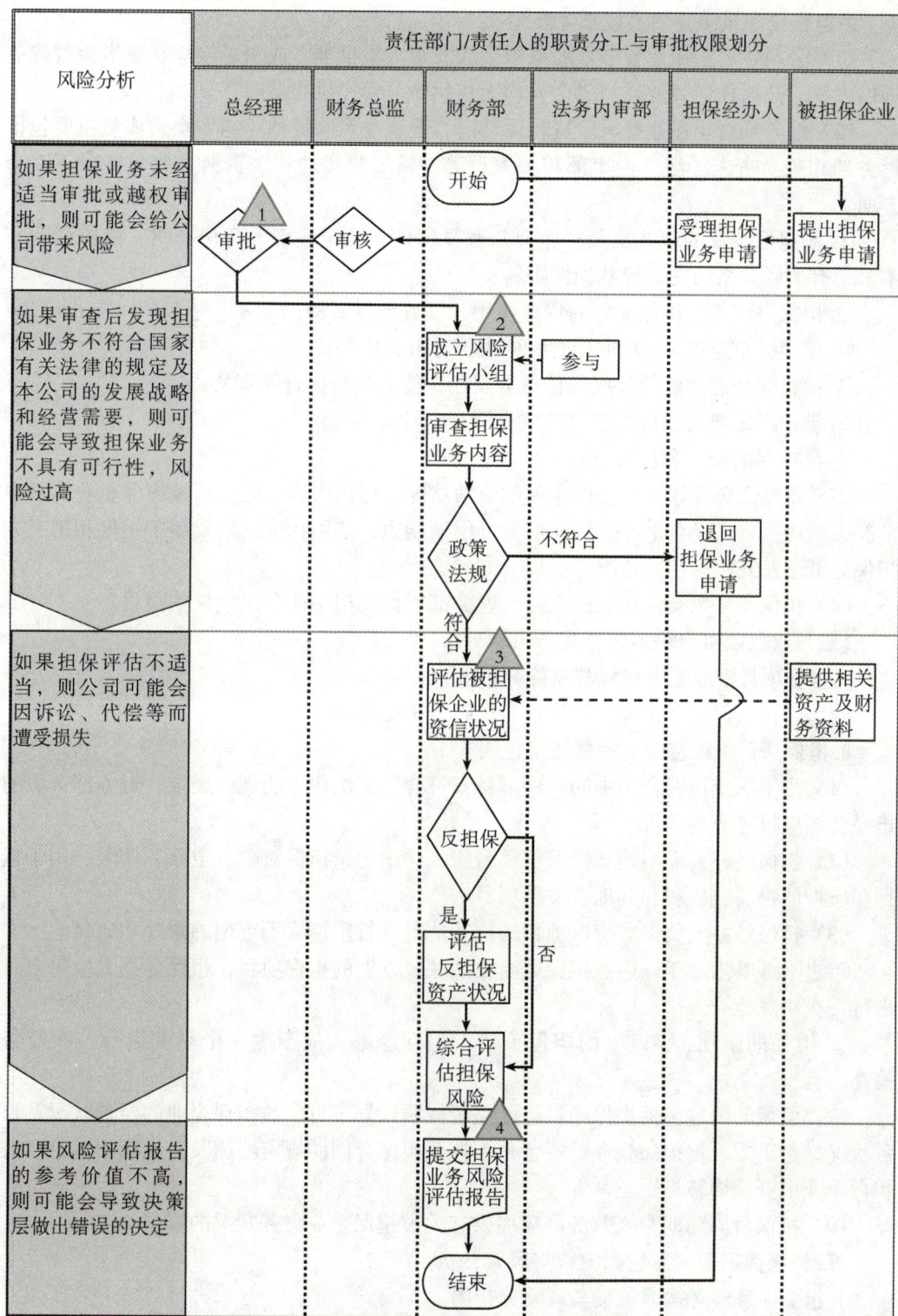

图9-2　西山公司担保业务风险评估流程与风险分析图

2.担保业务风险评估流程描述及说明

（1）公司各项担保业务必须经董事会或股东大会批准，或由总经理在董事会授权范围内审批，公司任何其他部门或个人均无权代表公司提供担保业务。

（2）财务部对担保业务风险进行评估时，要成立风险评估小组，小组成员主要包括财务部相关负责人、法务内审部相关人员等。需要收集的相关资料主要包括以下六个方面：

① 被担保企业的营业执照、企业章程复印件、法定代表人身份证明、能够证明与本公司有关联关系的资料等基础性资料；

② 担保申请书、担保业务的资金使用计划或项目资料；

③ 被担保企业近3年经审计的财务报告等财务资料；

④ 被担保企业的资信等级评估报告及还款能力分析报告等资料；

⑤ 被担保企业与债权人签订的主合同复印件；

⑥ 反担保的条件和相关资料。

（3）财务部负责评估被担保企业的资信状况。评估内容一般包括被担保企业的基本情况、资产质量、经营情况、行业前景、偿债能力、信用状况，以及用于担保和第三方担保的资产及其权利归属情况等。

（4）担保业务风险评估完成之后，财务部应提交担保业务风险评估报告。

（三）担保项目跟踪监督流程与风险分析

1.担保项目跟踪监督流程与风险分析图

西山公司担保项目跟踪监督流程与风险分析图如图9-3所示。

2.担保项目跟踪监督流程描述及说明

（1）为了防止担保合同中的某些项目不符合国家法律、法规的规定，财务部草拟的担保合同应报总经理审批。

（2）担保经办人应当建立担保事项台账，详细记录担保对象、金额、期限、用于抵押和质押的物品、权利和其他有关事项。

（3）担保经办人负责对担保项目的执行情况进行定期或不定期的跟踪和监督。

① 担保期限在2年以内、担保风险在关注级以上的担保项目，担保经办人应每个月进行一次跟踪检查。

② 担保期限在2年以上的担保项目，担保经办人应至少每个季度进行一次监督检查。

检查监督的内容包括担保项目进度是否按照计划进行、被担保企业的经营状况及财务状况是否正常、被担保企业的资金是否按照担保合同的规定使用及有无挪用现象、被担保企业的资金周转是否正常等。

（4）担保合同到期时，财务部应提供有关被担保企业财务状况的资料。

（四）担保项目信息披露流程与风险分析

1.担保项目信息披露流程与风险分析图

西山公司担保项目信息披露流程与风险分析图如图9-4所示。

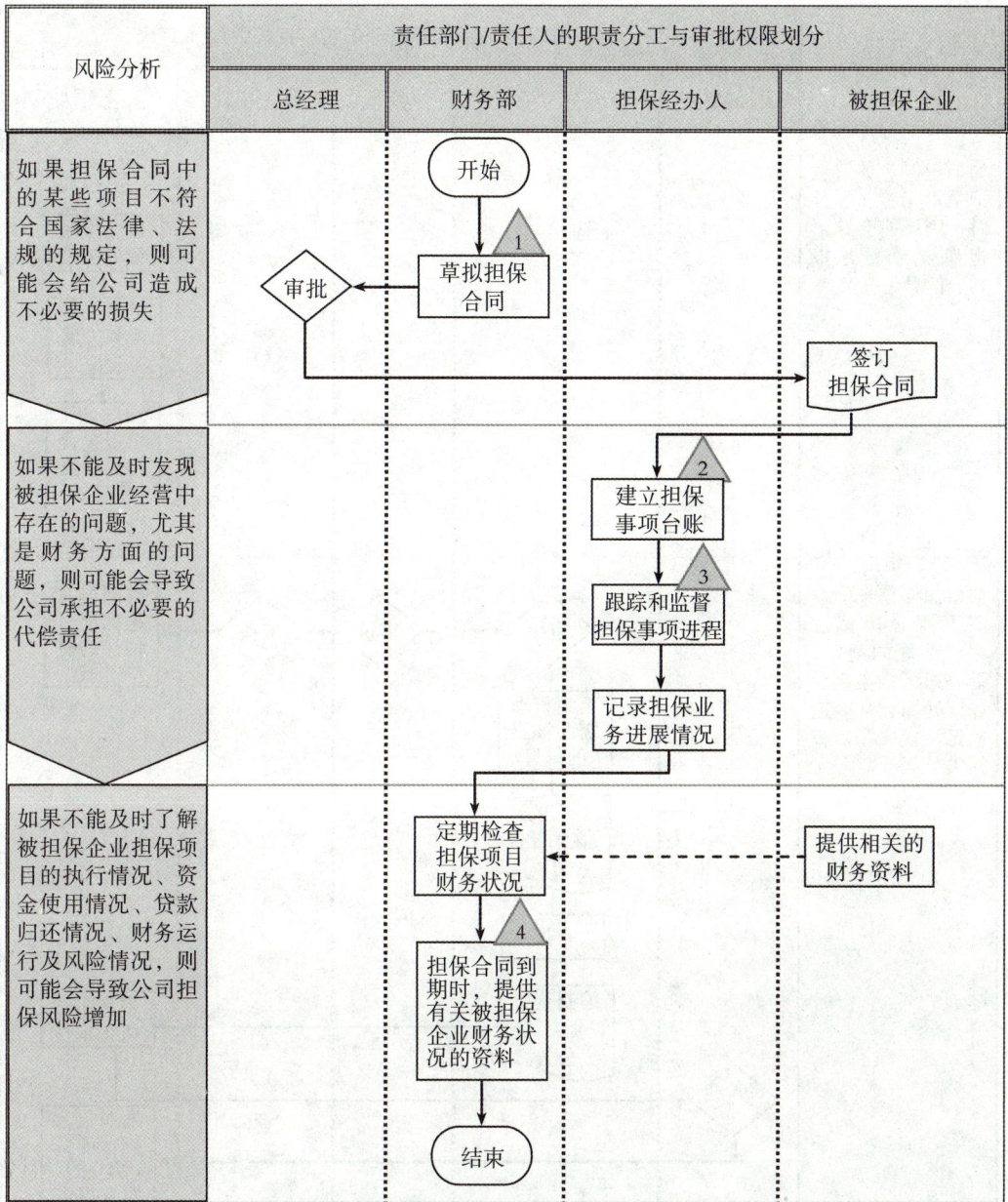

图9-3 西山公司担保项目跟踪监督流程与风险分析图

2.担保项目信息披露流程描述及说明

（1）会计人员应当建立担保事项台账，详细记录担保对象、金额、期限、用于抵押和质押的物品、权利和其他有关事项。

（2）董事会秘书负责汇集整理需要披露的信息。

（3）董事会秘书根据相关法律、法规的要求和定期的财务报告，形成披露信息报告初稿，经董事会审议通过之后，编制董事会决议公告，并由会计人员将相关材料报送主管机构审核。

业务风险	责任部门/责任人的职责分工与审批权限划分				
	主管机构	董事会及秘书	总经理	财务总监	会计人员
如果担保业务信息记录不完整、不及时，则可能会导致担保业务财务报表、信息失真					开始 ▷1 建立担保事项台账 → 记录担保业务进展状况 → 及时、正确填报包含担保项目信息的财务报表
如果担保信息的披露不符合国家法律、法规的规定，则公司可能会遭受外部处罚，从而造成经济损失和信誉损失	审核 ▷2 汇集整理需要披露的信息 ▷3 形成披露信息报告初稿 → 审议 → 编制董事会决议公告	审核	审核	审核	编制包含担保项目信息的财务报告 报送主管机构审核
	审核				发布包含担保项目信息的财务报告 → 将材料报送主管机构 → 结束

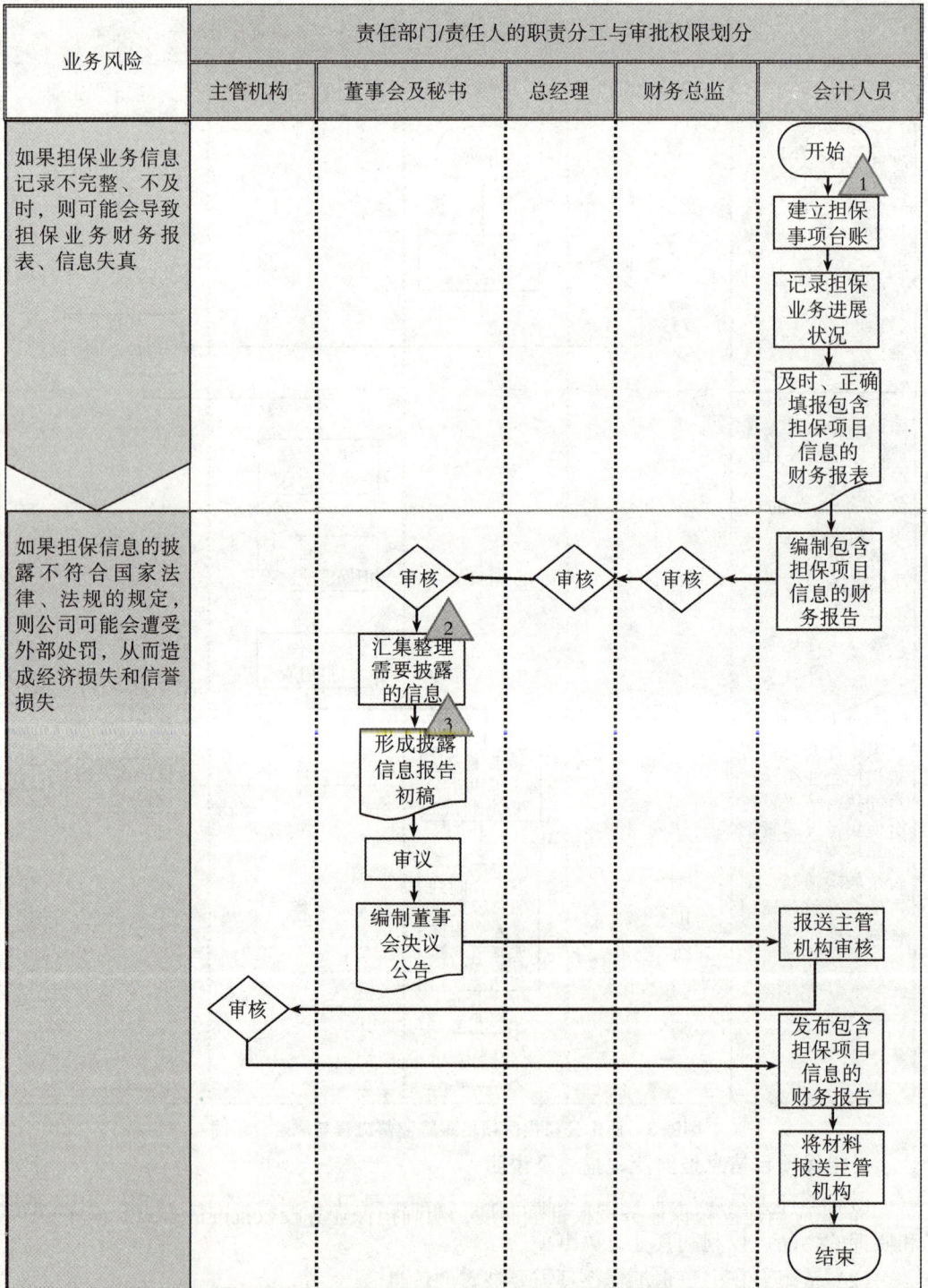

图9-4　西山公司担保项目信息披露流程与风险分析图

二、担保业务风险管理

（一）担保业务风险管理目标

根据担保业务的特点，企业对外担保面临的最大问题就是风险问题，即一旦被担保企业没有偿债能力和偿债意愿时，担保企业必须承担连带责任。为了防范或减少企业对外担保业务的风险，担保企业风险管理应实现以下目标：

1.保证担保业务的合法性和合规性

企业担保业务内部控制系统应确保企业的担保活动符合法律规定，防止不合法的担保给企业带来负面影响。另外，企业应按照会计制度的规定进行相关的会计核算，以保证担保业务得到充分、完整和真实的记录，并随时通过其报告体系加以披露。

2.保证降低担保业务的风险

对外承担担保业务具有潜在的风险，企业应通过对担保业务的内部控制，有效降低担保风险，避免对外担保行为给企业自身造成损失。

（二）担保业务风险管理制度

根据《企业内部控制应用指引第12号——担保业务》的规定，为了加强对担保业务的内部控制、规范担保行为、防范担保风险，企业应当建立以下担保业务风险管理制度：

1.担保业务岗位分工制度

企业应当建立严格的担保业务岗位分工制度，明确相关部门和岗位的职责、权限，确保办理担保业务的不相容岗位相互分离、制约和监督。担保业务不相容岗位包括：

（1）担保业务的评估与审批；

（2）担保业务的审批与执行；

（3）担保业务的执行与监督；

（4）担保合同的草拟与复核；

（5）担保业务的记账与核实；

（6）担保合同的订立和担保责任垫付款项的支付；

（7）担保责任垫付款项的审核与支付；

（8）审核履行担保责任、支付垫付款项与从被担保企业收回垫付款项。

企业不得由同一部门或个人办理担保业务的全过程。企业办理担保业务的人员应当具备良好的职业道德，了解与担保相关的法律、法规，熟悉担保业务流程，掌握担保专业知识。

2.担保业务授权批准制度

企业应当建立担保业务授权批准制度，明确担保业务授权批准的方式、程序和相关控制措施，规定审批人员的权限、责任以及经办人员的职责范围和工作要求。审批人员应当根据担保业务授权批准制度的规定，在授权范围内进行审批，不得越权审批。经办人员应当在职责范围内，按照审批人员的批准意见办理担保业务。对于审批人员超越权限审批的担保业务，经办人员有权拒绝办理，并及时向审批人员的上级授权部门报告。严禁未经授权的机构或人员办理担保业务。

企业还应建立担保业务责任追究制度，对于在担保业务中出现重大决策失误、未履行集体审批程序和不按规定执行担保业务的部门及人员，应当追究相应的责任。

3.担保业务审批控制制度

担保业务审批控制制度包括以下五个要点：

（1）审批担保业务的受理；

（2）非经正当审批，不得签订担保合同；

（3）担保责任、担保标准和担保条件等必须经过审准；

（4）为被担保企业履行债务支付垫付款项必须经过审批；

（5）实行集体决策审批制度。

企业向关联方提供担保的，与关联方存在经济利益或近亲属关系的有关人员在审批环节应予以回避。

4.担保政策制度

为了规范担保业务、防范风险，企业应结合实际情况，制定相应的担保政策，包括担保原则、担保标准和条件等，如被担保企业应经营正常、经济效益较好、财务制度健全、营运资金合理等。

5.担保评估制度

企业应当对担保业务进行风险评估，以确保担保业务符合国家法律、法规和本企业担保政策的规定，防范担保业务风险。

企业提供担保业务，应当由相关部门或人员对被担保企业是否符合担保政策进行审查；对于符合担保政策的被担保企业，企业可自行或委托中介机构对其资产质量、偿债能力、财务信用及申请担保事项的合法性进行评估，形成书面评估报告；评估报告应当全面反映评估人员的意见，并经评估人员签章。

要求被担保企业提供反担保的，企业还应对与反担保有关的资产进行评估。被担保企业要求变更担保事项的，企业应当重新履行评估与审批程序。

6.担保合同制度

企业有关部门或人员应当根据集体审批意见，按规定的程序订立担保合同。企业在订立担保合同前，应当征询法律顾问或专家的意见，确保合同条款符合《中华人民共和国民法典》，以及企业担保政策的规定。被担保企业同时向多方申请担保的，企业应与其在担保合同中明确约定本企业的担保份额，并落实担保责任。企业应当在担保合同中明确要求被担保企业定期提供财务报告，并及时报告担保事项的实施情况。企业应当在担保合同到期时全面清理用于担保的财产、权利凭证，并按照合同约定及时终止担保关系。

7.担保记录制度

凭证和记录是反映经济业务的载体。凭证和记录要连续编号，企业应检查全部有编号的凭证和记录是否按规定处理，这是保证凭证和记录完整性的重要控制措施，可以有效防止经济业务的遗漏和重复；同时，企业应检查凭证和记录的内容是否存在舞弊行为。企业应当按照国家统一会计制度关于担保业务的处理规定，对担保业务进行核算和披露。

8.担保监测报告制度

企业应当建立担保监测报告制度，加强对被担保企业财务风险及担保事项实施情况的监测，定期形成书面报告。若发现异常情况，企业应及时采取有效措施化解风险。

9.反担保制度

企业应当加强对反担保财产的管理，妥善保管被担保企业用于反担保的财产和权利凭证，定期核实财产的存续状况和价值，确保反担保财产安全、完整。

10.担保业务监督检查制度

企业应当建立担保业务监督检查制度，明确监督检查机构或人员的职责权限，定期或不定期地进行检查。

担保业务监督检查的内容主要包括：

（1）担保业务相关岗位及人员的设置情况。重点检查是否存在担保业务不相容职务混岗的现象。

（2）担保业务授权批准制度的执行情况。重点检查担保对象是否符合规定，担保业务评估是否科学合理，担保业务审批手续是否符合规定，是否存在越权审批的行为。

（3）担保业务监测报告制度的落实情况。重点检查对于被担保企业的财务风险及被担保事项的实施情况等是否定期提交监测报告，以及反担保财产的安全、完整是否得到保证。

（4）担保合同到期是否及时办理终止手续。

对于在监督检查过程中发现的担保业务内部控制中的薄弱环节，监督检查部门应当及时报告，有关部门应当查明原因，并采取措施加以纠正和完善。监督检查部门应当按照企业内部管理权限报告担保业务的监督检查情况和有关部门的整改情况。

（三）担保业务风险管理制度范例

西山公司担保业务执行控制制度见表9-1。

表9-1 西山公司担保业务执行控制制度

制度名称	担保业务执行控制制度	文件编号	内控12-03
执行部门	财务部	监督部门	法务内审部

第1章 总则

第1条 目的。

为了准确掌握担保业务的进展情况，及时化解担保风险或尽量减少担保风险给公司造成的损失，特制定本制度。

第2条 本制度适用于公司所有担保业务。

第2章 建立担保事项台账

第3条 担保业务实行过程中，担保经办人员负责设置担保事项台账，从而对担保业务相关事项进行详细、全面的记录。

第4条 担保业务记录至少应包括但不限于以下内容：

1.被担保企业的名称。

续表

2. 担保业务的类型、时间、金额及期限。

3. 用于抵押财产的名称、金额。

4. 担保合同的事项、编号及内容。

5. 反担保事项。

6. 担保事项的变更。

7. 担保信息的披露。

第3章　担保业务监督检查

第5条　担保经办人员负责对担保项目的执行状况进行定期或不定期的跟踪和监督。

第6条　监督检查时限。

1. 担保期限在2年以内、担保风险在关注级以上的担保项目，担保经办人员需要每个月进行一次跟踪检查。

2. 担保期限在2年以上的担保项目，担保经办人员至少每个季度进行一次监督检查。

第7条　监督检查项目。

1. 担保项目的进度是否按照计划进行。

2. 被担保企业的经营状况是否正常。

3. 被担保企业的资金是否按照担保项目书的规定使用，有无挪用现象。

4. 被担保企业的资金周转是否正常等。

第8条　对于在检查中发现的异常情况和问题，应本着"早发现、早预警、早报告"的原则及时上报担保项目负责人；属于重大问题或特殊情况的，应及时向公司管理层或董事会报告。

第4章　担保合同管理

第9条　担保业务经总经理、董事会或股东大会在权限范围内批准后，应当与被担保企业订立书面担保合同。

第10条　公司法律顾问应结合被担保企业的资信状况，严格审核各项义务性条款，以保证公司的权益。

第11条　合同档案管理人员专门保管担保合同、与担保合同有关的反担保合同等。

第12条　合同档案管理人员负责有关担保及反担保财产和权利凭证等原始文件的管理。

第13条　合同档案管理人员应配合财务部担保业务负责人定期核实反担保财产的存续状况和价值，确保反担保财产的安全与完整。

第14条　财务部担保业务负责人应当在担保合同到期时全面清理用于担保的财产和权利凭证，按照合同约定及时终止担保关系。

第5章　附则

第15条　本制度根据国家相关法律、法规制定，若与国家日后颁布的法律、法规相抵触，以国家新颁布的法律、法规为准。

第16条　本制度自公司董事会审议通过后实施，由董事会负责解释。

西山公司担保业务内部控制制度

修订日期	2022-10-20	审核日期	2022-10-25	批准日期	2022-12-30

同步训练

一、不定项选择题（每题至少有一个正确答案，请将正确答案填在括号内）

1.在担保业务管理流程中，提出担保业务申请的是（　　　）。

　　A.担保人　　　　　　　　　　　　B.被担保人

　　C.担保受益人　　　　　　　　　　D.担保经办人

2.在担保业务风险评估流程中，一般应由担保经办人负责的是（　　　）。

　　A.受理担保业务申请　　　　　　　B.审查担保业务的内容

　　C.评估担保业务申请　　　　　　　D.提供被担保单位的资料

3.在担保项目跟踪监督流程中，一般应由财务部门负责的是（　　　）。

　　A.建立担保事项台账　　　　　　　B.跟踪担保事项流程

　　C.记录担保业务进展情况　　　　　D.定期检查担保项目财务状况

4.在担保项目信息披露流程中，董事会秘书一般负责（　　　）。

　　A.记录担保业务进展情况　　　　　B.编制包含担保项目信息的财务报告

　　C.汇总整理企业要披露的信息　　　D.发布包含担保项目信息的财务报告

5.在担保业务管理流程中，一般应由财务部门负责的是（　　　）。

　　A.拟定担保业务管理制度　　　　　B.审查担保业务内容

　　C.受理担保业务申请　　　　　　　D.评估担保业务风险

6.在担保业务风险评估流程中，一般应由财务部门负责的是（　　　）。

　　A.成立风险评估小组　　　　　　　B.审查担保业务内容

　　C.评估担保业务申请　　　　　　　D.提供被担保单位的资料

7.在担保项目跟踪监督流程中，一般应由担保经办人负责的是（　　　）。

　　A.建立担保事项台账　　　　　　　B.跟踪担保事项进程

　　C.记录担保业务进展情况　　　　　D.定期检查担保项目财务状况

8.在担保项目信息披露流程中，一般应由财务部门负责的是（　　　）。

　　A.记录担保业务进展情况　　　　　B.编制包含担保项目信息的财务报告

　　C.汇集和整理企业要披露的信息　　D.发布包含担保项目信息的财务报告

9.担保业务风险管理目标包括（　　　）。

　　A.保证担保业务的合法性　　　　　B.保证降低担保业务风险

　　C.保证担保受益人的利益　　　　　D.保证被担保人的利益

10.下列各项属于担保业务风险管理制度的是（　　　）。

　　A.担保评估制度　　　　　　　　　B.担保合同制度

　　C.担保记录与监测报告制度　　　　D.反担保制度

二、判断题（正确的在括号内打"√"，错误的打"×"）

1.担保业务评估与审批必须分离。　　　　　　　　　　　　（　　）
2.担保业务记录与执行必须分离。　　　　　　　　　　　　（　　）

参考答案

3.担保合同的订立与担保责任垫付款项的支付可以由财务部门统一办理。　　　　　　　　　　　　　　　　　　　　　　　　　（　　）
4.担保责任垫付款项的支付与记录都由财务部门负责。　　　（　　）
5.企业法务内审部门在担保业务活动中只参与担保合同的签订。（　　）

任务三　项目实训——案例分析

一、实训目标

培养学生运用所学企业担保业务内部控制与风险管理的知识进行案例分析的能力。

二、能力要求

（1）掌握企业担保业务内部控制与风险管理的要求。
（2）能够针对具体的案例，通过分析发现问题并提出防范措施，或对案例中存在的管控风险进行解释说明。

三、实训方式

以小组为单位完成实训任务，形成实训报告，参加讨论与点评。

四、实训考核

根据各实训小组实训成果（实训报告）的质量和参与讨论的情况进行评分。项目实训成绩按百分制评定，具体公式如下：

小组项目实训成绩 = 实训成果（满分80）+ 参与讨论（满分20）

$$\frac{个人项目}{实训成绩} = \frac{小组项目}{实训成绩} × \frac{个人贡献系数(个人贡献系数由组长}{根据个人在实训中的贡献大小决定)}$$

五、实训步骤

（1）由任课教师引导学生解读实训资料，提示学生应注意哪些问题，并布置具体实训任务，规定实训时间。
（2）各实训小组根据组内分工，查找、搜集相关资料，进行初步分析比较。
（3）小组内对初步分析比较的结果进行讨论、修改，最后按照要求形成实训报告（实训报告采用Word文档格式，纸张大小设置为A4，页边距设置为上2.8厘米、下2.5

厘米、左2.5厘米、右2.5厘米，行距设置为1.5倍；页码格式设置为阿拉伯数字、居中；总标题设置为小三号、黑体、居中、空一行，一级标题设置为小四号、宋体、加粗，二级标题和正文设置为小四号、宋体；图表内文字设置为五号、宋体）。

（4）各实训小组的组长将查找、搜集的资料和形成的实训成果（电子文档）打包上传。

（5）指导老师根据学生实训成果的质量和参与讨论的情况确定实训成绩。

六、实训资料

联合公司的法定代表人蔡某至今仍在为自己的一次被骗经历而痛苦万分。

"只是履行一下形式而已"，这就是原上海某实业公司的法定代表人张某给蔡某吃下的"空心汤圆"。张某为了向银行申请贷款，找到了熟人蔡某，提出请联合公司为自己担保，老实仗义的蔡某爽快地在张某带来的格式担保合同上签字并加盖了公章。银行向实业公司发放贷款700万元。张某将这笔钱投进了期货市场，最后全部亏损。无法还钱，张某又向蔡某提出继续担保，蔡某又签下了担保书。银行以借新还旧的方法，重新发放了750万元贷款，并用其中的700万元偿还旧贷款。直到贷款期满，张某还是还不了750万元的借款。银行遂将实业公司和担保方——联合公司告上了法院，这时的实业公司已关门，张某也下落不明。联合公司因担保了贷款的归还，法院依法判联合公司对实业公司的750万元借款承担连带清偿责任。联合公司觉得很冤枉，但法律无情。

案例中的担保陷阱让不少"东郭先生"尝尽了苦果。这里除了实业公司为联合公司设下的"骗局"之外，也暴露了联合公司自己的问题。在实业公司的第一笔贷款未能偿还的情况下，联合公司居然再次为其提供担保，这种没有任何控制的担保最终导致联合公司付出了惨痛的代价。正如《企业内部控制应用指引第12号——担保业务》中规定的一样，担保申请人出现以下情形之一的，企业应该审慎提供担保，甚至拒绝担保，以避免自身利益受到严重损害：①担保项目不符合国家法律、法规和本企业担保政策的；②已进入重组、托管、兼并或破产清算程序的；③财务状况恶化、资不抵债、管理混乱、经营风险较大的；④与其他企业存在较大经济纠纷，面临法律诉讼且可能承担较大赔偿责任的；⑤与本企业已经发生过担保纠纷且仍未妥善解决的，或不能及时足额交纳担保费用的。

七、实训任务

本案中联合公司对实业公司的担保活动存在哪些问题？对外如何避免掉入担保陷阱？

参考答案

本项目框架图

本项目框架图如图9-5所示。

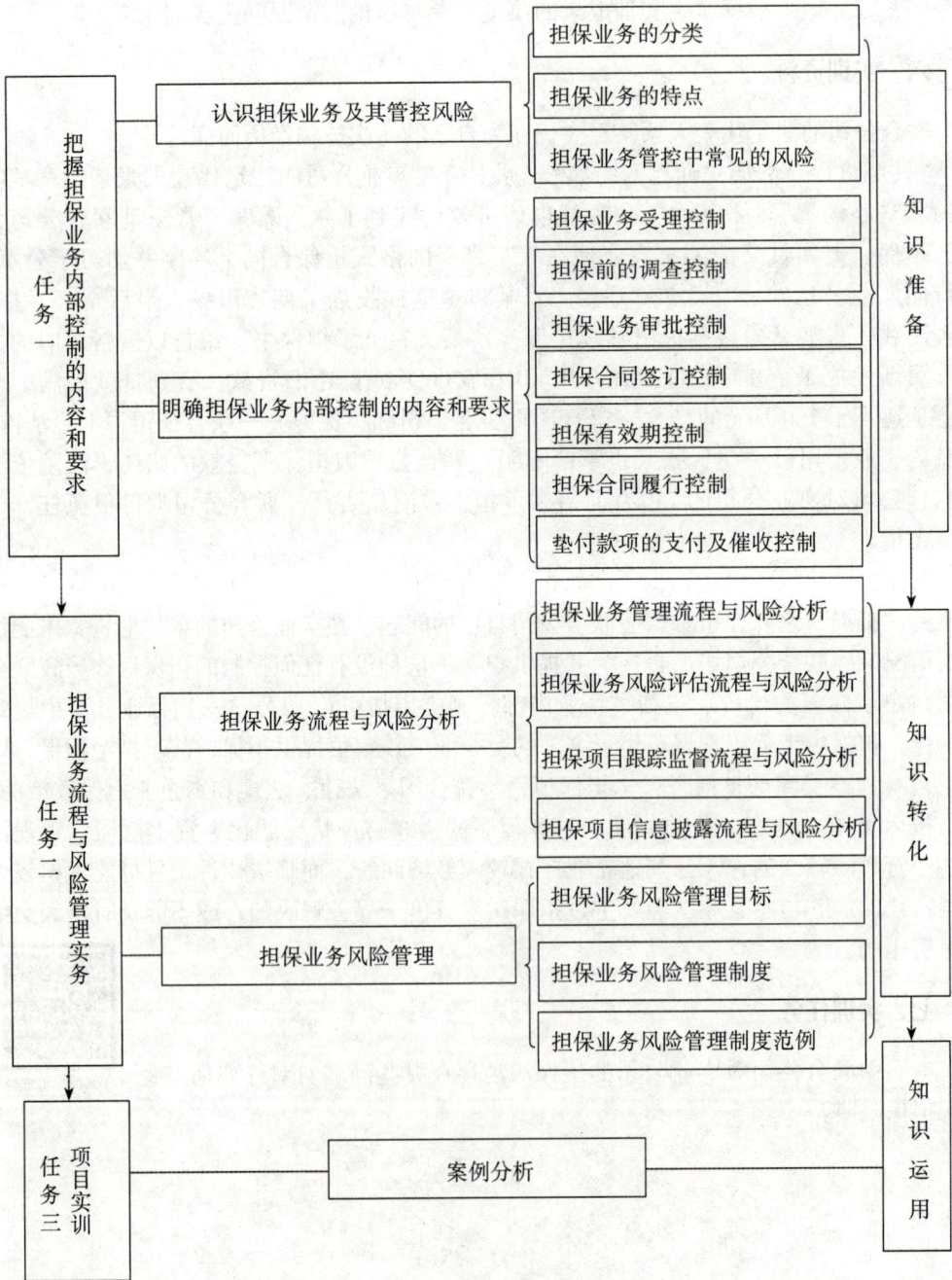

图9-5 本项目框架图

本项目参照规范

- 《企业会计准则——基本准则》
- 《中华人民共和国民法典》
- 《企业内部控制配套指引第12号——担保业务》
- 《中华人民共和国公司法》

参考文献

［1］企业内部控制编审委员会．企业内部控制主要风险点、关键控制点与案例解析［M］．上海：立信会计出版社，2023．

［2］企业内部控制编审委员会．企业内部控制基本规范及配套指引案例讲解［M］．上海：立信会计出版社，2023．

［3］陈汉文，池国华．CEO内部控制［M］．北京：北京大学出版社，2015．

［4］池国华，樊子君．内部控制学［M］．3版．北京：北京大学出版社，2017．

［5］张俊民．内部控制［M］．北京：高等教育出版社，2015．

［6］蒙丽珍．内部控制与风险管理［M］．大连：东北财经大学出版社，2011．

［7］李荣梅，陈正，宋迎军．企业内部控制［M］．4版．大连：东北财经大学出版社，2022．

［8］于玉林．企业内部会计控制标准化［M］．上海：上海财经大学出版社，2011．

［9］李荔．内部控制与账簿审核［M］．北京：经济科学出版社，2011．

［10］池国华．企业内部控制规范实施机制研究［M］．大连：东北财经大学出版社，2011．

［11］许国才，徐健．企业内部控制流程手册［M］．3版．北京：人民邮电出版社，2017．

［12］王德敏．企业内控精细化管理全案［M］．3版．北京：人民邮电出版社，2017．

［13］程淑丽，王宏．市场营销精细化管理全案［M］．北京：人民邮电出版社，2011．

［14］王德敏．成本费用控制精细化管理全案［M］．2版．北京：人民邮电出版社，2012．

附　录

企业内部控制基本规范

第一章　总则

第一条　为了加强和规范企业内部控制，提高企业经营管理水平和风险防范能力，促进企业可持续发展，维护社会主义市场经济秩序和社会公众利益，根据《中华人民共和国公司法》、《中华人民共和国证券法》、《中华人民共和国会计法》和其他有关法律法规，制定本规范。

第二条　本规范适用于中华人民共和国境内设立的大中型企业。

小企业和其他单位可以参照本规范建立与实施内部控制。

大中型企业和小企业的划分标准根据国家有关规定执行。

第三条　本规范所称内部控制，是由企业董事会、监事会、经理层和全体员工实施的、旨在实现控制目标的过程。

内部控制的目标是合理保证企业经营管理合法合规、资产安全、财务报告及相关信息真实完整，提高经营效率和效果，促进企业实现发展战略。

第四条　企业建立与实施内部控制，应当遵循下列原则：

（一）全面性原则。内部控制应当贯穿决策、执行和监督全过程，覆盖企业及其所属单位的各种业务和事项。

（二）重要性原则。内部控制应当在全面控制的基础上，关注重要业务事项和高风险领域。

（三）制衡性原则。内部控制应当在治理结构、机构设置及权责分配、业务流程等方面形成相互制约、相互监督，兼顾运营效率。

（四）适应性原则。内部控制应当与企业经营规模、业务范围、竞争状况和风险水平等相适应，并随着情况的变化及时加以调整。

（五）成本效益原则。内部控制应当权衡实施成本与预期效益，以适当的成本实现有效控制。

第五条　企业建立与实施有效的内部控制，应当包括下列要素：

（一）内部环境。内部环境是企业实施内部控制的基础，一般包括治理结构、机构设置及权责分配、内部审计、人力资源政策、企业文化等。

（二）风险评估。风险评估是企业及时识别、系统分析经营活动中与实现内部控制目标相关的风险，合理确定风险应对策略。

（三）控制活动。控制活动是企业根据风险评估结果，采用相应的控制措施，将风险控制在可承受度之内。

（四）信息与沟通。信息与沟通是企业及时、准确地收集、传递与内部控制相关的信息，确保信息在企业内部、企业与外部之间进行有效沟通。

（五）内部监督。内部监督是企业对内部控制建立与实施情况进行监督检查，评价内部控制的有效性，发现内部控制缺陷，应当及时加以改进。

第六条　企业应当根据有关法律法规、本规范及其配套办法，制定本企业的内部控制制度并组织实施。

第七条　企业应当运用信息技术加强内部控制，建立与经营管理相适应的信息系统，促进内部控制流程与信息系统的有机结合，实现对业务和事项的自动控制，减少或消除人为操纵因素。

第八条　企业应当建立内部控制实施的激励约束机制，将各责任单位和全体员工实施内部控制的情况纳入绩效考评体系，促进内部控制的有效实施。

第九条　国务院有关部门可以根据法律法规、本规范及其配套办法，明确贯彻实施本规范的具体要求，对企业建立与实施内部控制的情况进行监督检查。

第十条　接受企业委托从事内部控制审计的会计师事务所，应当根据本规范及其配套办法和相关执业准则，对企业内部控制的有效性进行审计，出具审计报告。会计师事务所及其签字的从业人员应当对发表的内部控制审计意见负责。

为企业内部控制提供咨询的会计师事务所，不得同时为同一企业提供内部控制审计服务。

第二章　内部环境

第十一条　企业应当根据国家有关法律法规和企业章程，建立规范的公司治理结构和议事规则，明确决策、执行、监督等方面的职责权限，形成科学有效的职责分工和制衡机制。

股东（大）会享有法律法规和企业章程规定的合法权利，依法行使企业经营方针、筹资、投资、利润分配等重大事项的表决权。

董事会对股东（大）会负责，依法行使企业的经营决策权。

监事会对股东（大）会负责，监督企业董事、经理和其他高级管理人员依法履行职责。

经理层负责组织实施股东（大）会、董事会决议事项，主持企业的生产经营管理工作。

第十二条　董事会负责内部控制的建立健全和有效实施。监事会对董事会建立与实施内部控制进行监督。经理层负责组织领导企业内部控制的日常运行。

企业应当成立专门机构或者指定适当的机构具体负责组织协调内部控制的建立实施及日常工作。

第十三条　企业应当在董事会下设立审计委员会。审计委员会负责审查企业内部控制，监督内部控制的有效实施和内部控制自我评价情况，协调内部控制审计及其他相关事宜等。

审计委员会负责人应当具备相应的独立性、良好的职业操守和专业胜任能力。

第十四条　企业应当结合业务特点和内部控制要求设置内部机构，明确职责权限，将权利与责任落实到各责任单位。

企业应当通过编制内部管理手册，使全体员工掌握内部机构设置、岗位职责、业务流程等情况，明确权责分配，正确行使职权。

第十五条　企业应当加强内部审计工作，保证内部审计机构设置、人员配备和工作的独立性。

内部审计机构应当结合内部审计监督，对内部控制的有效性进行监督检查。内部审计机构对监督检查中发现的内部控制缺陷，应当按照企业内部审计工作程序进行报告；对监督检查中发现的内部控制重大缺陷，有权直接向董事会及其审计委员会、监事会报告。

第十六条　企业应当制定和实施有利于企业可持续发展的人力资源政策。人力资源政策应当包括下列内容：

（一）员工的聘用、培训、辞退与辞职。

（二）员工的薪酬、考核、晋升与奖惩。

（三）关键岗位员工的强制休假制度和定期岗位轮换制度。

（四）掌握国家秘密或重要商业秘密的员工离岗的限制性规定。

（五）有关人力资源管理的其他政策。

第十七条　企业应当将职业道德修养和专业胜任能力作为选拔和聘用员工的重要标准，切实加强员工培训和继续教育，不断提升员工素质。

第十八条　企业应当加强文化建设，培育积极向上的价值观和社会责任感，倡导诚实守信、爱岗敬业、开拓创新和团队协作精神，树立现代管理理念，强化风险意识。

董事、监事、经理及其他高级管理人员应当在企业文化建设中发挥主导作用。

企业员工应当遵守员工行为守则，认真履行岗位职责。

第十九条　企业应当加强法制教育，增强董事、监事、经理及其他高级管理人员和员工的法治观念，严格依法决策、依法办事、依法监督，建立健全法律顾问制度和重大法律纠纷案件备案制度。

第三章　风险评估

第二十条　企业应当根据设定的控制目标，全面系统持续地收集相关信息，结合实际情况，及时进行风险评估。

第二十一条　企业开展风险评估，应当准确识别与实现控制目标相关的内部风险和外部风险，确定相应的风险承受度。

风险承受度是企业能够承担的风险限度，包括整体风险承受能力和业务层面的可接受风险水平。

第二十二条　企业识别内部风险，应当关注下列因素：

（一）董事、监事、经理及其他高级管理人员的职业操守、员工专业胜任能力等人力资源因素。

（二）组织机构、经营方式、资产管理、业务流程等管理因素。

（三）研究开发、技术投入、信息技术运用等自主创新因素。

（四）财务状况、经营成果、现金流量等财务因素。

（五）营运安全、员工健康、环境保护等安全环保因素。

（六）其他有关内部风险因素。

第二十三条　企业识别外部风险，应当关注下列因素：

（一）经济形势、产业政策、融资环境、市场竞争、资源供给等经济因素。

（二）法律法规、监管要求等法律因素。

（三）安全稳定、文化传统、社会信用、受教育水平、消费者行为等社会因素。

（四）技术进步、工艺改进等科学技术因素。

（五）自然灾害、环境状况等自然环境因素。

（六）其他有关外部风险因素。

第二十四条　企业应当采用定性与定量相结合的方法，按照风险发生的可能性及其影响程度等，对识别的风险进行分析和排序，确定关注重点和优先控制的风险。

企业进行风险分析，应当充分吸收专业人员，组成风险分析团队，按照严格规范的程序开展工作，确保风险分析结果的准确性。

第二十五条　企业应当根据风险分析的结果，结合风险承受度，权衡风险与收益，确定风险应对策略。

企业应当合理分析、准确掌握董事、经理及其他高级管理人员、关键岗位员工的风险偏好，采取适当的控制措施，避免因个人风险偏好给企业经营带来重大损失。

第二十六条　企业应当综合运用风险规避、风险降低、风险分担和风险承受等风险应对策略，实现对风险的有效控制。

风险规避是企业对超出风险承受度的风险，通过放弃或者停止与该风险相关的业务活动以避免和减轻损失的策略。

风险降低是企业在权衡成本效益之后，准备采取适当的控制措施降低风险或者减轻损失，将风险控制在风险承受度之内的策略。

风险分担是企业准备借助他人力量，采取业务分包、购买保险等方式和适当的控制措施，将风险控制在风险承受度之内的策略。

风险承受是企业对风险承受度之内的风险，在权衡成本效益之后，不准备采取控制措施降低风险或者减轻损失的策略。

第二十七条　企业应当结合不同发展阶段和业务拓展情况，持续收集与风险变化相关的信息，进行风险识别和风险分析，及时调整风险应对策略。

第四章　控制活动

第二十八条　企业应当结合风险评估结果，通过手工控制与自动控制、预防性控制与发现性控制相结合的方法，运用相应的控制措施，将风险控制在可承受度之内。

控制措施一般包括：不相容职务分离控制、授权审批控制、会计系统控制、财产保护控制、预算控制、运营分析控制和绩效考评控制等。

第二十九条　不相容职务分离控制要求企业全面系统地分析、梳理业务流程中所涉及的不相容职务，实施相应的分离措施，形成各司其职、各负其责、相互制约的工作机制。

第三十条　授权审批控制要求企业根据常规授权和特别授权的规定，明确各岗位办理业务和事项的权限范围、审批程序和相应责任。

企业应当编制常规授权的权限指引，规范特别授权的范围、权限、程序和责任，严格控制特别授权。常规授权是指企业在日常经营管理活动中按照既定的职责和程序进行的授权。特别授权是指企业在特殊情况、特定条件下进行的授权。

企业各级管理人员应当在授权范围内行使职权和承担责任。

企业对于重大的业务和事项，应当实行集体决策审批或者联签制度，任何个人不得单独进行决策或者擅自改变集体决策。

第三十一条　会计系统控制要求企业严格执行国家统一的会计准则制度，加强会计基础工作，明确会计凭证、会计账簿和财务会计报告的处理程序，保证会计资料真实完整。

企业应当依法设置会计机构，配备会计从业人员。从事会计工作的人员，必须取得会计从业资格证书。会计机构负责人应当具备会计师以上专业技术职务资格。

大中型企业应当设置总会计师。设置总会计师的企业，不得设置与其职权重叠的副职。

第三十二条　财产保护控制要求企业建立财产日常管理制度和定期清查制度，采取财产记录、实物保管、定期盘点、账实核对等措施，确保财产安全。

企业应当严格限制未经授权的人员接触和处置财产。

第三十三条　预算控制要求企业实施全面预算管理制度，明确各责任单位在预算管理中的职责权限，规范预算的编制、审定、下达和执行程序，强化预算约束。

第三十四条　运营分析控制要求企业建立运营情况分析制度，经理层应当综合运用生产、购销、投资、筹资、财务等方面的信息，通过因素分析、对比分析、趋势分析等方法，定期开展运营情况分析，发现存在的问题，及时查明原因并加以改进。

第三十五条　绩效考评控制要求企业建立和实施绩效考评制度，科学设置考核指标体系，对企业内部各责任单位和全体员工的业绩进行定期考核和客观评价，将考评结果作为确定员工薪酬以及职务晋升、评优、降级、调岗、辞退等的依据。

第三十六条　企业应当根据内部控制目标，结合风险应对策略，综合运用控制措施，对各种业务和事项实施有效控制。

第三十七条   企业应当建立重大风险预警机制和突发事件应急处理机制，明确风险预警标准，对可能发生的重大风险或突发事件，制定应急预案、明确责任人员、规范处置程序，确保突发事件得到及时妥善处理。

第五章   信息与沟通

第三十八条   企业应当建立信息与沟通制度，明确内部控制相关信息的收集、处理和传递程序，确保信息及时沟通，促进内部控制有效运行。

第三十九条   企业应当对收集的各种内部信息和外部信息进行合理筛选、核对、整合，提高信息的有用性。

企业可以通过财务会计资料、经营管理资料、调研报告、专项信息、内部刊物、办公网络等渠道，获取内部信息。

企业可以通过行业协会组织、社会中介机构、业务往来单位、市场调查、来信来访、网络媒体以及有关监管部门等渠道，获取外部信息。

第四十条   企业应当将内部控制相关信息在企业内部各管理级次、责任单位、业务环节之间，以及企业与外部投资者、债权人、客户、供应商、中介机构和监管部门等有关方面之间进行沟通和反馈。信息沟通过程中发现的问题，应当及时报告并加以解决。

重要信息应当及时传递给董事会、监事会和经理层。

第四十一条   企业应当利用信息技术促进信息的集成与共享，充分发挥信息技术在信息与沟通中的作用。

企业应当加强对信息系统开发与维护、访问与变更、数据输入与输出、文件储存与保管、网络安全等方面的控制，保证信息系统安全稳定运行。

第四十二条   企业应当建立反舞弊机制，坚持惩防并举、重在预防的原则，明确反舞弊工作的重点领域、关键环节和有关机构在反舞弊工作中的职责权限，规范舞弊案件的举报、调查、处理、报告和补救程序。

企业至少应当将下列情形作为反舞弊工作的重点：

（一）未经授权或者采取其他不法方式侵占、挪用企业资产，牟取不当利益。

（二）在财务会计报告和信息披露等方面存在的虚假记载、误导性陈述或者重大遗漏等。

（三）董事、监事、经理及其他高级管理人员滥用职权。

（四）相关机构或人员串通舞弊。

第四十三条   企业应当建立举报投诉制度和举报人保护制度，设置举报专线，明确举报投诉处理程序、办理时限和办结要求，确保举报、投诉成为企业有效掌握信息的重要途径。

举报投诉制度和举报人保护制度应当及时传达至全体员工。

第六章   内部监督

第四十四条   企业应当根据本规范及其配套办法，制定内部控制监督制度，明确内部审计机构（或经授权的其他监督机构）和其他内部机构在内部监督中的职责权限，规范内部监督的程序、方法和要求。

内部监督分为日常监督和专项监督。日常监督是指企业对建立与实施内部控制的情况进行常规、持续的监督检查；专项监督是指在企业发展战略、组织结构、经营活动、业务流程、关键岗位员工等发生较大调整或变化的情况下，对内部控制的某一或者某些方面进行有针对性的监督检查。

专项监督的范围和频率应当根据风险评估结果以及日常监督的有效性等予以确定。

第四十五条　企业应当制定内部控制缺陷认定标准，对监督过程中发现的内部控制缺陷，应当分析缺陷的性质和产生的原因，提出整改方案，采取适当的形式及时向董事会、监事会或者经理层报告。

内部控制缺陷包括设计缺陷和运行缺陷。企业应当跟踪内部控制缺陷整改情况，并就内部监督中发现的重大缺陷，追究相关责任单位或者责任人的责任。

第四十六条　企业应当结合内部监督情况，定期对内部控制的有效性进行自我评价，出具内部控制自我评价报告。

内部控制自我评价的方式、范围、程序和频率，由企业根据经营业务调整、经营环境变化、业务发展状况、实际风险水平等自行确定。

国家有关法律法规另有规定的，从其规定。

第四十七条　企业应当以书面或者其他适当的形式，妥善保存内部控制建立与实施过程中的相关记录或者资料，确保内部控制建立与实施过程的可验证性。

第七章　附则

第四十八条　本规范由财政部会同国务院其他有关部门解释。

第四十九条　本规范的配套办法由财政部会同国务院其他有关部门另行制定。

第五十条　本规范自2009年7月1日起实施。

"中小企业内部控制与风险管理"课程标准

一、课程定位

"中小企业内部控制与风险管理"作为财会专业的必修课程，旨在帮助学生树立内部控制观念，增强内部控制意识，掌握内部控制的基本内容和要求以及内部控制的流程与风险分析和管理，培养学生掌握内部控制的基本理论、熟悉内部控制规范、能够根据具体内部控制环境进行风险管理的能力。

二、课程目标

通过对"中小企业内部控制与风险管理"课程的学习，学生应初步具备以下能力：

（一）专业能力

（1）具备企业内部控制与风险管理基本理论知识；

（2）熟悉《企业内部控制基本规范》和《企业内部控制应用指引》等相关法规；

（3）能独立开展内部控制环境调查和业务风险分析，能对企业内部控制情况和面临的风险进行分析和判断；

（4）能根据企业的内部控制环境、业务风险大小，提出相应的措施。

（二）方法能力

（1）关注企业内部控制与风险管理的发展方向，能自主学习内部控制的新知识、新方法；

（2）善于利用各种资源获取所需信息；

（3）注重调查研究，能从企业的实际出发考虑问题。

（三）社会能力

（1）具有较强的语言表达能力、职业沟通能力和协调能力；

（2）具有团队合作与协作精神，有较强的全局意识、关键意识和责任意识；

（3）具有良好的职业道德、法律意识，社会责任感强。

三、设计思路

（1）本课程标准设计的总体思路是：本着以学生为本，理实结合、工学结合、教学做一体化、能力与素质培养相统一的现代高职教育理念，以培养学生的职业能力为主线，把知识学习、知识转化、知识运用各环节有机结合在一起；紧密联系企业内部控制与风险管理的实际，合理安排课程内容，突出应用知识的学习，注重学、用结合，注意所学知识的迁移和融合，培养学生终身学习的方法；注意对企业文化与精神的了解，培养学生的敬业与合作精神，从而树立全局意识、责任意识，激发学生自我发展的愿望。

（2）本课程标准设计的基本依据是：本课程定位于财会职业岗位及工作任务，以学生的职业生涯、职业发展为背景，以完成中小企业内部控制与风险管理所需知识和技能为教学内容，充分体现了高职课程的职业性。除项目一外，在每一个项目的学习中，均以相应的知识学习、知识转化和知识运用为任务，以实现知识向能力的转换。每个项目的理论知识都是围绕着项目任务的完成来选取的，以够用为原则，并配有同步训练与项目实训，充分体现了教、学、做的理实一体化课程组织要求。

（3）通过校企合作、工学结合，开发教学资源，给学生提供丰富的实践机会，突出培养学生的综合素质和可持续发展能力。

（4）实践教学效果的评价采用小组成员自评、各小组互评和教师评价相结合的方法，重点评价学生进行风险管理的技能和职业素质。

（5）本课程建议总学时为50学时，各项目的学时数依据其知识目标、能力目标和难易程度进行安排。

四、课时安排、教学内容与要求

"中小企业内部控制与风险管理"课程的课时安排、教学内容与要求

学习项目	学习任务	课时	教学内容与要求
内部控制与风险管理基础	认知内部控制	2	1.明确内部控制的目标、要素 2.认识货币资金、实物资产、采购、销售、筹资、对外投资、成本费用、担保等业务的内部控制
	掌握内部控制的方法和手段	2	3.掌握不相容职务相分离控制、授权与审批控制、会计系统控制、财务预算控制、财产安全控制等内部控制的方法
	熟悉企业风险管理原理	2	4.把握企业风险管理要素及其内在联系 5.熟悉企业风险管理流程
	项目实训	2	6.明确内部控制与风险管理之间的关系 7.能初步比较和辨别内部控制完善与否
货币资金业务内部控制与风险管理	把握货币资金业务内部控制的内容和要求	2	1.熟悉货币资金业务内部控制的内容 2.明确货币资金业务内部控制的要求 3.熟悉货币资金业务流程及关键风险点 4.能对货币资金业务进行风险分析 5.能根据风险分析结果提出应对措施
	货币资金业务流程与风险管理实务	2	
	项目实训	2	
实物资产业务内部控制与风险管理	把握实物资产业务内部控制的内容和要求	2	1.熟悉实物资产业务内部控制的内容 2.明确实物资产业务内部控制的要求 3.熟悉实物资产业务流程及关键风险点 4.能对实物资产业务进行风险分析 5.能根据风险分析结果提出应对措施
	实物资产业务流程与风险管理实务	2	
	项目实训	2	

续表

学习项目	学习任务	课时	教学内容与要求
采购业务内部控制与风险管理	把握采购业务内部控制的内容和要求	2	1.熟悉采购业务内部控制的内容 2.明确采购业务内部控制的要求 3.熟悉采购业务流程及关键风险点 4.能对采购业务进行风险分析 5.能根据风险分析结果提出应对措施
	采购业务流程与风险管理实务	2	
	项目实训	1	
销售业务内部控制与风险管理	把握销售业务内部控制的内容和要求	2	1.熟悉销售业务内部控制的内容 2.明确销售业务内部控制的要求 3.熟悉销售业务流程及关键风险点 4.能对销售业务进行风险分析 5.能根据风险分析结果提出应对措施
	销售业务流程与风险管理实务	2	
	项目实训	1	
筹资业务内部控制与风险管理	把握筹资业务内部控制的内容和要求	2	1.熟悉筹资业务内部控制的内容 2.明确筹资业务内部控制的要求 3.熟悉筹资业务流程及关键风险点 4.能对筹资业务进行风险分析 5.能根据风险分析结果提出应对措施
	筹资业务流程与风险管理实务	2	
	项目实训	1	
对外投资业务内部控制与风险管理	把握对外投资业务内部控制的内容和要求	2	1.熟悉对外投资业务内部控制的内容 2.明确对外投资业务内部控制的要求 3.熟悉对外投资业务流程及关键风险点 4.能对对外投资业务进行风险分析 5.能根据风险分析结果提出应对措施
	对外投资业务流程与风险管理实务	2	
	项目实训	1	
成本费用业务内部控制与风险管理	把握成本费用业务内部控制的内容和要求	2	1.熟悉成本费用业务内部控制的内容 2.明确成本费用业务内部控制的要求 3.熟悉成本费用业务流程及关键风险点 4.能对成本费用业务进行风险分析 5.能根据风险分析结果提出应对措施
	成本费用业务流程与风险管理实务	2	
	项目实训	1	
担保业务内部控制与风险管理	把握担保业务内部控制的内容和要求	2	1.熟悉担保业务内部控制的内容 2.明确担保业务内部控制的要求 3.熟悉担保业务流程及关键风险点 4.能对担保业务进行风险分析 5.能根据风险分析结果提出应对措施
	担保业务流程与风险管理实务	2	
	项目实训	1	

五、教学条件

（一）教师任职条件

本课程的教学必须由中高级双师型专任教师或具有会计高级职称的兼职教师担任。教师应具备以下条件：

（1）具有丰富的专业理论知识和一定的财会业务工作经历，熟悉《会计法》、会计准则、财务通则、审计准则、内部控制基本规范及其应用指引等法律法规；

（2）具有相关学科知识，能熟练运用教育学、心理学等基础理论知识；

（3）能示范操作货币资金、实物资产、采购、销售、筹资、对外投资、成本费用、担保等业务的办理过程；

（4）能对内部控制流程与风险管理进行示范讲解；

（5）能指导学生采用角色扮演等方法进行案例分析。

（二）实践教学条件

1.实训场所

有反映企业货币资金收付、实物资产管理、采购、销售、资金筹集、对外投资、成本费用管理、担保业务办理过程，以及相应内部控制流程的软、硬件环境。

2.网络资源

能利用各财经网站、课程网站采集数据，查找资料。

3.实训工具

电脑、《企业内部控制基本规范》和企业内部控制配套指引。

六、教学方法与手段

（一）教学方法

本课程的教学方法主要包括演示教学法、案例教学法、角色扮演教学法、讨论式教学法等。

（1）演示教学法。本课程任课教师应准备或制作与本课程教学相关的课件，通过课件演示使学生获取知识，培养学生的观察能力和抽象思维能力。

（2）案例教学法。本课程中的教学引导、内部控制流程与风险分析、制度范例和项目实训等均采用案例教学法进行。

（3）角色扮演教学法。本课程项目实训分小组进行。小组成员根据案例分析的要求，可以扮演科员、财务部经理、财务总监和总经理等角色，分别负责对应的案例分析任务。

（4）讨论式教学法。除项目一外，本课程其他各项目的实训任务均是完成一个案例的分析，需要经过案例资料的解读、编制案例分析方案、查找与案例相关的背景资料、对案例进行分析并得出结论、根据分析结论提出对应措施等环节，尽管各有分工，但实训的最终成果都是一份成文的分析报告，这份分析报告必须是小组成员通过讨论、形成共识的成果。

（二）教学手段

（1）教学过程采用多媒体授课。其中，授课内容采用电子课件，有关案例的分析与讨论等可采用音频教学；课堂演示等教学环节可采用多媒体教学软件。

（2）通过网络课程实现教学互动。

（3）利用网络收集实训资料，提交实训成果。

（4）利用电脑及现代化办公软件进行分析报告的起草、修改，最终完成实训任务。

七、检查评价

本课程学业成绩由平时作业、讨论发言、学习态度、项目实训和期末考试五部分组成，通过对学习过程和学习成果的评价，对学生的知识、能力和素质进行综合考核。其中，平时成绩（包括平时作业、讨论发言、学习态度）占10%、项目实训成绩占40%、期末考试成绩占50%。各小组的项目实训成绩由教师根据学生互评结果和课堂讨论情况综合评定；个人项目实训成绩按照成员各自的表现和贡献由组长确定，并上报任课教师。

数字化教学资源索引

为了便于学生自主学习，我们制作了59个数字化教学资源，以二维码的形式添加在本教材中，用手机扫描二维码即可直接观看内容，括号内标注了二维码的具体页码。